EUGÈNE VIAL

L'HISTOIRE ET LA LÉGENDE

DE

JEAN CLEBERGER

DIT « LE BON ALLEMAND »

(1485?-1546)

LYON
IMPRIMERIE A. REY
4, RUE GENTIL, 4
—
1914

L'HISTOIRE ET LA LÉGENDE

DE

JEAN CLEBERGER

DIT « LE BON ALLEMAND »

(1485?-1546)

IMPRIMÉ A 60 EXEMPLAIRES

EUGÈNE VIAL

L'HISTOIRE ET LA LÉGENDE

DE

JEAN CLEBERGER

DIT « LE BON ALLEMAND »

(1485?-1546)

LYON
IMPRIMERIE A. REY
4, RUE GENTIL, 4

1914

AVANT-PROPOS

Les neuf chapitres réunis dans ce tirage à part ont paru, dans la Revue d'Histoire de Lyon, *de mai 1912 à juin 1914. Nous nous sommes efforcé, en les écrivant, de résumer et de grouper les documents actuellement connus sur la vie de Jean Cleberger et sur sa carrière de marchand et de banquier.*

Si, malgré ses nombreuses lacunes, ce travail apporte quelques précisions à l'histoire du Bon Allemand, nous le devons surtout à la grande obligeance de M. H. Türler, *archiviste d'Etat du Canton de Berne ; nous tenons à lui exprimer ici notre vive gratitude pour sa précieuse collaboration. Il a bien voulu dresser pour nous une liste de toutes les pièces d'archives concernant Cleberger conservées dans son dépôt, et nous délivrer gracieusement une copie, collationnée par lui, de chacun des documents que nous désirions citer.*

Nous voulons remercier aussi de l'aide qu'il nous ont aimablement prêtée par leurs intéressantes communications : M. le Dr Thomas Hampe, *l'érudit conservateur du Musée Germanique de Nuremberg ;* M. J. Menadier, *directeur du Cabinet des Médailles au Musée Royal de Berlin ;* M. Paul-E. Martin, *archiviste d'Etat du Canton de Genève ;* M. le Dr Ulrich Thieme, *directeur de l'*Allgemeines Lexikon der bildenden Künstler, *à Leipzig ;* M. J. Kurzwelly, *rédacteur à ce même dictionnaire, qui a accepté de revoir nos traductions de textes allemands anciens, et a dû maintes fois les corriger. Puis, parmi les Lyonnais dont les fiches, mises libéralement à notre disposition, nous ont fourni des indications inédites et sûres,* M. J. Isaac, *professeur agrégé* *d'histoire au Lycée de Lyon, et nos camarades d'archives* Ferdinand Frécon et Georges Péricaud.

Toute notre ambition est que ces notes puissent servir de base à de nouvelles recherches, soit aux Archives Nationales, soit dans les villes de Suisse et d'Allemagne avec lesquelles Cleberger eut des relations d'affaires ou d'amitié, soit à Nuremberg même... et ailleurs encore.

La personnalité originale et toujours énigmatique du Bon Allemand, sa vie romanesque et merveilleuse, son rôle dans la politique financière de François Ier ne méritent-ils pas d'être mieux connus ? Nous souhaitons qu'ils séduisent, après nous, des travailleurs plus habiles, capables d'achever l'étude ébauchée dans cette plaquette.

E. V.

JEAN CLEBERGER

I

SES ORIGINES. — SA VIE [1]

A la fin du xve siècle et pendant le premier tiers du xvie, Nuremberg, petite cité de 20.000 habitants peut-être, était en pleine prospérité commerciale, industrielle et artistique[2]. En même temps qu'un grand entrepôt du commerce de l'Allemagne avec l'Italie du Nord, c'était un des foyers de l'humanisme[3], le centre du mouvement scientifique et religieux qui préparait la Réforme[4]. Ville

[1] Après avoir donné, dans ce premier chapitre, une impression d'ensemble de la carrière de Cleberger, nous étudierons successivement *Cleberger, marchand et banquier* (chap. II); *les deux mariages de J. Cleberger* (chap. III); *Cleberger et ses compatriotes* (chap. IV); *le Bon Allemand* (chap. V); *la mort de Cleberger, son testament et sa succession* (chap. VI); *David de Cleberg et sa descendance* (chap. VII); *les portraits de J. Cleberger; ses armoiries* (chap. VIII); *l'Homme de la Roche, sa légende* (chap. IX).

[2] Nuremberg possède alors de nombreux ouvriers d'art dont les productions sont justement réputées : fondeurs de bronze et de laiton, forgerons, serruriers, horlogers et faiseurs de montres, orfèvres, dinandiers, potiers d'étain, armuriers, céramistes, imprimeurs, graveurs sur bois et sur cuivre (voir M. Thausing, *A. Dürer*, traduct. G. Gruyer, p. 16-28 ; P.-J. Rée, *Les Villes d'Art célèbres, Nuremberg*, pp. 54 et s., 125 et s.). Charles de Nuremberg, tireur d'or allemand établi à Lyon, fut exempté par le Consulat, en 1504, de toutes tailles et impositions « à cause de son métier, affin qu'il puisse estre introduict » (Arch. mun. de Lyon, CC. 6, f° 60 ; BB. 24, f° 459).

[3] Voir P.-J. Rée, *op. cit.*, p. 84. C'est chez l'humaniste nurembergeois Willibald Pirkeimer que « l'humanisme, en Allemagne, a trouvé son expression la plus marquante » (voir chap. III ; J. Janssen, *L'Allemagne et la Réforme*, t. III, p. 90).

[4] A Nuremberg, l'administration est, dès 1521, entre les mains des « Martiniens » ; la Réforme y est acceptée en 1524, et, en 1529, Nuremberg est du nombre des quatorze villes impériales qui protestent contre le décret de la diète de Spire et ses dispositions hostiles aux luthériens (Lavisse et Rambaud, *Hist. gén.*, t. IV, p. 410-416).

impériale, libérée de toute domination féodale, et ne relevant que de l'Empereur de qui elle tenait de précieuses franchises. Nuremberg constituait une république prospère, régie par cette puissante aristocratie bourgeoise et financière qui, dans les villes allemandes, détenait alors, avec l'argent, l'influence intellectuelle et sociale[1]. Les Conseils, qui administraient Nuremberg, se recrutaient parmi les familles anciennes ou « patriciennes », enrichies, pour la plupart, par le commerce ou par la banque[2]. Ces patriciens, d'ailleurs instruits et curieux, avaient été « un peu grisés » par une fortune rapide; leurs allures « sentaient souvent le parvenu »; ils gardaient des mœurs brutales, aimaient à dépenser, à paraître, et s'entouraient d'un luxe criard et voyant[3].

Hans Kleberg est né en 1485 ou 1486 dans cette petite ville de Nuremberg[4], qu'on pourrait, à bien des points de vue, rapprocher de la grande cité lyonnaise. Il s'appelait « Kleberg », « Kleeberger » ou « Kleberger[5] », nom qu'il francisa plus tard pour

[1] Lavisse et Rambaud, *Hist. gén.*, III, 643 et s., IV, 384 et s. On explique la plupart des événements qui bouleversèrent, au XVIe siècle, les pays soumis au Saint-Empire par « l'hypertrophie capitalistique des grands centres urbains, le dénûment relatif des seigneurs et l'oppression de leurs paysans » (voir E. Castelot, Les bourses financières de Lyon et d'Anvers, ap. *Journal des Economistes*, 5e série, t. XXXIII, mai 1898, p. 321).

[2] Les Paumgartner, les Geuder, les Nutzel, les Tucher, les Imhof, les Pomer, les Derrer, les Ebner, etc. (J. Sibmacher, *Neuen Wappenbuch*, 1612, t. I, p. 205 et s.). Voir M. Thausing, *A. Dürer*, trad. Gruyer, p. 17 et 18.

[3] Lavisse et Rambaud, *Hist. gén.*, IV, p. 385-386.

[4] Un portrait de J. Cleberger par A. Dürer (que nous reproduisons) et une médaille à son effigie le représentent, en 1526, dans la quarantième année de son âge; une seconde médaille lui donnant le même âge est datée de la sixième année de l'élection de Charles-Quint à l'Empire (28 juin 1524-28 juin 1525; voir plus loin, chap. VIII); en outre, J. Cleberger déclare au Consulat lyonnais, le 19 janvier 1546 « qu'il est sexagénaire » (Arch. mun. de Lyon, BB. 64, f° 11 v°). Ces renseignements sont contradictoires et donnent comme date de naissance les années 1485 et 1486; on peut encore supposer que la médaille de Jean Cleberger, datée de 1526, est de 1527 (vieux style).

[5] Voir R. Ehrenberg, *Das Zeitalter der Fugger*, t. I, p. 258 et 262 et Hans Kleberg der gute Deutsche, sein Leben, sein Charakter, ap. *Mitteilungen des Vereins für Geschichte der Stadt Nuremberg*, t. X, 1893, p. 1 et s.; Théophile Heyer, Jean Cleberger le bon Allemand, ap. *Mem. de la Société d'Histoire de Genève*, t. IX, 1855, p. 421 et s. Cet auteur décrit (p. 435) les divers cachets apposés sur les lettres de J. Cleberger conservées dans les Archives de l'Hôtel de Ville de Genève : HANNS KLEPER en 1533, — ou H. K. en 1546. — JOHANNES KLEBERGER en 1541 et 1542. La forme « Kleberg » pro-

signer « Jean Cleberger[1] » : nous garderons cette orthographe[2].

Son père se nommait comme lui « Hans Kleberg », sa mère Agathe Zeidler[3] ; ils eurent un autre fils Wolfgang, dont il sera souvent question dans cette étude[4]. On ignore d'où ces Kleberg étaient venus à Nuremberg[5], depuis quelle époque ils y vivaient[6] et quelle y était exactement leur situation sociale. Hans Kleberg, le père, qui mourut en 1519, avait été nommé, en 1512, « gennanter[7] »

noncée à l'allemande a donné « Clebergue », « Flebergue », qu'on rencontre très fréquemment dans les documents genevois et lyonnais.

[1] De la forme allemande « Kleberger » : les Lyonnais prononçaient sans doute « Clébergue » ou « Clébergé ».

[2] Voir l'autographe que nous reproduisons d'après une des lettres de Jean Cleberger conservées aux Archives de Genève (Hôtel de Ville, Portefeuille des pièces historiques, n° 1081).

[3] Arch. de Nuremberg, Litterarum libri, t. XLI, f° 148 (contrat de mariage de Jean Cleberger, 23 sept. 1528) ; cf. *ibid.*, Litterarum libri, t. XXXVI, f° 36 (1522).

[4] Voir plus loin, chap. VI.

[5] Le nom de Kleeberger est encore porté à Nuremberg et en Bavière ; une famille de ce nom vivait, au début du XVIIIe siècle, dans le Palatinat où elle compte aujourd'hui de nombreux représentants parmi lesquels M. Carl. Kleeberger, professeur à Ludwisghafen am Rhein, qui a bien voulu nous communiquer ces renseignements. — Une autre famille Kleberg était établie à Berne où elle s'éteignit, en 1556, avec Valentin Kleberger, apothicaire et seigneur de Blumenstein. Ce dernier laissait deux filles mariées à Jacques de Watteville et à Jacques Dunz. Sa veuve, née Studer, épousa en secondes noces Jean-Rodolphe Sturler, bailli d'Yverdon et de Moudon. (Th. Heyer, *Jean Kleberger*, loc. cit., 1855, p. 428, d'après l'archiviste d'État du canton de Berne ; R. Ehrenberg, *Hans Kleberg*, loc. cit., p. 2). Ehrenberg mentionne l'existence à Berne d'une « maison des Kleberg » (*ibid.*). Jean Cleberger se fera recevoir bourgeois de Berne en 1521.

[6] Willibald Pirkeimer prétendra, vers 1528, que Jean Cleberger, devenu malgré lui son gendre, s'appelle en réalité « Scheuchenpflug » et qu'il appartient à une famille tarée. Pour R. Ehrenberg, cette allégation, d'ailleurs suspecte (v. plus loin) n'est pas absolument invraisemblable, et (d'après Hegel, *Städtechroniken*, I, 374), il mentionne qu'en 1427 un banquier de Nuremberg ayant fait faillite quitta la ville et s'enfuit avec sa femme et ses enfants : Hans Kleberg, le père, était peut-être (dit-il) un descendant de ce failli revenu à Nuremberg sous un faux nom (R. Ehrenberg, *Hans Kleberg*, p. 2). Dans *Das Zeitalter der Fuggerr*, t. I, p. 258-260, le même auteur se montre plus affirmatif sur ce point.

[7] Ces « Gennanten » ou élus étaient nommés par le Conseil de Nuremberg en nombre indéterminé et choisis parmi les habitants sans distinction de condition. Leur titre et leur fonction étaient tout honorifiques. Ils constituaient auprès du Grand Conseil une sorte de collège ou d'assemblée que l'on convoquait à l'occasion, lorsqu'il s'agissait de prendre quelque décision impor-

auprès du Grand Conseil de Nuremberg[1]. R. Ehrenberg estime qu'il appartenait à une famille ancienne, mais « non patricienne », était de condition modeste et peu fortuné[2]. Il plaça de bonne heure son fils Jean dans la maison que les Imhof avaient à Nuremberg[3], maison que les cinq frères Imhof avaient fondée en 1490 pour faire le commerce avec l'Italie, et qui envoyait des agents aux grandes foires de Lyon[4].

Jean Cleberger se rendit sans doute à Lyon avant 1517, mais le premier document qui constate sa présence dans notre ville est du 30 avril 1517. A cette date, « Jehan Cleberguer » — venu pour la foire de Pâques et sans doute comme agent des Imhof[5] — se pré-

tante, de conclure par exemple quelque grosse opération financière. Les Gennanten n'avaient jamais voix consultative, ils prenaient seulement connaissance des décisions du Conseil et servaient en somme d'intermédiaires entre la bourgeoisie et le peuple (note due à l'obligeance de M. le professeur Dr Th. Hampe, directeur du Germanisches Nationalmuseum de Nuremberg).

[1] R. Ehrenberg, *H. Kleberg*, p. 2. Voir M. Thausing, *A. Dürer*, trad. Gruyer, p. 17-18 et la note qui suit.

[2] Ehrenberg, *H. Kleberg*, p. 2, et *Das Zeitalter der Fugger*, I, 258 et 262. Le 15 juillet 1516, Jean Cleberger fils passa à Nuremberg, avec son frère Wolfgang, un accord relatif à l'héritage de leurs parents, accord par lequel il renonçait à tous ses droits (Arch. de la Chambre des Notaires de Lyon, Minutes de P. Dorlin, Testaments de 1544 à 1556, f° 170 ; plus loin chap. VII). En 1520, les héritiers d'Hans Kleberger (père) déclarent posséder une rente de 1 florin pour un capital de 20 florins placé dans la maison d'Heinrich Wilsfeuer (Arch. de Nuremberg, Litterarum libri, t. XXXIV, f° 45 v°). D'après l'auteur de Nouveaux documents sur Jean Kleberger (ap. *Rev. du Lyonnais 1843*, I, p. 325), Hans Kleberger père était un négociant aisé ; cf. *L'Homme de la Roche* ou *Calendrier historique et anecdotique sur Lyon pour l'an de grâce 1827*, p. 20.

[3] Arch. de la famille Imhof (ap. R. Ehrenberg, *H. Kleberg*, p. 3). Sur la famille patricienne des Imhof, négociants en marchandises et banquiers, et sur leur maison de Nuremberg qui eut ensuite pour chef Endres Imhof (1492-1579), voir R. Ehrenberg, *Das Zeitalter*, I, 237, et, plus loin, chap. II. D'après E. Pariset (*Biographie*, p. 9), Jean Cleberger entre chez les Imhof en 1510, c'est-à-dire à vingt-cinq ou vingt-six ans. Pernetti (*Recherches*, II, 416) cite les Imhof parmi les Allemands établis à Lyon : nous n'avons jamais rencontré leur nom dans les documents dépouillés pour la rédaction de cette étude. — Les archives de la famille Imhof consultées par R. Ehrenberg sont aujourd'hui conservées, à Nuremberg, par M. le baron Hans von Imhoff, chef actuel de la famille.

[4] Voir la note qui précède.

[5] R. Ehrenberg ignore à quelle époque Jean Cleberger quitta la maison Imhof ; il constate que, vers 1525, et, vraisemblablement, peu avant cette date, il poursuit à Lyon, pour son compte personnel, une opération financière importante (*H. Kleberg*, p. 3, et *Das Zeitalter der Fugger*, I, 258-260). D'après

sente au Consulat lyonnais avec « Daniel Gondelfinger[1] » et « Jean Joes » « allemans », et communique aux conseillers de Ville des lettres de François Ier, relatives à la franchise accordée aux marchands des villes impériales d'Allemagne pendant les quinze jours qui suivaient la clôture des foires de Lyon[2].

E. Pariset (*Biographie*, p. 10), des lettres de commerce attestent que, « dans l'année 1519, Jean Cleberger opérait à Lyon pour la maison Imhof » (« lettres vues — dit-il — par M. Ehrenberg dans les papiers de la maison Imhof ») : « à dater de 1520, il a quitté la maison Imhof ».

[1] Daniel Gondelfinger (que les Lyonnais appellent Gondelvingel, Condelvingle et plus simplement Condelvin), marchand de Soleure et bourgeois de Berne, était établi à Lyon en 1506 et habitait rue Mercière (Arch. mun. de Lyon, BB. 25, f° 46 v°, CC. 115, f° 2, CC. 128, f° 3, CC. 24, f° 3, EE. Chappe, IV, 198^d 116, f° 3 ; Ehrenberg, *H. Kleberg*, p. 4 ; Rott, *Hist. de la représentation diplomatique de la France auprès des Cantons Suisses*, I, 207, 263-264). Il mourut entre 1524 et 1529 (Ehrenberg, *op. cit.*, loc. cit. ; Arch. mun. de Lyon, CC. 136, f° 4 v°). Il fut, à Lyon, le représentant des marchands allemands et leur porte-parole auprès du Consulat ; c'est lui que mandent les conseillers de Ville lorsqu'ils ont quelque communication à faire aux marchands allemands établis à Lyon (Arch. mun. de Lyon, BB. 25, f° 46 v°, BB. 30, f° 104, BB. 41, f°s 113 v°, 114 v°, 116, BB. 33, f°s 268 et s., BB. 37, f°s 67 v°, 126). Le 2 juillet 1513, il prête serment devant le grand Prévôt Alabre d'être « bon et loyal » envers le roi de France et la ville de Lyon où il veut « vivre et mourir... comme subgect du Roy et habitant de ceste ville ». Deux jours plus tard, il propose au Consulat, avec sept marchands allemands, de faire faire une pièce d'artillerie pour la Ville, puis se ravisant, et craignant, après réflexion, que les Suisses, avisés de ce don, ne confisquent ses marchandises et celles de ses camarades, il offre, en leur nom et au sien, 100 livres pour les travaux des remparts (Arch. mun. de Lyon, BB. 30, f°s 192 v°, 200). En août 1515, il sert d'interprète au Consulat, interroge des Allemands arrêtés à la porte de Bourgneuf et déclare qu'ils sont des lansquenets au service de François Ier ; on les relâche (*ibid.*, BB. 34, f° 53). Le 30 juillet 1517, il présente au Consulat les deux « courratiers » (courtiers) allemands que les marchands allemands fréquentant les foires de Lyon ont nommés « à cause de leur langue » (*ibid.*, BB. 37, f° 103 v°). En juin-juillet 1522, il fut chargé par le roi d'une mission financière en Suisse, et, en vue d'un emprunt, assista l'ambassadeur Lamet à Soleure, à Fribourg et à Berne (Rott, *op. cit.*, loc. cit.). — Claude et Anne Gondelfinger, filles et héritières de Claude Perret ou Perretia, vivaient à Lyon dans la seconde moitié du XVIe siècle. V. *Invent. des Arch. mun. de Lyon*, quittances des rentiers de la Ville, CC. 1064 et s., CC. 1297 (1558-1581).

[2] Arch. mun. de Lyon, BB. 37, f° 67 v° (30 avril 1517) : « Sont aussi venuz au présent Consulat, Daniel Gondelfinger, Jehan Cleberguer, Jehan Joes (?) allemans, pour et au nom des villes impériales d'Allemaigne, lesquelz ont présenté les lettres que le Roi escript à la ville en leur faveur, ensemble les lettres patentes du roy nostre sire par lesquelles il veult qu'ilz aient privillège quinze jours après les foyres, comme ilz dient qu'ilz avoient d'ancienneté, mesmement du temps des feuz Roys Charles, Loys dernier décedez. Après

En 1521, au moment où les hostilités commencent entre François Ier et Charles-Quint, Jean Cleberger se fait recevoir bourgeois de Berne[1]. Bien que le roi de France ménage de son mieux les marchands des villes impériales rattachées à l'Empire par un lien presque nominal, qu'il fasse son possible pour que la guerre ne les empêche pas de fréquenter les foires françaises et d'y apporter leur argent et leurs marchandises[2], Cleberger estime sans doute que, mieux que sa qualité de citoyen de Nuremberg, le titre de bourgeois de Berne sera, pendant un conflit dont l'issue est douteuse, une protection sûre, une sauvegarde efficace de ses intérêts. Depuis qu'ils ont vaincu le Téméraire, les Suisses ont, à bon droit, la réputation d'être les meilleurs fantassins de l'Europe ; leur pays, véritable marché d'hommes, peut mettre ses alliances aux enchères, le Roi et l'Em-

que lesd. lettres missives ont esté lues, leur a esté respondu qu'ilz baillent le double de leursd. lettres ; au premier Consulat l'en advisera de leur faire responce. » — Ce privilège fut octroyé ou renouvelé aux marchands des Villes Impériales par lettres du 13 mars 1516 (Arch. mun. de Lyon, BB. 34, fos 188 et s.). Des lettres du 4 mars 1527 furent publiées à Paris, le 14, pour assurer que, malgré la guerre avec l'Empereur, les habitants des villes impériales alliées de la France se trouvant en France continueraient à jouir de tous leurs privilèges (voir plus loin). Le 7 avril 1542, d'autres lettres, confirmées le 24 août 1543, accorderont aux citoyens et marchands des villes impériales les mêmes privilèges qu'à ceux des ligues Suisses. V. *Extrait des lettres patentes des roys de France où sont contenus les privilèges... pour les Habitans, citoyens et Marchans des Villes Impériales d'Allemagne frequentans les foires de Lyon autres Villes*, Lyon, Barbier, 1698, p. 3 et 5 ; Rubys, *Hist. véritable*, p. 359.

[1] Berne, ancienne ville impériale, était une république administrée par deux conseils ; le canton de Berne, un des plus importants et des plus belliqueux, faisait partie de la Confédération suisse depuis 1353. En 1528, la Réforme était maitresse de Berne, encore catholique en 1526 (Lavisse, *Hist. gén.*, IV, 455 ; J. Janssen, *L'Allemagne et la Réforme*, III, 97 ; A. Gobat, *La République de Berne et la France pendant les guerres de religion*, p. 21, 65, 103).

[2] Voir, aux Archives mun. de Lyon, les réclamations adressées au Consulat par les marchands allemands (des villes impériales et autres), soit au sujet de la franchise des foires, soit à propos d'impositions qu'ils refusent de payer en vertu de leurs privilèges. Ces réclamations sont accompagnées très souvent de la menace, faite par les marchands, de quitter la ville ou de ne plus fréquenter les foires à l'avenir ; les mots « marchands allemands » désignent toujours indistinctement les sujets du Saint-Empire et ceux des Cantons Suisses. Arch. mun. de Lyon, BB. 25, fo 46 vo (1506) ; BB. 30, fo 103 ; BB. 33, fos 268 et s. ; BB. 34, fos 155, 188 ; BB. 37, fos 67 vo, 70, 126, 257 ; BB. 39, fo 163 vo ; BB. 52, fos 17 vo, 130 vo ; BB. 55, fos 92 vo et s. ; BB. 58, fos 141, 142 (1541), etc. Voir aussi les interventions du roi en faveur des marchands allemands refusant de payer diverses impositions et poursuivis par le Consulat : BB. 52, fo 135 vo (1533) ; BB. 56, fo 184 (1538), etc.

Portrait de J. Cleberger, par Albert Dürer.

(D'après la copie moderne du Musée de Lyon.)

pereur cherchant à se réserver à tout prix le droit d'y lever des soldats[1].

Les armées féodales n'existant plus, la guerre se fait avec des mercenaires et il faut de l'argent pour les solder. Or, les souverains rivaux manquent d'argent l'un et l'autre et déjà leurs emprunts répétés constituent pour les marchands et banquiers de tous pays, pour les Allemands en particulier, un moyen nouveau de spéculation[2], l'occasion de placements autrement avantageux que ceux traités avec de simples particuliers[3]. Entre ces deux riches clients, le Roi et l'Empereur, Jean Cleberger a sans doute fait son choix; il est déjà, à ce qu'il semble, l'un des prêteurs de François Ier, qu'il servira fidèlement toute sa vie, peut-être parce que ses intérêts seront étroitement liés à ceux de la couronne de France[4]. Bourgeois de Berne, citoyen d'un pays allemand allié à la France, il n'aura point à redouter des représailles possibles de la part de l'Empereur[5].

[1] V. Rott, *Hist. de la représentation diplomatique de la France en Suisse*, I, p. 1 et s., 94, 195 et s., 308 et s., 325 et s., II, p. 11 et s.; Lavisse, *Hist. générale*, IV, p. 455-457; E. Castelot, Les bourses financières, ap. *Journal des Economistes*, t. XXXIII, mars 1898, p. 321-322. Voir plus loin (chap. II) la lettre que le Conseil de Berne écrit à François Ier, en 1527, pour le sommer, « par vigeur des alliances », de rembourser Cleberger, bourgeois de Berne.

[2] R. Ehrenberg, *Das Zeitalter der Fugger*, II, p. 183-221; E. Castelot, Les bourses financières d'Anvers et de Lyon, ap. *Journal des Economistes*, t. XXXIII, mars 1898, p. 321 et s.

[3] *Ibid.*, p. 327, 332, 338 et s., 340 et s.; M. Vigne, *La banque à Lyon*, p. 175 et s.

[4] En 1524, il est accusé d'avoir dénoncé au Sénéchal de Lyon, qui les a fait emprisonner, deux Bohémiens porteurs de lettres pour les commandants des armées impériales en Italie (Arch. d'Etat du Canton de Berne, Latinisches Missivenbuch, J, p. 123, et Teutsche Missivenbücher, P., p. 250 vo, 263, 264).

[5] Un traité d'alliance défensive avait été signé en mai 1521 entre la France et les Cantons suisses (celui de Zurich excepté) et leurs alliés du Valais et des Ligues grises; il confirmait la Paix perpétuelle conclue à Fribourg, entre la France et la Suisse, le 29 novembre 1516, reconnaissait François Ier comme souverain légitime de Milan et de Gênes et l'autorisait à lever des troupes dans les cantons (Lavisse et Rambaud, *Hist. de France*, t. V, 1re partie, p. 127; 2e partie, p. 24; Rott, *Hist. de la représentation...*, I, 195 et s., 308 et s.; Lavisse, *Hist. gén.*, IV, 455 et s. Aux Archives municipales de Lyon (CC. 315, no 11, une brochure de 60 pages, sans titre, contient le « Traicté de paix et d'alliance d'entre le Roy François Ier et les Cantons des Suisses », en 1516, et les confirmations de ce traité jusqu'en 1653. Le traité de 1516 (p. 3) confirme aux marchands des pays des Ligues tous les privilèges et franchises que les feus rois leur ont donnés « en la ville de Lyon ».

La guerre commença, en mars 1521, entre Charles-Quint et François Ier[1]. Les lettres du Conseil de Berne accordant la bourgeoisie à « Hans Kleberger, marchand de Nuremberg » sont du 26 août de la même année[2]. Le 7 avril 1522 François Ier s'engageait, à Lyon, à rembourser, dès que les événements le lui permettraient, les 553.525 livres empruntées par son ordre, notamment pour payer, en 1518, 150.000 livres au feu duc d'Urbin[3], et pour solder les dépenses de l'entrevue d'Ardres[4]. Cette somme avait été empruntée en plusieurs fois. Parmi les créanciers d'un premier emprunt « Jehan Clebercq » figurait pour 12.500 écus sols; le roi reconnaissait, d'autre part, lui devoir 1.007 livres tournois « pour sire Jehan Pangart, Charles Strossi, François Rodof et aultres dessus nommés » et, à ce qu'il semble, à titre d'intérêts[5].

Jean Cleberger, alors âgé de trente-cinq ou trente-six ans, sans fortune lors de ses débuts dans le commerce[6], avait-il donc réalisé à cette époque des gains tels qu'il pût personnellement prêter au roi de France 12.500 écus sols, c'est-à-dire plus de 25.000 livres tournois[7]? Le fait que des intérêts lui sont dus par le Roi pour les Pangart, Strossi et Rodof n'indique-t-il pas qu'il n'a été dans ce prêt, au moins pour partie, qu'un intermédiaire, un prête-nom?

Il semble, d'ailleurs, qu'à cette époque (1522) Jean Cleberger, tout en ayant quitté la maison des Imhof[8], opérait encore à Lyon, comme

[1] Lavisse et Rambaud, *Hist. de France*, V, 1re partie, p. 24.

[2] Le lundi après la St-Barthélemy; Jean Cleberger paiera, chaque année, à la St-André, un florin d'or rhénan (Arch. d'Etat du Canton de Berne, Oberes Spruchbuch, Z, f° 560).

[3] Laurent II de Médicis, neveu de Léon X.

[4] Le « camp du drap d'or » (7 juin 1520).

[5] Archives Nationales J, 964, n° 15. Sur cet emprunt, qui parait avoir été contracté en 1518-1520 (*ibid.*, n° 13), voir chap. II.

[6] Testament de Jean Cleberger (Arch. de la Chambre des notaires de Lyon, Minutes de P. Dorlin, Testaments de 1544 à 1556, f° 170) : « ... Disant et déclairant led. testateur que tous et chacuns ses biens ont esté par luy aquis moyennant la grâce de Dieu et ne sont provenuz de ses feuz père et mère, ne aultres ses parents, et quant à la succession advenue à sa part de sesd. père et mère, sond. frère et luy en ont accordé ensemble comme il dit apparoir par certain contract passé entre eulx aud. lieu de Nuremberg en l'année mil V^c seize et le quinziesme jour du moys de juillet... »

[7] D'après l'acte cité plus haut (Arch. Nation., J. 964, n° 15), l'écu soleil valait 2 livres 6 deniers.

[8] Voir, plus haut, p. 4, note 5.

facteur des Bongars[1], autres marchands ou banquiers allemands : c'est en cette qualité qu'il s'était présenté au Consulat lyonnais, avec « Narcizus, facteur de la compagnie de Allemaigne, appelée Verze[2] », le 3 janvier 1522[3], trois mois avant la déclaration de

[1] J. Sibmacher mentionne les Bongars parmi les « Nider-Reinlendische » ou habitants de la région du Rhin inférieur (*New. Wappenbuch*, 1612, IIe partie, no 119 et *Das erneuerte Teutsch. Wappenb.*, 1655, 2e partie, p. 119). D'après les notes qu'a bien voulu nous communiquer M. le professeur Th. Hampe, la famille Bongars, peu connue à Nuremberg, était établie au XVIe siècle dans les provinces rhénanes et notamment à Dusseldorf.

[2] Les Welser de Nuremberg et d'Augsbourg prêtèrent de fortes sommes à François Ier en 1542-1545 (R. Ehrenberg, *Das Zeitalter der Fugger*, t. I, p. 84, 87-88, et *H. Kleberg*, p. 24-25; Castelot, *op. cit.*, loc. cit., p. 339, 340, 342). Ceux d'Augsbourg durent, vers 1542, prêter 12.000 couronnes au roi de France qui les menaçait de les expulser du royaume, — c'est du moins l'excuse qu'ils font valoir auprès de Charles-Quint (*ibid.*, p. 339). Un de leurs agents écrit, en 1549, que les procédés perfides des conseillers impériaux expliquent pourquoi tant d'argent sort d'Anvers pour aller à la cour de France (*ibid.*, 342). — On trouve les Welser (Velzel, Velnezer, Versel, Verzet, Verze) établis en 1515 à Lyon, où divers registres d'impositions ou de nommées mentionnent : — en 1515-1538, Antoine Velzer associé avec « Conyard Felix », et en 1515-1516 avec « Nereys » allemand), habitant le quartier du Change (Arch. mun. de Lyon, CC. 12, fo 123 vo; CC. 22, fo 53; CC. 321, fo 65; CC. 142, fo 92 vo) : — en 1522 et 1549, « Barthelemy Velser et ses compagnons, allemands » ou « Barthelemy Velzer, marchand », lesquels, au moment des foires, reçoivent des marchandises et des balles d'épicerie (*ibid.*, CC. 134, fos 10, 21, 74, 91; CC. 136, fo 321; CC. 259, fo 37; CC. 983, no 1, fo 4); — en 1522-1530, Jacques Velze « de Nuremberg », qui déclare, en 1523, n'être qu'un simple « serviteur » (facteur) et qui vend du poivre, du gingembre, de la cannelle (*ibid.*, BB. 41, fo 113 vo et s.; CC. 134, fo 8; CC. 743, no 4, fo 3 vo; CC. 792, no 2, fos 24, 47 ; — enfin, plus tard, en 1571-1573, Christophe Velzel et ses compagnons qualifiés « marchands-banquiers » ou « banquiers allemands », au quartier de Fourvière, c'est-à-dire sur la rive droite de la Saône (*ibid.*, CC. 150, fo 30; CC. 152, fo 6 vo; CC. 155, fo 10 vo). — J. Sibmacher cite les Welser parmi les « patriciens » d'Augsbourg (*Newen Wappenbuch*, 1612, II, p. 207).

[3] Sont venus au Consulat (le 3 janvier 1522) les mds florentins et leur consul, « aussy Narcizus facteur de la Compaignie de Allemaigne appellée Verze, Jean Flebergue, facteur de Bongars allemens et avec eulx plusieurs marchans d'Allemaigne », puis des marchands lucquois, génois, milanais et français, etc. « en nombre de deux cens ou environ... » Le consul des Florentins, et après lui « Narcisus allement », exposent leurs doléances. Le seigneur La Chesnaye, commissaire du roi présentement à Lyon, a fait arrêter à Lyon plusieurs marchands d'Espagne et d'ailleurs avec qui les réclamants ont affaire « en faict de marchandise ou autrement ». On ne peut communiquer avec les prisonniers qui doivent des marchandises ou de l'argent à plusieurs des marchands présents. Ceux-ci, qui viennent aux foires de Lyon « soubz umbre de la franchise d'icelles », demandent justice « affin qu'ilz n'aient cause eulx absenter de

François Ier, dont il vient d'être parlé. Enfin, l'on voit que, le 20 octobre 1522, Cleberger faisait pour son propre compte, à Nuremberg, une petite opération financière constituant un placement à 5 0/0[1], et que la même année il prêtait à François Ier 17.187 écus.

Ne faut-il pas admettre, pour concilier ces documents, que, entre 1517 et 1522, Jean Cleberger, tout en spéculant peut-être avec ses capitaux personnels, était encore en France le facteur ou le prête-nom de plusieurs maisons allemandes[2] ?

Quoi qu'il en soit, c'est pendant cette première période de sa vie que, d'après de nombreux auteurs, Jean Cleberger aurait servi dans les armées françaises, serait devenu capitaine de lansquenets et, à la bataille de Pavie (24-25 février 1525), aurait sauvé François Ier

ladicte ville et du Royaume » (Arch. mun. de Lyon, BB. 39, fos 163 à 165 vo). Le Consulat décide qu'on se rendra vers le seigneur de La Chesnaye pour lui demander de voir sa commission et ses pouvoirs et lui « exhiber » les privilèges des foires protégeant la personne et les biens des marchands étrangers. On se rend donc à Roanne (siège de la Justice royale) où La Chesnaye répond que ses ordres sont secrets mais qu'il ira, le lendemain, recevoir à l'Hôtel Commun les doléances des marchands. Le Consulat envoie à la cour un député qui, dans une lettre reçue à Lyon le 27 janvier, annonce que les marchands étrangers ont obtenu du roi, le 23, un « mandement » adressé au lieutenant de Montferrand et au seigneur de La Chesnaye et leur intimant l'ordre de respecter les privilèges des foires. Le 30 janvier, le Conservateur des foires fait proclamer dans Lyon ce mandement (*ibid.*, fos 177, 178 vo). François Ier avait eu sans doute l'intention d'intimider les sujets ou alliés de Charles-Quint ou d'obliger le Consulat, en menaçant la liberté des foires, à lui accorder une somme d'argent (9.000 livres qu'il réclama peu après en mai) pour solder 500 hommes de pied (Arch. mun., CC. 134 ; CC. 135 ; CC. 287 ; CC. 372 ; CC. 687 ; CC. 689 ; CC. 703 ; BB. 39, fos 226 et s. ; cf. Clerjon, *Hist. de Lyon*, t. IV, p. 248 et s.).

[1] Arch. de Nuremberg, Litterarum libri, t. XXXVI, fo 36. E. Pariset (*Biographie*, p. 11) signale deux autres contrats de cette sorte, passés par Jean Cleberger à Nuremberg, les 6 juin 1523 et 11 novembre 1527 ; par le dernier, Cleberger revend une rente de 6 florins, hypothèque dotale constituée sur une maison (voir plus loin chap. II).

[2] Sur le rôle d'intermédiaire ou de prête-nom joué par Cleberger dans les emprunts de François Ier, voir plus loin les lettres de Léonard Tucher (25 février 1545), de François Ier (11 mars 1546) et surtout la lettre que Paul Tucher écrit, de Lyon, le 29 novembre 1546, après la mort de Cleberger : « Il (Cleberger) savait séduire les autres (et les décider) à prêter de l'argent au roi de France, tandis qu'il évitait lui-même de semblables prêts. » Cf. Castelot (*op. cit.*, p. 333), à propos des spéculations faites avec l'argent d'autrui par les marchands ou banquiers.

en péril[1]. Ce que nous avons dit plus haut et ce qu'on sait, dans la suite, de la vie de Cleberger, de ses voyages continuels à travers la France, la Suisse et l'Allemagne, de ses opérations financières et des gains qu'il a déjà réalisés, tout démontre que, dans son existence active d'homme d'affaires, ayant débuté sans fortune et enrichi à trente-six ans, il ne reste pas place pour la carrière militaire et les hauts faits qu'on lui attribue[2].

En 1523 il est à Nuremberg, où il signe un contrat le 6 juin[3]; en avril 1524, on le trouve à Lyon[4]. En 1525, les agents des Tucher, à Lyon[5], renseignent leur maison d'Allemagne sur l'existence de

[1] Voir plus loin (chap. VIII): R. Ehrenberg (*H. Kleberg*, p. 4-6) a contredit le premier les récits des auteurs lyonnais qu'il considère comme des « fables » (*ibid.*, p. 4).

[2] Voir, dans E. Pariset (*Biographie*, p. 38), l'indication des villes où la présence de Cleberger est signalée de 1520 à 1527. Les deux médailles de Cleberger, faites en 1524-1525 et en 1526, portent à la fois, au revers, des trophées d'armes aux armoiries de Cleberger et des légendes empruntées à l'Écriture Sainte : « Non in armis et equis sed in virtute Dei nostri », « Melior est sapientia quam arma bellica » (voy. chap. VIII). E. Pariset pense que Cleberger, en faisant disposer ainsi ces revers, ne voulait pas commémorer une carrière militaire récemment abandonnée, mais « rappelait les faits contemporains et faisait allusion à la Réforme et aux guerres qui désolaient l'Europe au moment où la foi religieuse se ranimait ». La composition étrange et contradictoire de ces médailles ne saurait, à elle seule, établir que Cleberger a porté les armes. Si Jean Cleberger, combattant à Pavie, avait sauvé le roi de France, non seulement les correspondances allemandes dépouillées par R. Ehrenberg l'auraient mentionné, mais quelque historien, chroniqueur ou mémorialiste contemporain eut certainement signalé cet exploit ; Pirkeimer eut trouvé dans ce fait un motif de plus de refuser à Cleberger la main de sa fille dont il ne voulait pas se séparer; enfin, François Ier n'eut peut-être pas attendu dix-huit ans pour se reconnaître vis-à-vis de son sauveur et lui donner le titre de valet de chambre ordinaire (voir plus loin).

[3] Arch. de Nuremberg, Litterarum libri, t. XXXVII, f° 13 v°.

[4] Arch. d'Etat du Canton de Berne, Latinisches Missivenbuch, J., f° 123.

[5] Les Tucher de Nuremberg s'abstinrent en général de toutes opérations de banque. Anton Tucher (1454-1524), premier maire de Nuremberg en 1505, créa une factorerie à Lyon avec ses cousins Hans et Martin Tucher. Lienhardt Tucher († 1568) et son cousin Lorenz Tucher établirent plus tard une seconde factorerie à Anvers, où Lazarus Tucher, autre cousin de Lienhardt, fonda de son côté une importante maison de banque. Lienhardt Tucher fut aussi premier maire de Nuremberg et l'un des amis du duc électeur de Saxe Frédéric le Sage. Les Tucher, très prudents en affaires, résistèrent à la crise générale de 1557-1562, qui ruina tant de marchands et de banquiers; en 1545, ils refusèrent de participer à l'emprunt que faisait à Lyon François Ier. D'après R. Ehrenberg, Jean Cleberger et Lazarus Tucher furent les deux financiers allemands les plus remarquables du XVIe siècle; Tucher joua à

Jean Cleberger et ses déplacements, sans faire une seule fois allusion à ses prétendus faits d'armes[1]. On sait par ces agents que Cleberger séjourne à Lyon en août, six mois après la journée de Pavie[2]; qu'à la fin de la même année il est en voyage[3]; qu'en août 1526 il est arrivé à Anvers et que la peste l'a empêché de passer par Strasbourg et la Lorraine[4]; qu'au mois de décembre suivant il paraît se trouver à la Cour, aux environs de Paris[5].

C'est en 1526, ou l'année suivante, qu'il se mit en tête d'épouser, à Nuremberg, la fille du fameux humaniste Willibald Pirkeimer, veuve depuis le 2 juillet 1526 d'Hans Imhof, de qui elle avait quatre enfants[6]. Repoussé avec mépris, Cleberger persiste dans son intention d'obtenir la main de Félicité Pirkeimer et de s'allier ainsi à deux familles patriciennes de sa ville natale, dont l'une, celle des Imhof, est celle des riches marchands qui l'ont employé à ses débuts.

Anvers le rôle que Cleberger jouait à Lyon ; comme J. Cleberger à Lyon pour François Ier, Lazarus Tucher, à Anvers, organisait les emprunts de Charles-Quint et poussait les banquiers et marchands à y prendre part (R. Ehrenberg, *Das Zeitalter der Fugger*, I, 235, 258, II, 87, 88, et *H. Kleberg*, p. 19, 22 et s.; Castelot, Les bourses financières, *loc. cit.*, p. 334). — Les Tucher sont établis à Lyon en 1498 et 1557 (Lyonard l'Allemand, Lyonard ou Léonard Turque, Troquer, Truchet, Trucre, etc.; Antoine et Martin Tocquer, Martin Tocquer et compagnons, Paule Turq (?) (Arch. mun. de Lyon, EE. Chappe IV, 198^d^, 114, f°s 9, 117, f°s 68 v°, 119; BB. 24, f° 445 v°; CC. 112, f° 125 v°; CC. 240, f° 168 v°; CC. 134, f° 20 v°; CC. 136, f° 247 v°; CC. 263, f° 249 v°; CC. 274, f° 33, etc.

[1] R. Ehrenberg, *H. Kleberg*, p. 5 et s.

[2] Arch. de la famille Tucher, lettre de Lienhard Rottengatter écrite, de Lyon, le 21 août 1525 : Jean Cleberger lui a parlé de certains mariages projetés et qui termineraient la guerre (ap. Ehrenberg, *op. cit.*, p. 5; v. Lavisse, *Hist. de France*, V, 2e partie, p. 55). Les Rottengatter étaient originaires d'Ulm (J. Sibmacher, *New. Wappenbuch*, 1612, p. 218).

[3] Arch. de la famille Tucher (ap. Ehrenberg, *op. cit.*, p. 5) : lettre de Wolf Tucher, écrite de Lyon le 30 novembre 1525.

[4] Arch. de la famille Tucher (ap. Ehrenberg, *op. cit.*, p. 5-6): lettre d'un agent des Tucher qui écrit, d'Anvers, le 15 août 1526, et qui ajoute : « C'est peut-être vrai, c'est peut-être faux » (« darf sein oder nit »).

[5] Arch. de la famille Tucher (ap. R. Ehrenberg, *op. cit.*, p. 6), lettre de Lorenz Tucher, écrite de Paris, le 6 décembre 1526 : « Cleperg soll doselben am hoff sein, als man schetzt. »

[6] Arch. de Nuremberg, Litterarum libri, t. XLI, f° 148 : le contrat de mariage de Jean Cleberger et de Félicité Pirkeimer, daté du 23 septembre 1528, est enregistré le 9 octobre suivant. Voir chap. III.

Il séjourne à Augsbourg après un premier refus, revient à Nuremberg où Albert Dürer peint son portrait en 1526 ; où, le 15 octobre 1527, il avance 3.436 florins à Endres et Gabriel Imhof ; où, du 4 août au 26 novembre 1527, il loge chez Endres Imhof à qui il prête encore 600 florins en 1528. Il finit par triompher de toutes les résistances et, en septembre ou octobre 1528, il épouse à Nuremberg la jeune veuve de Hans Imhof[1].

Pendant les longues négociations qui ont précédé ce mariage, il a acquis en 1527 une maison à Genève[2], ce qui prouve encore, semble-t-il, son intention de conserver, en se fixant dans un pays

[1] Arch. de Nuremberg, Litterarum libri, t. XLI, f° 148.

[2] François Cartelier, riche marchand de drap de Genève et ancien syndic, accusé de trahison, fut arrêté à Genève, le 13 décembre 1526, condamné, puis gracié (Dr J.-J. Chaponnière, *Journal du syndic Balard*, p. 85, 91, 95 et s., 103) ; le 7 juin 1527, on demandait au Conseil de Genève « an villa volebat vendere domum que alias fuit Cartelleri, uni magno diviti vocato Jo. Cleberguez, Allemano et commoranti Lugduni » ; le Conseil, et, le lendemain, le Conseil des Deux-Cents, autorisèrent cette vente, « reservata omnibus postpositis turri » (Arch. de Genève, Reg. du Conseil, vol. de 1527-1528, f°s 57, 58 v°). Cette maison était située dans les Rues basses (Gautier, Hist. manuscrite de Genève, aux Archives de la Ville, II, 298). Avant juin 1532, Cleberger fait de nouvelles acquisitions au bord du Rhône (Arch. de Genève, Hôtel de Ville, Portefeuille des pièces historiques, n° 1081), et, d'après une reconnaissance sans date certaine (1538-1543), on voit que Jean Cleberger possédait vers ces dates, à Genève : 1° sur la rive gauche du Rhône, entre la rue des Allemands-dessous et la rue du Rhône, une suite de maisons dans lesquelles fut longtemps l'hôtel de l'Ecu de Genève ; 2° sur la rive droite du Rhône, en face du précédent tènement, une tour ou maison haute, jardin, grange, pré, verger contigus, acquis de divers, le tout situé dans le bourg St-Gervais, entre le Rhône ou le lac et une partie de la rue de Villeneuve appelée aujourd'hui du Cendrier. Ce tènement était limité au Nord par le rempart, et, au Sud, par l'abreuvoir, maintenant la place de Chevelu (Arch. de Genève, Grosse de l'Archevêché, n° 8, f°s 192 et s., ap. Th. Heyer, *op. cit.*, p. 429, 430 ; Galiffe, *Matériaux pour servir à l'Hist. de Genève*, II, XXIII, *Nouveaux documents sur Jean Cleberger*, ap. *Rev. du Lyonnais*, 1843, I, p. 328, 329). Sur cet emplacement où l'on trouve, au XVIIIe siècle, une « impasse Clé-Bergue », fut construit le quai des Bergues (terminé en 1843) dont le nom provient, très vraisemblablement, de celui de Jean Cleberg ou Cleberger (*ibid.*; *Journal de Genève*, 28 novembre 1838, n° 78 ; E. Doumergue, *Autrefois et Aujourd'hui, Guide historique... à Genève*, p. 10-11 ; E. Pariset, *Biographie*, p. 31). En 1539-1540, Jean Cleberger fit faire des constructions sur ses possessions des bords du Rhône (Arch. de Genève, Reg. du Conseil, vol. p. 1539, 17 janvier, 2 mai, 20 août, 24 octobre ; vol. p. 1540, f° 145 v°, ap. Th. Heyer, *op. cit.*, p. 430, 445, 446). Jean Cleberger, qui allait souvent à Genève, y fit de riches aumônes aux pauvres de l'hôpital (Th. Heyer, *op. cit.*, p. 429 et s. ; v. plus loin, chap. V). Les immeubles qu'il avait à Genève furent, après lui, vendus par son fils (v. plus loin, chap. VII).

neutre, toute sa liberté d'action dans la lutte qui se poursuit entre François Ier et Charles-Quint. Cette acquisition immobilière, la première que l'on connaisse, est faite hors de France, mais à proximité de Lyon qui est déjà sa résidence ordinaire bien qu'il ne paraisse pas y être encore possessionné[1].

Après son mariage, en septembre ou octobre 1528, il vit près d'un an à Nuremberg ; puis, sa femme refusant de le suivre en France où ses affaires l'appellent, son beau-père et la famille de sa femme l'accablant de demandes d'argent, il renonce, en mars 1530, au droit de bourgeoisie que lui a octroyé le Conseil de Nuremberg ; règle, le 22 avril, une dette de son frère Wolfgang et quitte peu après Nuremberg, abandonnant sa femme qui y meurt le 29 mai de la même année[2].

Cette première période de la carrière de Jean Cleberger comprend près des deux tiers de sa vie et est encore très peu connue. On devine qu'il a dû la passer en grande partie à courir à cheval les routes du centre de l'Europe, de ville en ville, et de foire en foire. Il a été en contact, sinon en relations intimes, avec la haute bourgeoisie de son temps, cette puissante aristocratie financière à l'esprit ouvert et souvent cultivé. Il a vécu dans un milieu d'argent et de luxe, a connu des humanistes et des artistes tels qu'Erasme et Albert Dürer[3]. A une époque qui fut l'âge d'or de la spéculation et du crédit, sa vive intelligence, son énergie et son instinct des affaires, favorisés par des circonstances heureuses, lui ont permis, après de très humbles débuts, d'arriver à la fortune en moins de trente années ; et si, lorsqu'il s'établit à Lyon vers 1530, il n'est pas

[1] Voir la note qui précède et plus loin, p. 16. Les Genevois ont alors deux souverains rivaux, le duc de Savoie et l'évêque de Genève ; ils s'allièrent avec Berne en 1526, chassèrent le duc de Savoie en 1535, grâce à l'intervention des Bernois, puis leur évêque, et s'érigèrent en république théocratique dont Calvin, au moins en fait, était le chef. Dès 1526, le Conseil de Genève est divisé en protestants et en catholiques.

[2] Arch. de Nuremberg, Conservatorium, t. XL, f° 118, et Kgl. Kreisarch. Nuremberg, Bürgerbuch, 1496-1534, f° 171 v° ; voir chap. III.

[3] Albert Dürer fut l'intime ami de Willibald Pirkeimer (M. Thausing, *A. Dürer*, trad. Gruyer, p. 447, 463 et s., 472 et s.). Jean Cleberger connut Erasme pendant son séjour à Bâle (1521-1529) ; Erasme écrit à Cleberger, de Fribourg-en-Brisgau, le 20 octobre 1532, en lui rappelant leurs entrevues précédentes à Bâle (Erasme, *Epistolarum libri*, XXXI, Londini, 1642, t. I, col. 1568).

encore le « grand riche » dont parle le Conseil de Genève[1], il est en voie de le devenir.

*
* *

On ignore où se fixa Jean Cleberger en 1530 après qu'il eut quitté Nuremberg[2]. Comme on l'a vu plus haut, il était alors possessionné à Genève et le centre de ses affaires était à Lyon où, d'après ses biographes, il se serait établi définitivement en 1532 ou vers cette date[3]. Il est probable que, tout en séjournant ordinairement à Lyon, il continua pendant quelque temps à mener la vie active du marchand d'argent fréquentant les grandes foires et obligé à de continuels voyages.

En tout cas, et en admettant même qu'il se soit remarié à Lyon entre 1530 et 1535[4], le premier document connu sur la résidence de Cleberger à Lyon et sur son habitation dans cette ville est de l'année 1536[5]. A la fin de 1535 ou au début de 1536, il sollicita des

[1] Voir plus haut, p. 14, note 2.

[2] Jean Cleberger retourna peut-être à Nuremberg entre 1530 et 1537; voir, dans R. Ehrenberg (*H. Kleberg*, p. 19 et 20), les lettres de Léonard Rottengatter et d'Antoine Tucher écrites, de Lyon, les 2 mars 1536 et 29 décembre 1537 (plus loin, chap. IV).

[3] Voir *L'Homme de la Roche* ou *Calendrier historique... pour 1827*, p. 24; *Précis historique sur Jean Cleberger*, p. 6; Nouveaux documents sur J. Kleberger, ap. *Rev. du Lyonnais*, 1843, I, p. 328; Fortis, *Voyage pitt. et hist. à Lyon*, II, p. 176; Th. Heyer, *op. cit.*, loc. cit., p. 423; Cazenove, *Les tableaux d'A. Dürer au Musée de Lyon*, p. 22; Duplain et Giraud, *St-Paul de Lyon*, p. 239, 240; E. Pariset, *Biographie de Jean Cleberger*, p. 22, etc. — Ces auteurs ne donnent aucune référence; mais Cleberger écrit, de Lyon, au Conseil de Genève, le 6 juin 1532 (Arch. de Genève, Hôtel de Ville, Portefeuille des pièces hist., n° 1081, ap. Th. Heyer, *op. cit.*, p. 433, 435); depuis 1532, il fait chaque année, à Lyon, un don aux pauvres de l'Aumône générale (v. plus loin, chap. V). D'autre part, nous n'avons rencontré, aux Archives municipales de Lyon, aucun document qui mentionne Cleberger parmi les marchands étrangers établis à Lyon « hors foire »: les chartreaux d'imposition appellent ainsi les marchands qui résidaient à Lyon de façon permanente, par opposition à ceux qui séjournaient à Lyon « en foire » et y louaient, au moment des quatre foires annuelles, une boutique ou « un arc » (voir notamment, en 1528, Arch. mun. de Lyon, CC. 37 et CC. 39, passim). Cleberger est à Lyon en 1533 et en 1535 (*Catal. des actes de François Ier*, II, 5898; R. Ehrenberg, *H. Kleberg*, p. 18).

[4] Voir plus loin, chap. II et III.

[5] Voir plus haut, note 3. Les marchands étrangers, qui ne séjournaient à Lyon qu'au moment des foires, y étaient exempts de toute imposition. En 1538,

une chose louable a vous et a vostre cite, bien convenable pour entretenir la
concorde civile; aussi ne me donnerez occasion de chercher aultre droict
contre les moyne, et vous tenir tousjours pour mes bons seigneurs et amys,
et me obligerez que la ou je pourray faire quelque service a vous mes seigneurs
et a vostre cite je ne espargneray (comme en partie ay jusques a pnt faict)
ne corps ne biens. Me recommandant mes seigneurs a vre bonne grace
pryant le createur par son filz Jhesuchrist maintenir tousjours vous et
vostre cite en bonne prosperite. De Lyon le 15 jour de May an. d. xlvj

Vre treshumble et obeyssant serviteur et amy

Jehan Cleberger
varlet de chambre ordre du Roy seigneur
de champs, baron de chastellard et
[illegible]

Autographe de Jean Cleberger
(Fragment d'une lettre conservée à l'Hôtel de Ville de Genève.)

lettres de naturalité qui furent accordées, à Lyon, en février 1536[1], à « Jehan Cleberge marchant, demourant en notre ville de Lyon, natif de la ville de Nuremberg ». Le préambule de ces lettres expose que Cleberger, devenu veuf, et sans postérité, désire « rentrer oud. estat de mariage pour avoir lignée et user en cestuy notre dit royaume le reste de ses jours », et qu'il veut pouvoir transmettre librement, à « ses héritiers ou autres », « telz biens qu'il a jà acquis et pourra licitement cy après acquérir[2] ».

Peu après, et suivant contrat du 19 février 1536[3], Jean Cleberger épousa, sans doute à Lyon, Pelonne Bonzin, fille d'un marchand de Tournay et veuve depuis un an du riche marchand protestant Etienne de la Forge[4]; la même année, le chartreau d'une cotisation de blé imposée, en juillet, aux habitants de Lyon, pour approvisionner la ville en vue de la guerre avec Charles-Quint[5], mentionne

par lettre du 20 janvier, François Ier déclare n'avoir voulu soumettre aux impositions et subsides levés ou à lever que ceux des marchands florentins et lucquois fréquentant les foires « qui sont natifs de Lyon, qui s'y sont mariés ou y auront leurs femmes, ou qui y auront acquis des héritages, lesquels auront part aux charges et honneurs de la ville » (Arch. mun. de Lyon, CC. 314, n° 2).

[1] Arch. Nationales, JJ. 249 A, f° 18 v°, pièce 59. François Ier était à Lyon en février 1536; des ambassadeurs des Villes Impériales vinrent l'y trouver et se plaignirent de ce qu'on emprisonnait, en France, « pour le faict de la religion », les marchands allemands venant aux foires. Le roi, « qui recogneut bien que c'estoit un artifice des partisants de l'Empereur qui taschoyent de le mettre en mauvais mesnage avec ces villes impériales, prit la peine de promener luy mesmes ces Ambassadeurs par Lyon et leur faire veoir les boutiques des marchands Allemands ouvertes et eux y estants et trafficants en toute liberté ». Il réunit même « en son hostel » tous les marchands allemands présents à Lyon pour la foire de Pâques, et ceux-ci, sur sa demande, déclarèrent qu'ils étaient bien traités en France « ou ils vivoyent en toute liberté » (Rubys, *Hist. véritable de la Ville de Lyon*, p. 368, 369; *Mémoires de Martin et Guillaume du Bellay*, édition Lambert, 1753, t. III, 246-257).

[2] Arch. Nationales, JJ. 249 A, f° 18 v°, pièce 59.

[3] Test. de J. Cleberger aux Arch. de la Chambre des notaires de Lyon, Minutes P. Dorlin, Testaments de 1544 à 1556, f° 167 v°; Arch. hospit. de Lyon, Charité, B. 168, f° 133 v°.

[4] Etienne de la Forge avait été brûlé, à Paris, comme luthérien, le 15 février 1535 (*Journal d'un bourgeois de Paris*, éd. Bourrilly, p. 382-383; plus loin, chap. III).

[5] La guerre recommença, en 1536, entre François Ier qui avait attaqué le Piémont, et Charles-Quint qui voulait envahir la France par la Picardie, les Alpes et les Pyrénées. François Ier ayant prescrit de réunir à Lyon un approvisionnement de 50,000 ânées de blé, le Consulat lyonnais convoqua, le 11 juillet

« sire Jehan Kleberg » parmi les contribuables domiciliés au quartier Saint-Paul, entre le cloître des chanoines de Saint-Paul et la place du Change [1].

Depuis son mariage avec Pelonne Bonzin et jusqu'à sa mort, Jean Cleberger, admis à jouir de tous les droits des « régnicoles » et « natifz d'icelluy... royaume [2] », habita donc Lyon et s'y établit définitivement [3]. Après la naissance de son fils David (vers 1538-1539 [4]) et surtout pendant les dernières années de sa vie, de 1542 à 1546, il acquit des immeubles dans la ville ou aux environs [5] et employa une partie du moins des capitaux qu'il avait amassés soit à ces acquisitions, soit à des placements moins rémunérateurs, mais plus sûrs que ceux qui lui avaient valu sa fortune [6].

D'ailleurs, pendant cette dernière période de sa carrière, il n'avait plus, comme à ses débuts, à courir après les affaires ; c'était lui qu'on sollicitait et qu'on venait trouver en son logis, qu'il s'agît

1536, une assemblée générale qui décida de faire participer à cette contribution en nature les marchands étrangers de Lyon qui font « gros gaings », et d'imposer les « nations estranges qui tiennent maison en ceste ville » (Arch. mun. de Lyon, BB. 55, f° 155).

[1] Arch. mun. de Lyon, CC. 274, f°s 53 v° et 55 v°. Il habite le quartier « depuis le cloistre saint Pol tirant par la Juyerie (Juiverie), comprins saint Barthelemy, jusques au Puys de Porcherie » : le puits de Porcherie était à l'angle Est des rues qui sont aujourd'hui les rues de Gadagne et de la Loge. Les deux plus forts imposés du quartier sont le Procureur du roi, Baronnat, et Simon Caille, taxés à 30 ânées ; ensuite vient Jean Cleberger qui fournit 25 ânées. La même année (1536), les Archives de la Charité (E. 147, f° 15), mentionnent « noble homme Jehan Cleberge, marchand de Noramberg, à present demeurant en ceste ville » ; voir aussi (dans R. Ehrenberg, *H. Kleberg*, p. 19) la lettre écrite de Lyon par A. Tucher, le 2 mars 1536.

[2] Lettres de naturalité citées plus haut, exemptant formellement Jean Cleberger du droit d'aubaine, en vertu duquel le roi recueillait l'héritage des étrangers morts en France ab intestat ou sans enfants légitimes nés dans le royaume (Arch. Nationales, JJ. 249^A, f° 18 v°, pièce 59).

[3] Il faisait souvent des séjours à Genève. Les chroniques manuscrites de Michel Rozet, rédigées vers 1545, mentionnent : « Clebergues, qui quelques fois se tenoit à Genève, quelques fois à Lyon » (Archives de Genève, Chroniques... livre IV, chap. LX). Cleberger passa à Genève une partie de l'année 1539 et il y fit faire des constructions en 1540 (*ibid.*, Reg. du Conseil, vol. p. 1539, 17 janvier, 2 mai, 20 août, 24 octobre ; vol. p. 1540, f°s 145 v°, 583 ; ap. Th. Heyer, *op. cit.*, p. 430, 432, 445, 446.

[4] Voir plus loin, chap. III et VII.

[5] Voir plus loin, chap. II.

[6] Voir plus loin, chap. II.

du Consulat lyonnais, du roi de France ou de clients de moindre importance[1]. Négociateur des emprunts de François Ier, il vécut riche et considéré, redouté par ses anciens compatriotes, assez glorieux semble-t-il des honneurs et des titres qui avaient récompensé ses services[2].

Par lettres données à Fontainebleau le 31 mars 1543, François Ier l'a nommé son valet de chambre ordinaire[3]; le 11 décembre de la même année, le roi le remercie de l'avoir « secouru en prest d'une bonne somme d'argent » et d'avoir « esté moyen que les autres marchans de votre nation ont faict le semblable de leur part[4] ».

[1] Voir, plus loin, chap. II.

[2] Voir sa lettre écrite, de Lyon, au Conseil de Genève, le 15 mai 1546, signée « Jehan Cleberger, valet de chambre ordinaire du Roy, seigneur de Champs, baron de Chastellard et Villeneuve » (Arch. de Genève, Hôtel de Ville, Portefeuille des pièces hist., n° 1081, ap. Th. Heyer, *op. cit.*, p. 449-450), son testament et une quittance signalée par R. Ehrenberg (*H. Kleberg.*, p. 21-22); plus loin, chap. VIII.

[3] Arch. mun. de Lyon, CC. 361, n° 1, f° 1 : « ... Scavoir... faisons que pour les bons, agréables et recommandables services que notre cher et bon amy Jehan Cleberge, gentilhomme d'Allemaigne et bourgeoys de Berne, nous a par cydevant faictz et faict chacun jour en plusieurz et maintes manières et espérons qu'il fera et continuera de bien en mieulx, icellui pour ces causes et pour la bonne et entière confience que nous avons de sa personne et de ses sens, suffisance, loyaulté, preudhomye, expérience et bonne diligence, avons ce jourdhuy retenu et retenons en l'estat et office de notre varlet de chambre ordinaire, pour audit estat doresnavant nous servir par led. Cleberge aux honneurs... et esmolumenz acoustumez... A Fontainesbleau, soubz le sel, le dernier jour de mars mil cinq cens quarante troys après pasques... » Jean Cleberg prêta serment, à Paris, en qualité de valet de chambre ordinaire, le 21 janvier 1544, par Jacques d'Asnyères, clerc d'office de l'Hôtel à qui il avait donné procuration à cet effet, par lettres datées de Lyon, le 28 septembre 1543 (*ibid.*, f° 2). Le 7 mars 1555, par-devant Nicolas Dorlin, notaire à Lyon, le clerc du receveur général des Finances pour le roi à Lyon, certifie qu'il a payé pendant deux ans, à feu Jehan Cleberger, ses gages de valet de chambre ordinaire, soit 242 livres tournois par an (*ibid.*). En 1554 et 1558, Henri II confirme à la veuve de Cleberger les exemptions dont ce dernier jouissait en vertu de sa charge : « Et ores qu'il ne vient servir en personne, il auroit eu charge, au lieu de ce, (pour) notred. feu sgr et père, de s'emploier en aultres ses urgens affaires en lad. ville de Lyon » (*ibid.*, fos 3 à 5). Un inventaire des papiers de Cleberger (Arch. hospit. de Lyon, Charité, B. 168, f° 169) mentionne des lettres « de sauvegarde, protection et committimus » accordées, par François Ier, à Jean Cleberger, son valet de chambre ordinaire, le 6 décembre 1543.

[4] Arch. mun. de Lyon, CC. 361, n° 1, f° 2 *bis* v° (copie du XVIe s.) : « Monsieur le Chastelar, J'ay entendu, par le sr de St-Martin, mon conseiller et secrétaire de ma chambre, en quelle volunté et affection il vous a trouvé de

En 1545 et 1546, Cleberger s'occupe encore de procurer de l'argent au roi de France dont le crédit s'épuise et dont la santé chancelante inquiète ses créanciers. En décembre 1545, les Lyonnais qui l'appellent « le bon Allemand » ont voulu se montrer reconnaissants de ses libéralités envers les pauvres de l'Aumône[1] et, le 22 décembre, « Jehan Flebergue » a été élu conseiller de Ville[2], honneur rarement accordé à des étrangers[3]. Cleberger, invoquant l'état maladif de son fils et les nombreuses affaires qu'il a « tant pour le Roy que pour luy », n'a accepté qu'avec réserves la fonction qu'on lui décernait[4].

me faire service. Et comme encore que vous mesmes m'ayez dernièrement secouru en prest d'une bonne somme d'argent, avez esté moyen que les autres marchans de votre nation ont faict le semblable de leur part, dont et du bon office que avez faict en cest endroit, je n'ai vollu faillir à vos mercier, vous advisant que pour ne faillir à la promesse que j'ay faicte du remboursement des dessusd. pretz, je depesche présentement led. St-Martin pour se transporter pardela et fere remborser toutes les sommes de deniers qui m'ont esté prestés, luy ayant quant et quant donné charge vous dire et fere entendre aucunes choses de ma part, desquelles je vous prie le croyre comme moy mesmes. Priant Dieu, monsr de Chastellar qu'il vous ayt en sa garde. Escript a Eschatr le XIe jour de décembre mil Vc XLIII.

« Francoys. De Laubespine.

La suscription est telle : « A Monsr du Chastellar, valet de la chambre ordinaire ».

On verra plus loin que Jean Cleberger avait acquis, en novembre 1543, la seigneurie du Chatellard en Dombes.

[1] Voir plus loin, chap. v. Le 21 décembre 1544, les recteurs de l'Aumône décident « que le sr Clebergc, allemant, sera appelé pour adsister audict Bureau et affaires de lad. Aulmosne » (Arch. hospit. de Lyon, Charité, E. 6, fo 422).

[2] Arch. mun. de Lyon, BB. 370, fos 56-57.

[3] Avant lui, le florentin Thomas II de Gadagne qui avait fait construire à Lyon, en 1534-1536, par Salvator Salvatori, les bâtiments de l'hôpital St-Laurent, avait été élu conseiller de Ville en 1535 (E. Vial, *Notes sur Guill. de Gadagne*, p. 51). Les de Gadagne avaient participé aux emprunts de François Ier qui nomma Thomas II son maître d'hôtel ordinaire (*ibid.*; A. Spont, *Semblancay*, p. 145 et s.).

[4] Arch. mun. de Lyon, BB. 64, fo 11 vo. Séance consulaire du 19 janvier 1546 : « A esté mandé honnorable homme Jean Flebergue, seigneur de Chastellard qui, dernièrement, à Noel dernier, fut esleu l'un des nouveaulx conseillers de lad. ville, qui est comparu et a esté prié faire le serment acoustumé et prandre la charge du Consulat et faire son debvoir; lequel, après avoir faict ses (fo 12) excuses, mesmement qu'il n'est enffant de ville ne de la langue françoise et a plusieurs affaires, tant pour le Roy que pour luy, et plusieurs procès ou luy convient vacquer et entendre, et qu'il est sexagénaire et a ung jeune filz de cinq ou six ans qui ne peult se lever, qui ne le relièye et ne peult travailler. Dont le fauldra relever et excuser et si déclare qu'il

En avril 1546, il est à Genève, où le Conseil veut lui offrir un « souppé » : mais il repart brusquement « sans estre bancqueté[1] » et tombe malade à Lyon au milieu d'août[2], au moment où les protestants allemands lui envoient un émissaire chargé de trouver l'argent nécessaire pour soutenir la guerre qu'ils ont déclarée à Charles-Quint[3].

Jean Cleberger teste, à Lyon, le 25 août, dans sa maison de Saint-Ambroise, à l'angle de la rue Longue et de la rue Sirène (aujourd'hui représentée par la rue de l'Hôtel-de-Ville) et il y meurt dans la première semaine de septembre 1546, laissant à sa femme et à son fils unique une fortune de plus de 150.000 livres[4] qu'il a acquise tout entière « moyennant la grâce de Dieu[5] », « par son sens et industrye[6] ».

n'entend soy obliger, si n'est pour son propre faict et non pour les affaires de la ville. Dont il a protesté et, sauf sa protestation et ce que dessus, a offert faire son debvoir comme conseiller et lesd. conseillers ont faict protestations au contraire et qu'il s'obligera si besoing est, comme les autres conseillers. Parquoy a requis délay au premier Consulat, qui luy a esté accordé. » — Jean Cleberger ne vint qu'une fois au Consulat, le 5 février 1546, à propos d'une assemblée tenue au logis du lieutenant du roi, du Peyrat (*ibid.*, f° 18). — Il fut remplacé, à la fin de 1547, par Humbert Faure, « esleu au lieu feu Jehan Cleberge pour ce qu'il estoit allé de vie à trespas » (Arch. mun. de Lyon, CC. 977, n° 18). Voir, au sujet de la nomination de Cleberger, la lettre de Gabriel Tucher du 21 mars 1546, plus loin, chap. III).

[1] Arch. de Genève, Reg. du Conseil, vol. p. 1546, f°s 70 et 80 (ap. Th. Heyer, *op. cit.*, p. 432, 447).

[2] Voir plus loin, chap. VI.

[3] De décembre 1530 à mars 1531, les électeurs ou princes luthériens de Saxe, Hesse, Anhalt et Brunswick et les délégués de onze villes libres, réunis en conférence à Smalkalde, avaient constitué la ligue qui faisait du parti luthérien allemand une sorte d'Etat souverain. François Ier avait promis aux confédérés, en mai 1532 (traité de Scheyern), le secours de la France. En 1546, l'Empereur mit au ban de l'Empire la Saxe et le Wurtemberg; la Smalkalde, soutenue par François Ier, était résolue à défendre l'Evangile les armes à la main, et déjà, en juin, les hostilités avaient commencé dans l'Oberland (Rott, *Hist. de la représentation... de la France auprès des Cantons Suisses*, II, p. 111 et s.; Lavisse, *Hist. de France*, V, 2e partie, 70, 71, 106, 118; J. Janssen, *L'Allemagne et la Réforme*, t. III, p. 243 et s., 601 et s., 611, 616; plus loin, chap. VI).

[4] Voir plus loin, chap. VI.

[5] Test. de J. Cleberger, Arch. de la Chambre des notaires de Lyon, Minutes de P. Dorlin, Testaments de 1544 à 1556, f° 170.

[6] Lettres de naturalité citées plus haut (Arch. Nationales, JJ. 246 A, f° 18 v°, pièce 59).

II

CLEBERGER, MARCHAND ET BANQUIER[1]

Il faudrait pouvoir suivre Jean Cleberger dans les étapes de sa carrière d'homme d'affaires; savoir et montrer comment, sans fortune personnelle, le petit employé des Imhof qu'il était à ses débuts, parvint, avec ses premiers gains, à spéculer pour son compte, puis à s'établir banquier et à réaliser par d'heureuses opérations une vraie fortune.

Nous ne savons rien de ses premières années, sinon que les Imhof, ses patrons, qui étaient des marchands, l'envoyèrent de bonne heure, de Nuremberg, les représenter aux foires de Lyon[2].

Lyon, où nous rencontrons Cleberger dès 1517[3], était depuis longtemps à cette époque, grâce à ses quatre foires franches, un des grands marchés du monde[4]. Les Italiens, les Florentins surtout,

[1] Voir, plus haut, p. 1 et s.

[2] *Ibid.*, p. 4, 5, 9.

[3] *Ibid.*, p. 4-5; Arch. mun. Lyon, BB. 37, f° 67 v°.

[4] Voir N. de Nicolay, *Descript. gén. de la Ville de Lyon*, p. 147 et s.; Rubys, *Hist. vérit. de la Ville de Lyon*, p. 333, 338, 341, 351 et s.; *Privilèges des foires de Lyon*, Lyon, G. Barbier, 1647; J. Vaesen, la Juridiction commerciale de Lyon, ap. *Mém. Soc. littéraire de Lyon*, 1878-1879, p. 3 et s.; R. Ehrenberg, *Das Zeitalter der Fugger*, t. II, p. 69-78; E. Castelot, les Bourses financières d'Anvers et de Lyon, ap. *Journal des Economistes*, 1898, p. 335 et s.; M. Vigne, *la Banque à Lyon du* XVe *au* XVIIIe *siècle*, p. 54 et s.; L. Caillet, *Relations de la commune de Lyon avec Charles VII et Louis XI*, passim. Les foires de Lyon datent de 1420; en 1463 Louis XI en porte le nombre à quatre. Castelot cite, d'après Gachard et Ehrenberg, une lettre de Charles-Quint écrivant au pape Adrien VI, à propos des foires de Lyon : « Les forces du roi de France s'affaibliront si nous lui enlevons ce commerce; ce serait nous assurer le succès » (p. 336); Nicolay écrit, en 1573, « qu'il n'y a foire, pour petite qu'elle soit, qu'en la place du Change ne se traictent les millions d'or » (p. 151).

y avaient organisé le commerce de l'argent et établi très anciennement l'usage de la lettre de change[1], qui permettait aux marchands de régler par des virements, au moment des foires, toutes leurs transactions commerciales.

Après chacune des quatre foires (foire des Rois, de Pâques, d'Août et de la Toussaint), les marchands venus à Lyon se réunissaient à la loge du Change[2] pour accepter ou refuser les lettres de change qui leur étaient présentées. Deux jours après l'achèvement de ce règlement, les marchands s'assemblaient de nouveau pour décider quel jour se feraient les payements à l'issue de la foire prochaine. Le consul des Florentins donnait son avis le premier; après lui et dans cet ordre, les Français, les Allemands, les Milanais, les Génois[3], et enfin les Lucquois La date du payement de la prochaine foire ayant été fixée, les Florentins, Génois et Lucquois discutaient en particulier le taux du change et l'intérêt de l'argent jusqu'au payement de la foire suivante; une moyenne était ensuite établie d'après les chiffres proposés par chacune des trois nations consultées et le taux ainsi arrêté était de suite communiqué par des courriers à toutes les autres places d'Europe[4].

[1] M. Vigne, *la Banque à Lyon*, p. 160 et s.; voir (*ibid.*, p. 161 et Arch. mun., Lyon, CC. 519, nos 51 et 52) des modèles de lettres de change du XVe et du XVIe siècle.

[2] C'est en 1517 que les marchands étrangers décident d'acquérir ou de faire construire à Lyon un bâtiment pour s'y réunir et y traiter leurs affaires (Arch. mun. Lyon, BB. 37, fo 91); la « loge des marchands, « tenue » en 1528 par MM. les Florentins, est louée en 1558 par les Florentins et les Lucquois »(Arch. mun. Lyon, CC. 37, fo 19; abbé Rouche, la Nation florentine, ap. *Rev. d'Histoire de Lyon*, 1912, p. 29). En octobre 1545, « la loge » est au-dessus de la maison d'Hugonin Clavel; avec l'autorisation du Consulat, les marchands étrangers fréquentant les foires, représentés par le Consul des Florentins, font poser, devant ladite maison et jusqu'à la Maison Ronde, des barrières en bois qui seront fermées pendant le jour, « à l'heure des changes », afin que les marchands ne soient pas gênés par le bruit des chevaux et des charrettes (Arch. mun. Lyon, BB. 63, fos 267 vo, 277). L'ancienne loge des Changes, plusieurs fois réédifiée, notamment d'après les plans de Soufflot en 1747-1749, sur la place du Change, est, depuis 1803, un temple protestant (Arch. mun. Lyon, BB. 179, fos 249 et s., BB. 185, fo 106; M. Vigne, *op. cit.*, p. 114 et s.; E. Vial, *Inst. et cout.*, p. 291).

[3] Appelés « Genevois » (Arch. mun. Lyon, BB. 52, fo 5 vo; Rubys, *Hist. vérit.*, p. 498).

[4] Nicolay, *op. cit.*, p. 150 et s.; Rubys, *op. cit.*, p. 496 et s. Le taux ainsi fixé « était le prix courant, par opposition au prix arrêté d'une façon expresse entre les parties » (M. Vigne, *op. cit.*, p. 124).

Trois jours plus tard, toujours au Change, avaient lieu les payements, ceux d'abord qui se faisaient « en papier », c'est-à-dire par virements, puis les payements en argent. Tout marchand, négociant sur la place de Lyon et débiteur lors du payement de la foire, devait y comparaître en personne ou s'y faire représenter par un de ses « facteurs » (agents) ou « compagnons » (associés), sous peine d'être déclaré banqueroutier[1].

L'argent affluait donc à Lyon au moment des foires et les « courratiers » ou courtiers « de change[2] » servaient d'intermédiaires entre ceux qui en avaient à placer et ceux qui cherchaient à en emprunter. La rivalité entre la France et la maison d'Autriche fournit, au xvie siècle, un nouveau débouché aux capitaux qu'attiraient si abondamment à Lyon le trafic des foires et les prêts commerciaux auxquels elles donnaient lieu[3]. Candidats l'un et l'autre à l'Empire qu'il fallait acheter, ennemis ensuite et obligés à entretenir, pour se combattre, des armées de mercenaires, Charles-

[1] *Ibid.*

[2] Ces intermédiaires datent de la création des foires de Lyon; Jehanin Boysset est « retenu corratier des foyres » le 30 avril 1420 (M. C. Guigue, *Reg. consul. de la Ville de Lyon*, p. 239). Les courtiers servent aussi d'interprètes; le 30 juillet 1517, les marchands allemands demandent que, « à cause de leurs langues », le Consulat lyonnais nomme des courtiers allemands; ils présentent, à cet effet, Jean de Michelstal et Emard Rous qui sont élus et prêtent serment (Arch. mun. Lyon, BB. 37, f° 103 v°, voir BB. 55, f°s 36 et 40). Sur les courtiers, et le taux de leurs courtages, voir CC. 37, f° 19 v°; CC. 40, f° 6; CC. 782, n° 20; BB. 61, f° 109 v°; M. Vigne, *loc. cit.*, p. 193 et s.; abbé Rouche, *la Nation florentine*, loc. cit., p. 39, 50. Nicolay écrit, en 1573, à propos des courtiers, que « par le moyen de telles malheureuses personnes s'exercent toutes secrètes pipperies »; qu'il serait possible d' « abolir » certaines façons de pratiquer l'usure « sans le ministère des corratiers attiltrez qui en font ouverture facile aux usuriers, tellement que toute ceste manière de gens qui participent à tant de damnables inventions et caballes est une vraye peste des lieux où elle habite » (*op. cit.*, p. 158).

[3] Voir, dans Jean Bodin (les Six livres de la République, Cologne, 1595, *in fine*), le *Discours sur le rehaussement et la diminution tant d'or que d'argent*, p. 50-51; R. Ehrenberg, *Das Zeitalter der Fugger*, II, ch. I, II, III; Castelot, *les Bourses financières, loc. cit.*, p. 321 et s., 332 et s.; M. Vigne, *la Banque à Lyon*, p. 169 et s. L'intérêt des prêts faits aux souverains était toujours supérieur à l'intérêt des prêts commerciaux; Charles-Quint emprunta à 27 1/2 et à 31 1/2 0/0 (Castelot, p. 322-324). Les prêts commerciaux rapportaient, pendant la période qui nous intéresse, de 8 à 12 0/0 par an; en moyenne 10 0/0 en 1535 (*ibid.*, p. 338; M. Vigne, *op. cit.*, p. 175 et s.).

Quint et François Ier eurent sans cesse besoin d'argent[1] et leurs emprunts donnèrent une importance prépondérante au capital monétaire, devenu le nerf de la guerre et de la politique. Grâce à eux, Anvers et Lyon se transformèrent de marchés commerciaux en marchés d'argent, et furent de vraies bourses financières, centres de spéculation et d'agiotage[2].

Le commerce et la banque[3] amenaient à Lyon, au moment des foires, de nombreux marchands allemands[4] ; d'autres étaient établis dans la ville « hors foire », c'est-à-dire de façon permanente[5], ou y avaient des « comptoirs », succursales dirigées par un agent ou « facteur[6] ». En 1529, au moment où Jean Cleberger son-

[1] Dès 1515, François Ier emprunte 300.000 écus aux banquiers florentins de Lyon (A. Spont, *Semblançay*, p. 122 et s.; *Cat. des Actes de François Ier*, I, 1910).

[2] Voir p. 25, note 3 ; R. Ehrenberg, *Das Zeitalter*, II, 3 à 107. D'après un manuel publié en flamand, à Anvers, en 1543, par le marchand Jan Impyn (*Nieuwe Instructie...*), la valeur de l'argent sur le marché de Lyon dépendait directement du taux des emprunts de François Ier (Ehrenberg, *op. cit.*, II, 87).

[3] Le terme « marchand » désigne à la fois les marchands et les banquiers; la plupart des marchands vendent à la fois des marchandises et de l'argent. Le mot « banquier » est rarement employé dans les documents lyonnais contemporains de Cleberger; voir cependant Arch. mun. Lyon, BB. 41, fos 113 vo, 114; BB. 56, fo 70. Jean Cleberger est toujours qualifié « marchand allemand ».

[4] Voir la note qui précède et, dans Nicolay (*Description générale*, p. 175 et s.), la liste des marchandises qui viennent à Lyon d'Allemagne et de Suisse.

[5] Arch. mun. Lyon, CC. 37, fos 4, 18, 22, etc.; BB. 39, fo 163 vo; BB. 41, fos 113 et s. ; BB. 61, fo 275 vo (1528-1544). Les Allemands fixés à Lyon sont portés sur les « établies » ou listes des pennonages (compagnies de la milice bourgeoise), voir EE Chappe IV, 198d 116, fo 3 ; 198d 117 et 118 passim (1523-1545) ; Rubys, *Hist. vérit.*, p. 372. Ils refusent ordinairement de contribuer aux impositions extraordinaires levées par le Consulat et parviennent, le plus souvent, à s'en faire exempter par le roi (BB. 52, fos 17 vo, 130 vo, 135 vo; BB. 56, fo 184; BB. 61, fos 275 et s. (1531-1544). En 1512, un marchand allemand établi à Lyon prête serment au grand Prévôt et déclare au Consulat qu'il veut vivre et mourir à Lyon comme « subject du Roy et habitant de ceste ville » (BB. 30, fo 192 vo).

[6] D'après Castelot (*op. cit.*, *loc. cit.*, p. 339) la plupart des grandes maisons de la haute Allemagne eurent, au XVIe siècle, des facteurs à Lyon, sauf les Fugger qui n'y furent jamais représentés. Les marchands allemands, convoqués par le Consulat le 31 décembre 1523, déclarent que « tous ceulx qui sont en ceste ville ne sont que serviteurs de leurs maistres et ne peuvent aucune chose accourder sans leur commandement » (Arch. mun. Lyon, BB. 41, fo 114 vo ; le 27 février 1533, les marchands allemands des Villes Impériales à qui l'on réclame leur part d'une imposition pour la rançon du roi, répondent que « leurs maistres et supérieurs leur ont deffendu de payer » (BB. 52, fo 130 vo).

geait à se fixer définitivement à Lyon, un chartreau d'imposition donne les noms des marchands allemands habitant Lyon, « y tenant feu et lieu ou maisons, magasins ou boticques » ; ils sont dix-neuf : Barthélemy Velze (Welzer) et compagnie, Lyonard Stocquel et compagnie, Jacques Velzer, André et Gabriel Encurie[1], Jean Malix et compagnie, Courax de la Clef, André Clerc, Thibaud Fychefeu, Fait Aygnel (ou Faitaygnel) et Jacques Ziergues, Michel et Georges Vytemant (Weikmann), Gaspard Ficher et compagnie, Jean Ustel, Antoine Saubremont, Jean Fychet, hôte, Paul Volturq, Eurard Saumaistre[2].

Les « marchands allemands », originaires d'Allemagne ou de Suisse[3], que François Ier a intérêt à ménager, jouissent, à Lyon, de privilèges spéciaux, en outre des franchises communes à tous les marchands fréquentant les foires[4].

Marque commerciale de J. CLEBERGER en 1526. D'après ses portraits (voir, plus loin. Chap. VIII.)

[1] Nous avons écrit plus haut (p. 4, note 3) que nous n'avions jamais rencontré le nom des Imhof parmi ceux des marchands allemands établis à Lyon, les Imhof portèrent vraisemblablement à Lyon le surnom de « Incuris » ou « Encurie », traduction latine ou française de « im Hof ». Le 27 octobre 1661, le marchand « Jean-Jérôme Inhof le jeune ou Incuris » demande, par procureur, aux échevins lyonnais d'inscrire sur leurs registres sa marque de commerce figurant deux J, adossés en forme d'ancre. Il expose qu'il est né à Nuremberg, négocie depuis longtemps avec Lyon et désire continuer à jouir, lui et ses « facteurs », des privilèges concédés par les rois « aux marchans de la Nation d'Allemaigne alliez à la couronne ». Il joint à sa demande une attestation, en latin, du Conseil de Nuremberg confirmant qu'il est originaire de Nuremberg et fait partie « patricii ordinis ». Le Consulat lyonnais décide, le même jour, que la marque de « Hiéronyme Inhof ou Incuris » sera « apposée en la matricule des marques de lad. nation tenue au bureau de la Resve estably en l'hostel commun de la ville » (Arch. mun. Lyon, BB. 216, f°s 372-373).

[2] Arch. mun. Lyon, CC. 136, f°s 321-322 ; la plupart des noms sont défigurés. En 1516, les marchands allemands, convoqués pour préparer l'entrée de la reine, viennent dire « qu'ils ne sont de leur nation en ceste ville présentement que cinq ou six et que les principaulx sont absens de lad. ville » (BB. 34, f° 155).

[3] Les marchands de l'Allemagne et ceux de la Suisse ne sont que très rarement distingués les uns des autres ; ordinairement le Consulat les qualifie ensemble « marchands allemands ».

[4] Voir *Privilèges des foires de Lyon*, Lyon, G. Barbier, 1649 ; M. Vigne, *la Banque à Lyon*, p. 65 et s. Les avantages suivants étaient assurés aux marchands étrangers fréquentant les foires : sécurité de leurs personnes et de

Ceux des Villes Impériales peuvent, pendant les quinze jours qui suivent chaque foire, faire sortir librement leurs marchandises de la ville et du royaume sans avoir aucun droit à acquitter. Les marchands des « Cantons Suisses » bénéficient de la même exemption, mais pendant dix jours seulement[1].

Les Allemands ont fondé à Lyon, le 1er septembre 1491, une « confrérie » dans l'église du couvent de Notre-Dame de Confort; ils ont là un tombeau qui porte les « armes des Impériaux », c'est-à-dire « une Aigle de Bronze » et les confrères qui en expriment le désir peuvent être inhumés dans ce tombeau[2].

La « Nation » allemande de Lyon ne nomme pas, comme la Nation florentine, un consul et des conseillers[3]; quand elle a

leurs marchandises exemptées de toutes impositions mises ou à mettre; — autorisation du prêt à intérêt, au taux maximum de 15 0/0 par an; — libre circulation des monnaies étrangères; — bénéfice de la juridiction du Tribunal de la Conservation: — droit de ne pouvoir, sous aucun prétexte, être dessaisis de leurs livres et papiers de commerce ou tenus de les présenter en justice. Voir, sur ce dernier point, les réclamations des marchands en 1512, 1514, 1535 (Arch. mun. Lyon, BB. 30, f° 109 v°; BB. 33, f° 88 v°; BB. 55, f° 92 v° et s.). — Les Villes Impériales ordinairement nommées dans les documents relatifs aux privilèges des marchands allemands, sont Nuremberg, Ulm, Strasbourg, Constance, Nordlingen, Memmingen; ce qui indique, dit H. Coutagne, l'existence d'un courant d'émigration affluant à Lyon de tous les points de la Souabe et de la Bavière (*Gaspard Duiffoprouæart*, p. 32).

[1] *Extrait des lettres patentes... où sont contenus les privilèges... pour les Habitans, citoyens et marchans des Villes Impériales d'Allemagne frequentans les foires de Lyon...*, Lyon, F. Barbier, 1698, p. 3, 4 et s. (Arch. mun. Lyon, CC. 315); Arch. mun. Lyon, BB. 34, f° 188; BB. 37, f°s 70 et 126; CC. 970, f° 7; Rubys, *Hist. vérit*, p. 359, 369, 372, 377, 378. Les lettres prolongeant de quinze jours, pour les marchands des Villes Impériales, le privilège de la franchise des foires, sont du 13 ou du 14 mars 1516; en 1542, par lettres du 7 août, François Ier accorda aux marchands de Villes Impériales les mêmes privilèges qu'à ceux des Ligues suisses (*Extrait des lettres patentes...*; Arch. mun. Lyon, BB. 63, f° 12 v°).

[2] Arch. dép. du Rhône, Jacobins, Inventaire Ramette, II, 2e partie, p. 25. Jean Cleberger sera inhumé dans ce tombeau, ainsi qu'un des Tucher dont Spon mentionne l'épitaphe, placée « sur une plaque de fer », contre un des piliers de l'église (*Recherches des antiquités...*, 1857, p. 181-182). Golnitz, en 1630-1631, signale, dans la même église, les monuments funéraires de trois Nurembergeois (*Mém. Soc. littéraire de Lyon*, 1876, p. 425). Voir, plus loin, chap. VI.

[3] Voir Rubys, *Hist. vérit.*, p. 498; abbé Rouche, la Nation florentine de Lyon, ap. *Rev. d'Hist. de Lyon*, 1912, p. 32 et s. Dans une attestation rédigée en latin, en 1661, le Conseil de Nuremberg mentionne les « deputatos mer-

quelque réclamation à présenter au Consulat, elle délègue auprès des conseillers de Ville lyonnais deux ou trois de ses membres qui représentent leurs compatriotes[1]. Les Allemands figurent souvent en bonne place et richement accoutrés dans le cortège des entrées royales[2] et, lorsque les marchands s'assemblent au Change, au moment des foires, pour fixer la date des payements de la foire prochaine, ils sont les troisièmes à donner leur avis, après les Florentins et les Français, avant les Milanais, les Génois et les Lucquois[3]. On a vu plus haut qu'ils présentaient au Consulat des courtiers allemands destinés à servir d'intermédiaires et d'interprètes, pendant les foires, aux marchands de leur nationalité qui ne parlaient pas le français[4].

***

Facteur des Imhof jusqu'en 1520, des Bongars en 1522, Jean Cleberger dut certainement, à ses débuts, faire le commerce pour le compte de ces deux maisons[5], mais en même temps qu'il négociait pour elles des marchandises, il s'occupait aussi de banque, de « change », comme on disait alors. Il prenait part, en 1517 ou 1518, sans doute comme mandataire ou prête-nom[6], aux emprunts contractés à Lyon par François Ier[7], et, à Nuremberg, dès 1522,

caturæ Teutonicæ nationis urbis Lugduni gallici » (Arch. mun. Lyon, BB. 216, f 373).

[1] Arch. mun. Lyon, BB. 34, f° 188; BB, 37, f°s 103 v°, 126; BB. 38, f° 70; BB. 39, f° 163 v°; BB. 41, f° 113 v° et s.; BB. 42, f° 17 v°; BB. 52, f° 92 v° et s.; BB. 58, f°s 141 et s.; BB 61, f°s 275 v° et 355 v° (1515-1544).

[2] *Relation des entrées solemnelles dans la ville de Lyon*, p. 8, 21, 60. Lors de l'entrée de la reine, en 1600, un seul député représente « les Villes Impériales, Suisses et Grisons » (*ibid.*, p. 127). Voir, dans Paradin (*Mémoires sur l'hist. de Lyon*, p. 317), la description du feu de joie fait, en 1530, sur la place de l'Herberie, par « Messieurs de la Nation d'Allemaigne », à l'occasion de la délivrance des fils de François Ier.

[3] Rubys, *Hist. vérit.*, p. 498; voir plus haut, p. 24 et s.

[4] Arch. mun., BB. 37, f° 103 v°; voir, plus haut, p. 25, note 2.

[5] Voir *Rev. d'Hist. de Lyon*, 1912, p. 4, 9 et s.

[6] *Ibid.*, p. 91. Au début du XVIe siècle, les commerçants allemands, séduits par l'appât du gain, abandonnaient le commerce pour la banque; les gentilshommes, délaissant leurs terres, spéculaient par prête-noms (Ehrenberg, *Das Zeitalter*, II, pp. 3-68; Castelot, *op. cit.*, *loc. cit.*, p. 325-27).

[7] Sur les emprunts faits, à Lyon, par François Ier, et sur l'histoire financière de son règne, encore très mal connue, voir Ehrenberg, *Das Zeitalter*, I, p. 258.

il faisait pour son compte, ou du moins en son propre nom, quelques petites opérations financières qui étaient, en somme, des prêts déguisés et constituaient des placements à 5 0/0[1].

Le premier document qui, à notre connaissance, mentionne Jean Cleberger parmi les marchands et banquiers fournissant de l'argent au roi de France, est une déclaration, donnée à Lyon, par François I[er][2], le 7 avril 1522, à ses créanciers, convoqués à cet effet. Par cet acte, le roi reconnaît que ses généraux des Finances ont emprunté, par son ordre, à plusieurs marchands et banquiers, diverses sommes[3] qui, à la foire de Pâques prochaine, s'élèveront, intérêts compris, à 553.525 livres 12 sols 6 deniers. Cet argent a servi notamment à payer les 100.000 livres données, en 1518, au feu duc d'Urbin, neveu du pape Léon X[4] et à solder les frais de l'entre-

268; Castelot, *op. cit.*, *loc. cit.*, p. 339-41 et passim; A. Spont, *Semblançay*, p. 122 et s.; M. Vigne, *la Banque*, p. 176 et s.

[1] Arch. de Nuremberg, Libri litterarum, t. XXXVI, f° 36 (vente par Hans Kleberger, le 20 octobre 1522, de droits sur une maison); *Libri litterarum*, t. XXXVII, f° 13 (vente, par le même, le 6 juin 1523, d'une rente de 8 florins sur une autre maison). Ces transactions « sur des contrats de rente constituée et rachetable », « opérations courantes chez les banquiers les plus timides », ont pour but « d'éluder l'interdiction, alors très respectée, du prêt d'argent direct avec intérêt stipulé » (Pariset, *Biographie de J. Cleberger*, p. 11). Ehrenberg (*Hans Kleberg*, *loc. cit.*, p. 42) parle du « vieux petit moyen de l'achat de rente »; cf. Castelot, *op. cit.*, *loc. cit.*, p. 327-29.

[2] Le roi arriva à Lyon le 5 avril 1522 et y séjourna jusqu'en juillet. Cleberger était à Lyon le 3 janvier (Arch. mun. Lyon, BB. 39, f°s 163 v°, 212 et s.; CC. 692, n° 12).

[3] Les généraux sont Thomas Bohier, Henri Bohier, sg[r] de La Chapelle, Raoul Hurault, sg[r] de Cheverny et Guillaume de Beaune, sg[r] de La Carte. Une attestation des sommes dues aux héritiers de feu Thomas Bohier (Arch. Nationales, J, 964, n° 13) établit que Bohier a emprunté pour le roi, en cinq fois, 114.237 livres, 8 deniers, 1 obole tournois, dont quittances lui ont été délivrées aux dates qui suivent : 1° (12 mai 1520), 5.000 livres tournois à compte sur 200.000 livres empruntées à Lyon, lors de la foire de Pâques 1520, pour les frais de l'entrevue d'Ardres; 2° (13 juin 1521), 20.000 livres tournois, avancées par Bohier lui-même; 3° (1er octobre 1521), 18.747 livres, 6 sols, 11 deniers, 1 obole tournois, « partie de plus grand somme » empruntée « à plusieurs bancquiers et marchans demeurans en la ville de Lyon; 4° (1er octobre 1521), 12.048 livres, 15 sols tournois, faisant le quart de la somme empruntée « de plusieurs bancquiers et marchans demeurans en la ville de Lyon »; 5° (30 juin 1522), 13.440 livres « faisant partie de plus grand somme » empruntée « de plusieurs marchans bancquiers ».

[4] Laurent II de Médicis, père de Catherine de Médicis, mort en 1519. A l'entrevue de Bologne, en 1515, François Ier s'était engagé à aider le pape

vue d'Ardres (7 juin 1520). Le roi qui, par suite des événements récents et de la guerre, ne peut rembourser immédiatement ses prêteurs, s'engage à le faire dès que les circonstances le lui permettront.

Les généraux des Finances ont emprunté d'abord 303.750 livres, sur lesquelles le duc d'Urbin a reçu 50.000 écus soleil. A ce premier emprunt, « Jehan Cleberq » a pris part pour 12.500 écus soleil (soit 25.312 livres 1 sol 8 deniers[1]). Un second emprunt a été de 74.887 livres 17 sols[2]. Enfin, dans l'énumération des « autres dettes » du roi, figure cette mention : « Deus a Jehan Cleberq pour sire Jehan Pangart, Charles Strossi, François Rodof et aultres dessus nommés[3], pour le parfaict de quarante ung mil sept cent livres, à cause des dons (intérêts) des debtes précédentes cy dessus déclairées, dont le seurplus est employé en l'estat général de nos finances des années mil cinq cent vingt et mil cinq cent vingt un et vingt deux, mil sept livres tournois[4]. »

Les termes de la déclaration royale sont fort peu clairs. Le premier emprunt, celui auquel Cleberger a participé pour 25.312 livres, doit être de 1517 ou de 1518[5]. A cette date, Cleberger possédait-il

à reconquérir le duché d'Urbin dont François-Marie della Rovere s'était emparé (*Mém. de M. et G. du Bellay*, édition V.-L. Bourrilly et F. Vindry, I, 79-80).

[1] Parmi les prêteurs : « Olivier Gadaigne, Zaurbi Bartholin, Laurent et Philippe Strossi, Pierre Vigny, Albisse d'Albeyne, Zaurbi Guinoy, Robert Albisse et ses compaignons », tous établis ou représentés à Lyon.

[2] A ce second prêt ont pris part, avec des banquiers lucquois et génois, « Gaspard Dunsi et compaignons », et trois Lyonnais : Pierre Renouard et Jean Faye « seigneur d'Espez » (5.470 écus soleil) et Geoffroy Baronnat, bourgeois de Lyon (4.323 livres, 14 sols, 6 deniers); parmi d'autres prêteurs, énumérés plus loin, on rencontre Thomas Gadagne. Les banquiers et marchands ont prêté à 4 et 5 o/o par foire, soit 16 et 20 o/o par an. Pierre Renouard, drapier, et Geoffroy Baronnat, marchand, furent tous deux conseillers de Ville. Les Faye étaient seigneurs d'Espeisses, près Millery (Morel de Voleine, *Rec. de doc. p. l'hist. du Gouvernement de Lyon*, p. 120 et s.). Le Jean Faye cité ici est probablement Jean Faye l'aîné, marchand, dont il sera question plus loin à propos de la terre de Champ (voir, plus loin, p. 54).

[3] Peut-être le banquier Hans Paumgartner, un Nurembergeois établi à Augsbourg (R. Ehrenberg, *Das Zeitalter*, I, 192 : voir, plus loin, chap. III. François Rodof était Suisse (Spont, *Semblançay*, p. 185-186).

[4] Arch. Nationales, J. 964, n° 15 ; cf. Spont, *Semblançay, loc. cit.*; M. Vigne, *la Banque à Lyon*, p. 177.

[5] Spont, *op. cit.*, p. 157 ; le duc d'Urbin vint à Lyon en mars 1518 (Arch. mun. Lyon, BB. 37, f° 158 ; CC. 658, n° 2).

personnellement cette somme? N'a-t-il pas été seulement, dans cette opération, le mandataire ou le prête-nom d'un groupe de bourgeois et de marchands[1] ? Il paraît bien, en tous cas, avoir joué dans ces emprunts le rôle d'intermédiaire ou de courtier, puisque 1.007 livres lui sont dues « pour sire Jehan Pangart, Charles Strossi, François Rodof et aultres », et que cette somme ne peut représenter l'intérêt des 25.312 livres figurant plus haut sous son nom.

Dix-neuf jours plus tard, le 26 avril 1522, les généraux des Finances, déchargés par cette déclaration royale des dettes qu'ils avaient contractées personnellement pour le compte de François Ier et par son ordre, empruntaient de nouveau à Jean Cleberger « moyennant cette garantie », une somme de 17.187 écus d'or (35.233 livres), remboursable en quatres termes sur les deniers du tirage du sel[2].

Après l'échéance du premier « quartier », Cleberger, qui n'avait pas été payé, s'adressa au Conseil de Berne[3], qu'il sollicita d'intervenir auprès de François Ier, son allié. Le 6 juillet 1527, l'avoyer et le Conseil de Berne, prenant en main la cause de leur « bourgeois et sujet », écrivaient au roi de France, lui reprochaient dans les termes les plus vifs son manque de parole et l'avertissaient que Cleberger pourrait bien « remettre ceste sienne juste querelle es autres plus forts que luy n'est, pour en estre acquitté » ; leur lettre était ainsi conçue :

Syre, puis nagarre a vostre Royale Magesté avions faict requeste en faveur de nostre chier et fealz bourgeoy et soubgectz Jehan Cleberger pour luy administré justice a cause du prest qu'ilz az faict il y) a cinq ans a vous généraulx pour en estre payé et réintégré, ce qu'entendons luy avoir prouffité, autant que vostre Royale Mageste a recogneu ladite debte et faict commandement de le payé en quatre termes sur vostre espargne de la conduite du seel (sel) sur les revieres du Rosne et Sonne, ainsy que

[1] Voir plus haut, p. 29, note 6. Le 18 juin 1520, les héritiers de Hans Kleberg le père déclarent posséder, à Nuremberg, une rente de 1 florin (Arch. de Nuremberg, Libri litterarum, t. XXXIV, fo 85 vo).

[2] Spont (*Semblançay*, p. 185-186) place ce prêt à la date du 26 avril. En 1533, le Trésorier de l'Epargne rembourse à Jean Cleberger 17.187 écus qu'il a prêtés au roi « en avril 1522 » (*Cat. des Actes de François Ier*, II, 5898, d'après une mention du ms. fr. 5502, fo 45, à la Bibl. Nationale).

[3] Cleberger s'était fait recevoir bourgeois de Berne le 26 août 1521 (plus haut, p. 9).

par vous lettres desquelles avons veuz les vidimus soy conste de estre echeut le premier quartier; et ledit Cleberger veilliant recourer la somme d'icelluy terme scelon vous promesses, luy a vostre officier maistre Martin de Trois[1] remonstré une vous lettres contenans comme luy faicte inhibition et deffense que ne doye deslivrer audit Cleberger ladite somme, desquelles aussy avons veuz le transsumpt[2].

De quoy nous mervillions que si peu déffect donnés à vous promesses, considérant que cella nest point vostre prouffit ne honneur de revoquer ce que par avant aves ordonné par bonnes lettres et seaulx, parquoy ledit Cleberger tonmbe en grand prejudice, ruine et perdicion, et vostre Royale Magesté en pourroit recepvoir, quant cella seroit publié, plus grand domaiges, non seulement en nous pays, mes aussy enver tous les princes et villes impériales d'Alamagnes, ce que nous desplairoit.

Et, en contemplation de vostre honneur, tant que possible nous est, avons caché, et ainsy audict nostre bourgeoy et soubgect donné confort pour cestuy moyen destre poyé, de vous admonester et requester ancore ceste foys par nous lettres, sur ce vostre R. M. priant et supliant, par vigeur des alliances destre (d'entre) nous, y avoir regard et donner effect a ce que messire Caspar de Melunes[3] touchant cestuy affaire nous a repourté, et ainsy ledit nostre bourgeoy et soubgect contenter de ce que luy est deuz, assavoir des XVIII^M. I^C IIII^XX et VII escus Δ, affin que ne partet de vous mal content mais entierement depache, que ne luy soit donné occasion cy après par devant nous (recourir) an aultres querelles et soy plaindre.

[1] Le « receveur » Martin de Troyes, qui logeait à Lyon, en 1528, chez le receveur Laurencin, dans le quartier du Palais (Arch. mun. Lyon, CC. 38, f° 30) est : en 1533, « commis à la recette générale de Languedoc, Lyonnais, Forez et Beaujolais » (*Cat. des Actes de François Ier*, II, 6028); en 1536, « conseiller du roi commis à tenir le compte et faire le paiement de l'Extraordinaire des guerres » (Arch. mun. Lyon, BB. 56, f° 2, v°); en 1542, « Trésorier et receveur général de Languedoc » (CC. 949, n° 1); en 1544 et 1555, « receveur général des Finances à Lyon » (CC. 955, f° 161; BB. 361, n° 1, f° 2). Il était seigneur de la Ferrandière, à Lyon (AA. 28, n° 49) et possédait une maison dans la rue Tramassac (CC. 42, f° 164); il fut élu conseiller de Ville en 1539 (BB. 58, f° 106 v°). On trouve plus tard, à Lyon, en 1571, Me François de Troyes, sgr de la Ferrandière, et, en 1586, « M. de la Ferrandière, Jean de Troyes », qui possède, rue de la Monnaie, une maison avec jardin appelée le Crible (CC. 150, f° 30 v°; CC. 46, f° 38 v°).

[2] Voir, dans le *Cat. des Actes de François Ier* (VI, 18965), un mandement du 25 janvier 1527 ordonnant au Trésorier de Languedoc de payer à Jean Cleberger 18.187 écus d'or sol, intérêts compris.

[3] Gaspard de Müllinen, chevalier, membre du Petit Conseil de Berne en 1521 et 1524 (Rott, *Hist. de la représentation de la France*, I, 258, 260, 361).

En ce faisant nous feres plaisir et accomplerez vous promesses et préserveres ledit Cleberger de remettre et ceste sa juste querelles ès aultres plus fort que luy nest pour en estre acquité, car a son bon droit ne le scaurient ne pourroient delaisser ; confiant que, ce le cognoisses cy bien que nous et qu'ils est tousjours esté bon françoys et serviteur de vostre Magesté, lussié y a longtemp contenté pour autant (que) y veillies adviser, de ce en avons tenuz propos a vous ambassadeurs par deça pour vous certiffié de l'affaire, autant priant Nostre Seigneur que vous ait en sa saincte garde. Datum VI Julii, anno etc. XXVII°.

L'advoyé et conseil de la ville de Berne[1].

Malgré ces admonestations et ces menaces des Bernois, Cleberger ne fut remboursé que six ans plus tard, en 1533[2]. Dans l'intervalle, il avait sûrement cessé d'être le facteur d'une maison allemande et, opérant pour son compte, avait vraisemblablement abandonné le commerce pour s'établir marchand d'argent. Il est évident que ses bénéfices représentaient déjà une forte somme lorsqu'il eut l'idée, vers 1526, d'épouser à Nuremberg une « patricienne », la fille de Willibald Pirkeimer ; en 1527, le Conseil de Genève le considérait comme un « grand riche »[3].

Pendant le séjour qu'il fait à Nuremberg, en 1527, l'année qui précède son premier mariage, il commandite une association commerciale, fondée le 15 octobre, par Endres et Gabriel Imhof, association dont il fournit le capital social, soit 3.436 florins 17 sols, à 5 o/o d'intérêt par an. En 1528, il prête encore à Endres Imhof 600 florins[4]. Il se marie en 1528[5] et, en 1530, il quitte Nuremberg

[1] Arch. d'Etat du canton de Berne. Welsch. Missivenbuch, A, f°s 19 v°-20. R. Ehrenberg rapproche de cette lettre celle que Jacob Fugger écrivit, quelques années plus tard, à Charles-Quint, en le menaçant de s'adresser, s'il n'était pas payé, à quelqu'un de plus puissant que lui (*Das Zeitalter der Fugger*, I, 258 et s.).

[2] *Cat. des Actes de François Ier*, II, 5898 : mandement donné à Lyon, le 7 juin 1533, au Trésorier de l'Epargne, de payer à Jean Cleberger, **allemand**, bourgeois de Berne, 40.920 livres, 15 sols tournois, soit 17.187 écus d'or sol pour le rembourser de pareille somme qu'il a prêtée au roi en avril 1522, plus 1.000 écus dont le roi lui fait don (pour les intérêts).

[3] Voir, plus haut, p. 13, 14, et, plus loin, chap. III.

[4] Arch. mun. de la famille Imhof, à Nuremberg (ap. R. Ehrenberg, *H. Kleberg, loc. cit.*, p. 12). Les bénéfices réalisés par cette association sont de 12 o/o pendant les neuf premiers mois et de 22 o/o les deux années qui suivent.

[5] Voir plus haut, p. 13, et, plus loin, chap. III.

pour retourner à Lyon, où ses affaires le rappellent et où il s'établit définitivement, peu de temps après[1].

A Lyon, il continue à s'occuper des emprunts du roi de France, soit en y souscrivant personnellement, soit, surtout, en procurant au roi des prêteurs[2]. En l'absence de documents concernant directement ces emprunts, il existe des preuves nombreuses du rôle important que joua Cleberger dans la politique financière de François Ier. Ce dernier témoigne à plusieurs reprises que Cleberger lui a rendu de fréquents et importants services d'argent. Dans les lettres de naturalité qu'il accorde, en février 1536, à « notre cher et bien amé Jehan Cléberge », il rappelle les « bons et agréables services qu'il nous a par cydevant faiz[3] » : il lui accorde, l'année suivante, des lettres de rémission pour sa seconde femme, Pelonne Bonzin, à qui il fait restituer une partie de ses biens confisqués par arrêt du Parlement[4].

En 1542, ou 1543, Cleberger prête personnellement au roi « une bonne somme d'argent » et s'emploie auprès des marchands allemands qu'il décide à prendre part avec lui à cet emprunt. François Ier lui écrit, d' « Eschat[e] », le 11 décembre 1543 :

Monsieur le Chastelar[5]. J'ay entendu par le s[r] de St Martin, mon conseiller et secretaire de ma chambre, en quelle volunté et affection il vous a trouvé de me faire service. Et comme, encore que vous mesmes m'ayez dernièrement secouru en prest d'une bonne somme d'argent, avez esté moyen que les autres marchans de votre nation ont faict le semblable

[1] Voir, plus haut, p. 15 et s.

[2] Lorenz Tucher écrit de Paris, le 6 décembre 1526, que l'on croit Cleberger à la Cour (Ehrenberg, *H. Kleberg*, p. 6).

[3] Arch. nationales, JJ. 249A, f° 18 v°, pièce 59. Voir aussi : le préambule des lettres de nomination de J. Cleberger à l'office de valet de chambre ordinaire du roi, du 31 mars 1543 (Arch. mun. Lyon, CC. 361, n° 1, f° 1); les lettres d'Henri II en faveur de Pelonne Bonzin, en 1554 et 1558 (*ibid.*, CC. 361, n° 1, f°s 3 v° et s.). En 1545, François Ier autorise Cleberger à instituer des officiers de justice dans les seigneuries qu'il a acquises, « en considéracion de ce qu'il nous a secouru en la nécessité de noz guerres » (*Cat. Actes François Ier*, IV, 14381).

[4] Arch. Nationales, JJ. 250, f° 21 v° : lettres publiées par N. Weiss (Le réformateur A. Meigret, ap. *Bull. de la Soc. de l'Hist. du Protestantisme franç.*, 1890, p. 269 et s.).

[5] On verra plus loin que Cleberger était alors seigneur du Chatelard (section de la commune de La Chapelle du Chatelard, canton de Villars (Ain).

de leur part, dont et du bon office que avez faict en cest endroit je n'ai vollu faillir a vos mercier, vous advisant que pour ne faillir à la promesse que j'ay faicte du remboursement des dessud. prestz, je depesche presentement led. St Martin pour se transporter pardela et fere remborser toutes les sommes de deniers qui m'ont esté prestés[1], luy ayant quant et quant donné charge vous dire et fere entendre aucunes choses de ma part desquelles je vous prie le croyre comme moy mesmes. Priant Dieu, Mons[r] de Chastellar qu'il vous ayt en sa garde. Escript à Eschat[e] le XI[e] jour de décembre mil V[c] XLIII.

Françoys. De Laubespine[2].

Le roi, du reste, s'est reconnu envers Cleberger, et, par lettres données à Fontainebleau le 31 mars 1543, il l'a nommé son valet de chambre ordinaire[3]. Il s'adresse encore à lui, en 1545, pour trouver 50.000 couronnes, dont il a besoin pour l'échéance de la foire de Pâques, et, cette fois, nous connaissons par une série de documents les circonstances de ce nouvel emprunt, la part que Cleberger prit à sa réussite et les procédés qu'il employa pour amener ses compatriotes à y participer.

La guerre avait recommencé, en 1542, entre François Ier et Charles-Quint; au début de 1544, le roi, qui craignait une invasion du Lyonnais par la Bresse, ordonna aux conseillers de Ville de mettre Lyon en état de défense[4] et les frais qu'il fallut faire pour obéir à cet ordre, eurent bientôt épuisé les finances municipales. Le Consulat, ayant dû « prendre à change » (c'est-à-dire emprunter) 30.000 livres « qui coustent gros interest à seize pour cent et d'advan-

[1] D'après R. Ehrenberg *(Das Zeitalter*, I, 258 et s., II, 86-88), François Ier remboursa intégralement, vers la fin de 1543, les emprunts qu'il avait contractés à Lyon en 1542 et 1543. En 1543, Cleberger achète des seigneuries en Dombes (voir plus loin, p. 56).

[2] Arch. mun. Lyon, CC. 361, n° 1, f° 2 *bis* v° (lettre déjà publiée plus haut, p. 20-21).

[3] Arch. mun. Lyon, CC. 361, n° 1, f° 1.

[4] Arch. mun. Lyon, BB. 61, f° 214. Sur l'ordre du roi, M. de Saint-André (Jean d'Albon), gouverneur de Lyon, rejoint son poste, et arrive à Lyon le 28 février; la ville est fortifiée et approvisionnée. Une « montre » générale des pennonages est ordonnée en mai *(ibid.*, f° 225 v°); elle a lieu en août et on y voit « les bancquiers et autres des nations estranges... meslés dans les pennonages » *(ibid.*, f° 310 v°; Rubys, *Hist. vérit.*, p. 372).

tage[1] », s'adressait au roi, en mars (1544), lui exposait ses dette et ses charges et le suppliait de faire fortifier Lyon aux frais des provinces voisines[2].

A ces doléances, François Ier répondait, quelques jours plus tard, en réclamant, pour la solde de 50.000 hommes de guerre pendant quatre mois, une somme de 72.000 livres, dont 60.000 seraient fournies par la Ville et les faubourgs de Lyon[3], et le Consulat décidait, en mai, de recourir à un nouvel emprunt et de continuer l'impôt sur le pied fourché, perçu depuis le mois de juin précédent[4].

La Ville qui, dans des circonstances semblables, avait ordinairement recours aux marchands étrangers fréquentant ses foires, était menacée, en juillet, d'être privée de cette dernière ressource. Pour tenter, par des représailles, de détacher du parti de l'Empereur les marchands allemands et italiens[5], François Ier écrivait, le 15 juillet (1544), au gouverneur de Lyon, que les étrangers, en vertu de leurs privilèges et sauf-conduits, faisaient sortir de France leurs marchandises et, « sous couleur d'icelles », tiraient « or et argent hors du royaume »; que, pour rémédier à cet état de choses, il leur serait inter-

[1] Arch. mun. Lyon, BB. 61, fos 225 vo et s. Le Consulat a déjà emprunté, en 1543, 60.000 livres pour fournir au roi la solde de ses gens de pied ; il estime qu'il lui faudra trois ou quatre ans pour rembourser ce qu'il doit.

[2] *Ibid.*

[3] *Ibid.*, fo 249 vo (27 mars 1544). Par lettres données à Saint-Germain-en-Laye, le 17 mai 1544, le roi autorise le Consulat, qui lui a déjà fourni, l'année précédente, 60.000 livres pour la solde de ses gens de pied (BB. 61, fos 18 vo et s.), à imposer sur les habitants les 60.000 livres qui lui ont été réclamées depuis, pour le paiement des mêmes gens de pied (Arch. mun. Lyon, CC. 316, no 15).

[4] Arch. mun. Lyon, BB. 61, fos 293 vo, 302. L'impôt sur le pied fourché était un octroi sur le bétail à pied fourché entrant dans Lyon ; institué, en 1543, pour fournir au roi 60.000 livres (voir la note qui précède), il fut perçu depuis le 20 juin 1543 jusqu'au 31 mars 1546 (Arch. mun., CC. 957, fo 1) ; cet impôt avait fait enchérir la viande « de la quarte partie » (BB. 61, fos 225 et s.). En juillet 1544, le Consulat emprunte aux marchands florentins et lucquois 8.000 livres « pour subvenir aux affaires de la ville » (CC. 955, fo 88 ; CC. 959, no 1).

[5] Cf., en 1522, l'arrestation, à Lyon, de marchands catalans et autres (Arch. mun. Lyon, BB. 39, fos 163 et s.); les mesures prises contre les Génois jusqu'en 1537 (BB. 55, fos 92 vo et s. ; BB. 56, fo 28) ; en 1539, l'interdiction de sortir de Lyon les blés et marchandises (CC. 928, no 8), etc. Bien que garantis par les privilèges des foires contre ces représailles (BB. 56, fos 36 vo, 92 vo), les marchands en sont réduits, le plus souvent, à traiter avec le roi qui leur fait payer la révocation des mesures prises contre eux.

dit, « d'icy à deux mois prochains venans », de « tirer » et faire passer par Lyon et le Lyonnais, pour la transporter à l'étranger, aucune marchandise, prohibée ou non[1]. Cette lettre était communiquée, le 25 juillet, aux intéressés et, le lendemain, les marchands étrangers, convoqués à l'Hôtel-de-Ville, protestaient vivement contre cette interdiction. Jean Cleberger pour les Allemands, « Cenamy » au nom des Florentins et le courtier lucquois Vincent de Saint-Donyno[2] remontraient que la mesure annoncée causerait un grand dommage au royaume, parce que « l'issue (des marchandises) y faict venir l'or et l'argent et non sortir[3] ».

Le 28 juillet, une assemblée générale réunissait à l'Hôtel de Ville les notables et les maîtres de métier ; il s'agissait de trouver l'argent nécessaire pour rembourser les sommes empruntées précédemment et achever les travaux des fortifications ; le 29, la majorité de l'assemblée décidait qu'un octroi de 6 deniers par livre (2 1/2 pour 100) serait perçu sur toutes les marchandises entrant dans la ville, jusqu'à l'acquittement de toutes les dettes contractées par la communauté[4].

Cette décision soulève chez les marchands étrangers de nouvelles protestations ; le 6 et le 26 août, les marchands allemands des Villes Impériales puis ceux « residans et demeurans en ceste ville » se présentent au Consulat, exhibent les privilèges qui les dispensent de tous aides, subsides et octrois et demandent à être exemptés du nouvel impôt dont la perception mécontentera « leurs supérieurs »

[1] Arch. mun. Lyon, BB. 61, f° 354. En avril 1544, le sénéchal de Lyon avait signifié aux marchands allemands résidant à Lyon et y tenant boutiques, « en foire et hors foire », l'ordre de quitter la ville ; le Consulat était intervenu en leur faveur (*ibid.*, f° 275 v° ; séance consulaire du 19 avril 1544).

[2] Vincent de Saint-Donyno (ou Donino) avait été nommé courtier par le Consulat, en mai 1535 (Arch. mun. Lyon, BB. 55, f°s 36, 40) ; en 1536, il avait aidé les conseillers de Ville à se procurer de l'argent pour acheter au roi les gabelles (CC. 883, n° 7). Il habitait le quartier du Change (CC. 142, f° 65 ; CC. 283, f° 56 v° ; EE. Chappe IV, 198^{d}, 118). Il fut en relations d'affaires avec Cleberger (voir chap. VI).

[3] Arch. mun. Lyon, BB. 61, f° 355. La paix fut signée à Crépy, le 18 septembre 1544, et cette mesure ne fut pas appliquée.

[4] *Ibid.*, BB. 61, f°s 358 et s., 370 et s., 372. Voir les octrois institués par le Consulat dans des circonstances semblables, en 1522-1523 et en 1533 (CC. 134, n° 1 ; BB. 39, f°s 199 et s. ; BB. 52, f° 144 v°), et, plus haut, l'octroi du pied fourché (p. 37, note 4).

et le roi lui-même. Et, comme à l'ordinaire, ils menacent de quitter la ville et de cesser de venir aux foires si leurs franchises sont suspendues[1].

Le Consulat inquiet et voulant « trouver moyen » de supprimer l'octroi tout en se procurant l'argent dont il a besoin, multiplie les démarches et convoque enfin, pour le 11 novembre, une nouvelle assemblée au cours de laquelle les marchands florentins, lucquois et génois proposent d'avancer à la Ville l'argent qu'il lui faut, à condition que l'octroi ne sera plus perçu sur leurs marchandises[2]. De leur côté les « marchands des Ligues » (les Suisses) se sont adressés directement au roi, et, le 10 décembre, le lieutenant Jean du Peyrat communique au Consulat des lettres de François Ier datées du 6 et ordonnant aux conseillers de Ville de ne lever aucun droit d'entrée sur les marchandises des marchands des Ligues[3].

Cependant, les marchands italiens continuent à parlementer avec la Ville; le 31 décembre (1544) le Consulat avise les députés qu'il a envoyés auprès du roi que l'accord est prêt, que les marchands italiens le signeront dès que l'octroi aura été supprimé[4]. Et, vers le milieu de janvier suivant, François Ier, par lettres « en forme d'esdit », données à Fontainebleau, déclare que l'octroi de 6 deniers est aboli en principe et qu'il cessera d'être levé lorsque la Ville aura remboursé toutes les sommes qu'elle a empruntées pour les fortifications et qu'elle doit encore[5].

Mais, au moment où il signait ces lettres, le roi songeait à demander aux marchands et banquiers allemands de Lyon une somme de 50.000 couronnes[6] dont il avait besoin pour l'échéance

[1] *Ibid.*, BB. 63, fos 4 et 12 vo. Les Allemands résidant à Lyon déclarent, le 26 août, qu'en vertu de leurs privilèges ils sont exempts de cette imposition aussi bien que les Suisses (voir ci-après) ; le Consulat leur répond qu'il s'agit de fortifier la ville et que tous les habitants doivent y contribuer.

[2] Arch. mun. Lyon, BB. 63, fo 53 vo.

[3] Lettre communiquée au Consulat le 10 décembre 1544 *(Ibid.*, fo 81 vo).

[4] Arch. mun. Lyon, BB. 63, fos 100, 111, 115 vo, 116 vo, 117 vo ; les marchands italiens avanceront 30.000 livres et les deux tiers de cette somme leur seront remboursés sur les 6 deniers perçus sur l'entrée des draps de soie *(ibid.*, fos 131 vo et s.).

[5] Arch. mun. Lyon, CC. 316, no 12.

[6] Le roi avait besoin de 50.000 couronnes ou 50.000 écus d'or sol (112.500 livres tournois). Voir, plus loin, la lettre de Jacob Reuter, du 21 mars 1545 ; Ehrenberg, *Das Zeitalter*, I, 187 et s., II, 87-88 et *H. Kleberg*, p. 23 et s.

de la foire de Pâques (première quinzaine de mai[1]) et Cleberger était chargé de négocier cet emprunt. A la fin de janvier, Cleberger alla donc trouver, au Change, Jacob Reuter, qui était à Lyon l'agent des Tucher[2], et le chargea de proposer à ses patrons, comme une excellente affaire, un nouveau prêt à François Ier. Jacob Reuter racontait ainsi, le 28 janvier (1545), à l'un des Tucher, son entrevue avec Cleberger :

Le seul but de ma lettre est de vous raconter l'entretien que j'ai eu avec Hans Kleberger qui, un de ces jours, est venu me trouver au Change et, entre autres choses, m'a prié et chargé de vous dire qu'il vous tient toujours pour un bon ami, comme il l'a toujours fait d'ailleurs, qu'il sera toujours prêt à vous rendre service et affection. Ensuite il m'a conté que, quelques jours auparavant, un personnage de la cour du roi de France était venu le trouver, avec la mission de procurer au roi une somme d'argent, à titre d'emprunt pour quelque temps. Voilà donc le commerce financier avec la France qui va recommencer maintenant, puisque, pour la prochaine échéance de Pâques, le roi de France a besoin d'une somme d'argent. C'est pour cela qu'était venu chez Kléberg cet envoyé du roi, nommé Martin de Troyes[3], qui désire que ledit Kléberg s'informe si ses amis seraient disposés à prêter au roi, pour la foire de Pâques prochaine, une très grosse somme d'argent. Cette somme serait versée au roi contre quittance et garantie et serait rendue avec les intérêts, comme toutes les sommes empruntées jusqu'à présent par le roi qui n'a jamais reçu aucune réclamation (de la part de ses créanciers). Donc, en toute bonne foi, le sieur Kléberg vous fait demander par mon intermédiaire si vous voulez profiter de l'occasion et lui faire tenir une somme d'argent pour la foire de Pâques. Il placerait cet argent avec le sien et avec celui d'autres bons banquiers, avec garantie pour chacun des prêteurs qui seraient bien payés à l'échéance, ainsi que cela a toujours eu lieu par le passé. En échange, le sieur Kléberg vous promet de vous servir amicalement de son côté, comme il servira aussi ses autres bons compagnons et amis. Il m'a dit qu'il avait déjà reçu 40.000 écus d'autres bons compagnons et amis et

[1] Pâques était, en 1545, le 5 avril ; la foire commençait le lundi de Quasimodo et durait quinze jours (13-28 avril) ; les payements de la foire avaient lieu quelques jours après (Rubys, *Hist. vérit.*, p. 496-499 ; M. Vigne, *La banque à Lyon*, p. 117-128, 159).

[2] Sur les Tucher, marchands de Nuremberg, voir, plus haut, p. 12.

[3] Voir plus haut, p. 33, note 1.

que lui-même voulait y ajouter de son argent une bonne somme. Puisque nous avons maintenant la paix, il y a moins de risques à courir, d'après le sieur Kléberg qui dit avoir toujours conclu honnêtement de semblables négociations et sans encourir aucun reproche; de sorte qu'en cette circonstance vous pourriez être sans crainte et sans inquiétude. Enfin, j'ai vivement remercié le sieur Kleberg de sa bienveillance et j'ai promis de vous transmettre tout ce qu'il m'a dit. Je pense, sauf meilleures informations de votre part, qu'on pourrait hasarder quelque argent dans cette circonstance, car il n'y a rien à perdre maintenant qu'il y a la paix entre Sa Majesté Impériale et le roi de France, et, sûrement, beaucoup d'autres prendront part à l'affaire, les meilleurs banquiers [d'Allemagne] comme les deux Welser[1], Ebner[2], Herbert[3], Weikmann[4], Imhoff[5], Ingoldt, Prechter[6], Sigelschein, Weier, etc., et certainement on pourra y pêcher un profit tout à fait divin et faire un bon marché. Tous ceux qui jadis, dans des moments difficiles, ont prêté de l'argent au roi de France ont été très bien payés et ont reçu, avec le capital avancé, de très forts intérêts[7].

A son jeune agent qui s'est laissé convaincre par les belles paroles et les promesses de Cleberger, Léonard Tucher, le principal directeur de la maison Tucher, répond de Nuremberg, le 25 février, par un refus. Il ne cache pas sa méfiance et les remerciements qu'il exprime à l'adresse de Cléberge sont, sous une forme polie, ironiques et peu bienveillants :

[1] Sur les Welser, d'Augsbourg, voir, plus haut, p. 10.

[2] De Nuremberg (J. Sibmacher, *New. Wappenbuch*, 1612, I, 206). Christophe Ebner, un ami de Cleberger, est cité par Ehrenberg parmi les prêteurs de François Ier (*Das Zeitalter*, I, 262). Il sera question de lui plus loin.

[3] Les Herwart d'Augsbourg (J. Sibmacher, *New. Wappenbuch*, I, 207)? Cleberger mentionne, dans son testament, les héritiers de « Christophe Hervert », « à présent appelez Meytard » (voir, plus loin, chap. VI.

[4] Les Weickman d'Ulm (J. Sibmacher, *op. cit.*, I, 218). Georges Weickman ou Weikman, ami intime de Cleberger, fut désigné par lui pour être un des tuteurs de son fils (voir, plus loin, chap. VI); il s'occupa, en 1546, des emprunts de la ligue de Smalkalde (Ehrenberg, *Das Zeitalter*, I, 262 et *H. Kleberg*, p. 24, 25, 27, 31). Un chartreau d'imposition mentionne à Lyon, en 1529, Michel et Georges « Vytemant », marchands allemands (Arch. mun. Lyon, CC. 136, f° 321 v°).

[5] Sur les Imhof, de Nuremberg, voir, plus haut, pp. 4, 27.

[6] J. Sibmacher cite des Prechter en Alsace (*Erneuert. Wappenbuch*, 1654-1657, I, p. 196).

[7] Archives de la famille Tucher. Traduction de la lettre publiée par Ehrenberg (*H. Kleberg*, p. 23-24); elle est datée de Lyon, 28 janvier 1545.

L'offre aimable et obligeante de notre bon ami et conseiller, le sieur Hans Kleberger, nous est parvenue et nous en avons pris note en toute gratitude et bonne foi. Nous pourrions sans doute retirer de cette affaire un bon profit (en opérant) sous le nom du sieur Kleberg et cela commodément et sûrement par le temps qui court, sans aucune crainte particulière et certainement nous saurions bien rendre plus tard à Kleberg sa faveur et son service. Cependant, après en avoir conféré avec notre cousin (Lorenz Tucher), nous nous sommes décidés, par suite de considérations de toutes sortes, à ne pas entreprendre des affaires de ce genre avec des souverains comme celui-ci, ni directement, ni par l'intermédiaire d'autres personnes. Veuillez donc, en toute modestie, lui communiquer (à Kleberg) cette décision en notre nom. Néanmoins nous acceptons tout amicalement et avec beaucoup de remerciments l'offre de sa faveur cordiale et de sa bienveillance personnelle[1].

Cleberger, avisé par leur agent du refus des Tucher, se moque un peu de leur prudence et de leurs craintes ; d'autres marchands allemands lui ont fourni, dit-il, la somme qu'il était chargé de procurer au roi. En rapportant à ses patrons l'entretien qu'il a eu avec Cleberger, Jacob Reuter ne manifeste plus le même enthousiasme qu'au début de l'affaire ; il estime maintenant que les Tucher ont eu raison de s'abstenir. Il leur écrit, de Lyon, le 21 mars 1545 :

Kleberg m'a dit qu'il savait déjà (que vous refuseriez), mais qu'il a voulu cependant vous informer de cette affaire. Il estime que, comme les Imhoff, vous êtes trop scrupuleux. Et en effet il a trouvé, sans votre aide, auprès d'autres Allemands, le moyen de prêter maintenant au roi de France 50.000 écus sol. A cet emprunt participeront, avec Kleberger, les deux Welser, les Herbert, Weikmann et d'autres encore. Les Italiens aussi prêteront au roi 100.000 écus[2].

. . . .

Mais assurément il y a cette fois quelque danger pour les prêteurs, car le roi, m'a-t-on dit, est maintenant devenu un infirme. On raconte qu'il a une plaie ouverte, qui s'étend de plus en plus et paraît être inguérissable. On ajoute même tout bas que, d'après l'avis des médecins et des

[1] *Ibid.*, ap. Ehrenberg, *H. Kleberg*, p. 24. L. Tucher semble prévoir la crise financière qu'amèneront ces emprunts ; voir la lettre qu'il écrit, en 1561, à un des Tucher d'Anvers (Castelot, Les bourses financières, *loc. cit.*, p. 334).
[2] Voir Ehrenberg, *Das Zeitalter*, II, 87-88.

barbiers, il ne peut plus vivre que six ou huit mois. Au cas de sa mort, nous aurons donc un autre prince et avec lui d'autres courtisans et d'autres favoris, car la faveur, à la Cour, peut changer chaque jour. Ainsi, malgré les garanties que la Cour offre et promet sans cesse ici, chacun aura maintenant des craintes à cause de la grave maladie et de la faiblesse du roi que l'on croit même déjà à demi mort[1].

Les lettres qu'on vient de lire furent écrites du 28 janvier au 21 mars 1545, et, pendant que Cleberger cherchait ainsi à procurer au roi 50.000 couronnes pour le milieu de mai, qu'il s'adressait dans ce but aux Tucher et à leurs compatriotes, les marchands allemands de Lyon faisaient auprès de François Ier des démarches pour obtenir la suppression immédiate et définitive de l'octroi de 6 deniers par livre.

A la séance consulaire du 5 mars, « il est question qu'il y a quelque bruyt qu'aucuns personnaiges poursuyvent l'abolition de la Douane devers le roi et son Conseil privé[2] » ; le 10 mars, le conseiller de Ville Baronnat rapporte « qu'il a entendu par Monsr Athiaud que l'abolition entière et générale de l'ayde de six deniers pour livre... est en ceste ville obtenue par les Allemands, chose qui seroyt de tres gros dommage[3] ». La nouvelle est bientôt confirmée : par des lettres du 7 mars, François Ier, ayant égard à l'accord intervenu entre les marchands italiens et le Consulat, et voulant que les étrangers continuent à fréquenter les foires, sans lesquelles la ville de Lyon « demeureroit comme champestre », a déclaré l'octroi dès maintenant « osté, supprimé, estainct et abboly » ; il cessera d'être perçu dès que le produit des droits d'entrée aura atteint 75.000 livres[4].

Comment et par quelles interventions les Allemands de Lyon avaient-ils obtenu ces lettres? Quelles influences, quels « personnages » avaient-ils fait agir? Cleberger avait certainement pris part à leurs démarches[5], lui qui était, à Lyon, l'agent financier du roi,

[1] Arch. de la famille Tucher. Traduction de la lettre publiée par Ehrenberg (*H. Kleberg*, p. 25). François Ier vécut encore deux ans.

[2] Arch. mun. Lyon, BB. 63, fo 146 vo. Le même jour, le Consulat dépêche auprès du roi Me Gaspard Neyrod.

[3] *Ibid.*, fos 150 vo, 151.

[4] Arch. mun. Lyon, CC. 316, no 14 (de Lyon, 7 mars 1545). Cf. *ibid.*, CC. 316, no 13 (lettres patentes du 21 mai 1545).

[5] Le Conseil d'Augsbourg, écrit, le 13 mai 1545, au Conseil de Nuremberg,

qui cherchait, en ce moment même, à emprunter 50.000 couronnes aux marchands allemands et avait vu ceux-ci — les Tucher du moins — répondre à ses propositions par un refus.

Quoi qu'il en soit, la suppression de l'octroi dans les conditions qui viennent d'être dites était, pour le Consulat, un coup terrible. Cette mesure lui enlevait le seul moyen qu'il eût de s'acquitter complètement des dettes qu'il avait personnellement contractées pour fortifier la ville et se procurer les 60.000 livres réclamées par le roi en mars 1544[1]. Le 16 mars (1545) les marchands italiens refusaient de payer les 30.000 livres qu'ils avaient promis d'avancer à la Ville et qui devaient leur être remboursées sur le produit des entrées[2]. Le même jour, les conseillers de Ville décidaient d'envoyer auprès du roi et de son Conseil, que l'on croyait à Blois ou à Chambord, Me André Fontville, greffier ordinaire de la Cour de Lyon et Claude Gravier, secrétaire du Consulat. Ces députés seraient spécialement chargés de poursuivre « la suppression d'une abolition généralle de l'ayde de 6 deniers pour livre sur les entrées... obtenue par certains allemans[3] ».

Fontville et Gravier partirent le 17 mai « en poste et dilligence » et trouvèrent le roi à Amboise[4]. D'après leur correspondance, qui nous est parvenue, ils trouvèrent d'abord le cardinal de Tournon, le chancelier et le garde des sceaux assez mal disposés à leur endroit, « tant les marchans allemans et autres leur ont faict trouver

une lettre relative aux remerciements qu'il conviendrait de faire à Jean Cleberger ; le Conseil de Nuremberg répond, le 19 mai : « ...Quant à votre bon conseil relatif à une lettre de remerciements (à envoyer) au sieur Hans Kleberger, nous pouvons vous informer que déjà, sur la prière de quelques-uns de nos marchands, nous avons fait expédier une lettre dans ce sens au sr Kleberger, en le priant de continuer à faire de son mieux à l'avenir. Assurément il ne serait pas inutile que vous veuillez lui faire écrire une lettre de ce genre. » (Traduction de cette lettre, publiée par Ehrenberg, dans *H. Kleberg*, p. 28). Voir, plus loin, p. 45.

[1] Le 7 mars 1545, le lieutenant du Peyrat avait communiqué au Consulat des lettres du roi réclamant aux villes de la Sénéchaussée de Lyon une somme de 48.000 livres destinée à payer les frais de la guerre, somme qui serait versée, par quarts, au début des mois d'avril, mai, juin et juillet (Arch. mun. Lyon, BB. 63, fo 147 vo ; CC. 40, fo 1 vo ; CC. 4277, no 1, Chappe XIV, p. 89).

[2] Arch. mun. Lyon, BB. 63, fo 154 vo.

[3] *Ibid.*, Comptes du voyage de Fontville et Gravier CC. 964, nos 22, 23, 29, 30.

[4] Lettre de Fontville, d'Amboise, 23 mars 1545 (Arch. mun. Lyon, AA 48, fo 260).

l'imposition de VI deniers pour livre mauvaise et de grand conséquence [1] ». Mais, résolus à « empoigner par le poil les gentz [2] », ils parvinrent, à force de démarches et de présents, à triompher de toutes les résistances [3]. Fontville écrivait, de Romorantin, le 26 avril : « Nous gagnerons notre cause [4] ».

De leur côté, les marchands allemands ne restaient pas inactifs après leurs premiers succès, et, pour obtenir, malgré les efforts du Consulat, soit « la réitération des lettres de l'abolition générale [5] », soit même la suppression immédiate et complète de l'octroi, ils avaient recours à l'influence de Jean Cleberger. A la fin d'avril, ils faisaient auprès de lui une démarche collective que l'agent lyonnais des Tucher racontait ainsi à ses patrons le 27 avril 1545 :

Christophe Ebner [6] nous a rapporté que Kleberg lui avait affirmé pouvoir déclarer librement et publiquement ici, sur la place Allemande [7], que, s'il le voulait, il n'aurait que trente mots à dire pour nous libérer de l'octroi [8]. Il a répété plusieurs fois : « Trente mots, c'est peu, mais je ne veux pas les dire. »

Alors Ebner a convoqué une assemblée de tous les Allemands d'Augsbourg, Ulm, Strasbourg, etc. (établis) à Lyon, et, après avoir entendu les explications d'Ebner, nous avons élu une députation com-

[1] *Ibid.* ; d'après Fontville, les marchands allemands ont fait intervenir Charles-Quint, et, ceux de Troyes, Mr de Guise ; voir, *ibid.*, fos 253 à 259.

[2] *Ibid*, fo 250 (lettre de Fontville, d'Amboise, le 16 avril 1545).

[3] *Ibid.*, fo 243 (lettre du 25 avril 1545, annonçant l'intervention, en faveur du Consulat, du gouverneur de Lyon et du cardinal de Tournon) ; CC. 964, no 30 (compte de Fontville pour présents distribués, etc.).

[4] Lettre de Fontville (Arch. mun. Lyon, AA. 48, fo 243). Voir, sur ces négociations, BB. 63, fos 173 vo, 179 (délibérations consulaires) ; AA. 105, fos 78 à 96 (correspondance du Consulat avec ses députés, avec le cardinal de Tournon, le gouverneur de Lyon, etc.) ; AA. 48, fos 227 et s. (correspondance de Fontville).

[5] Arch. mun. Lyon, AA. 105, fo 81 (lettre du Consulat à Fontville, 20 mars 1545).

[6] Voir, p. 41, note 2.

[7] « Auf dem Teusch Platz. » Ehrenberg qui publie ce texte, croit être le premier à indiquer l'existence à Lyon d'un lieu public où se réunissaient les marchands allemands (*H. Kleberg*, p. 26, note 3). Nous ne connaissons aucun document qui confirme cette interprétation.

[8] Malgré l'abolition obtenue le 7 mars par les Allemands, l'octroi de 6 deniers par livre n'avait pas cessé d'être perçu. Voir Arch. mun. Lyon, BB. 63, fos 160, 173, 179 (nomination, le 23 mars, d'un receveur de cette imposition); AA. 48, fo 259 (lettre de Fontville, d'Amboise, le 29 mars).

posée de Michel Imhoff, Augustin Fürnberger, le facteur Hans Velser, Jacob Jeger[1], Kiffhaber[2], facteur des Weickmann, Hans Zaugmaister[3], Christophe Ebner, Jorg Obrecht[4] et Jacob Reuter. Ceux-ci se sont tous rendus chez Kleberg, conduits par Jacob Jeger, qui a parlé au nom de tous les marchands allemands de Lyon et a prié Kleberg, en lui rendant très hautement hommage, de nous aider à nous libérer de l'octroi. Après avoir entendu notre requête, Kleberger nous a fait une réponse si grossière que je n'ose même pas vous l'écrire textuellement. Il nous a dit en somme que, l'an passé, il avait servi fidèlement la cause de tous les Allemands en général, mais que, sans doute, aucun de nous ne se souvenait plus de tout ce qu'il avait fait pour nous éviter les plus graves préjudices (il prononçait ces paroles avec la plus vive colère), et que pas une des grandes villes de l'empire d'Allemagne, ni Nuremberg, ni Augsbourg, ni Ulm, ni Strasbourg, etc., ne lui avait fait parvenir une lettre de remerciements[5]. Il a dit qu'il ne voulait ni de l'or ni de l'argent, mais seulement quelques lignes de remerciements, à lui adressées par les municipalités allemandes, pour que son fils sache, plus tard, que les villes allemandes l'avaient remercié de ses services. Il imaginait que la faute en était peut-être aux facteurs lyonnais des maisons allemandes qui n'avaient pas informé leurs patrons de ses bienfaits, ou, peut-être, ceux de là-bas étaient-ils si rudement stupides qu'ils n'avaient pas compris ce qu'on leur avait écrit. Puis il jura qu'il voulait être Français ici et que ceux de là-bas pouvaient rester Allemands[6]. Il nous exprima tout ceci en beaucoup plus de mots (que je ne vous l'écris) et nous dit enfin que, d'une façon générale, il ne voulait plus nous aider du tout, ni en gros ni en

[1] Jacob Jeger, marchand de Gimmet (ou d'Ulm), ami de Cleberger, et nommé, dans son testament, comme légataire et comme témoin (voir, plus loin, chapitre VI). D'après Ehrenberg, Jeger devait être bien noté à la cour de François Ier, pour avoir, à plusieurs reprises, pris le parti de la France contre les Allemands (*H. Kleberg*, p. 27, note 1; *Das Zeitalter*, I, 262). « Jacques Hiège » était à Lyon en 1533 (Arch. mun. Lyon, BB. 51, f° 176).

[2] De Nuremberg (J. Sibmacher. *New. Wappenbuch*, 1612, II, 161).

[3] Jean-Léonard « Saulnestre », marchand allemand, est établi à Lyon en 1522 et y reçoit des ballots de futaines (Arch. mun. Lyon, CC. 134, f° 10). Voir, plus haut, p. 27 : Eurard Saumaistre.

[4] Michel « Osbrecht » est, à Lyon, en 1529, hôte du logis de la Couronne (Arch. mun. Lyon, CC. 136, f° 75). Georges Obrecht, Obreg ou Aubray, marchand allemand, gendre de Rambert, habite Lyon en 1545 et 1547 (*ibid.*, CC. 41, f° 2 v°; Arch. hospit. de Lyon, Charité, B. 96, n° 11). En 1562, Georges Obrecht, conseiller et maître d'hôtel du roi, fermier des gabelles, est chargé de négocier avec les reitres et de poursuivre leur sortie du royaume (Rott, *Hist. de la Représentation*, II, 72).

[5] Voir plus haut, p. 43, note 5.

[6] « Er voll hier ein frantzos sein, sollen sy daussen Teustch sein. »

détail, que tous pouvaient en être bien certains et en aviser leurs maisons en Allemagne. Il interviendrait seulement pour faire exempter de l'octroi deux ou trois de ses amis ; ceux qui, à l'avenir, lui rendraient service et lui témoigneraient de l'amitié en seraient récompensés et recevraient à leur tour de lui services et amitié. Quant à ceux de là-bas (de Nuremberg), ils doivent, pense-t-il, le prendre pour un simple petit faiseur d'aiguilles, ou pour un chaudronnier [1].

L'entrevue dont l'agent des Tucher rendait compte à ses patrons le 27 avril, eut lieu vers la fin de la foire de Pâques qui se tint, en 1545, du 13 au 28 avril. Les payements de la foire commençaient quelques jours plus tard et c'est pour cette échéance que Cleberger cherchait à se procurer 50.000 couronnes. Les avait-il déjà trouvées lorsqu'il se vantait devant ses compatriotes de pouvoir les faire exempter de l'octroi et refusait, quelques jours plus tard, d'intervenir désormais en leur faveur? En l'absence d'autres documents, il serait téméraire d'affirmer que, par ses promesses et ses menaces, Cleberger voulait décider les marchands allemands encore hésitants à prêter au roi la somme dont il avait besoin [2].

Il paraît du moins certain qu'il obtint le prêt demandé; par lettres données à Morée, en mai, François Ier déclara que les « dons » (c'est-à-dire les intérêts) par lui faits à Cleberger, « dit le Bon Allemand », et à d'autres marchands fréquentant les foires de Lyon, en récompense des prêts consentis pour ses guerres, seraient considérés comme des obligations régulières et que lesdits marchands ne pourraient être inquiétés à ce propos ni pour le passé ni dans l'avenir [3]. Ses prêteurs lui avaient sans doute demandé cette déclaration: l'Eglise interdisait le prêt à intérêt et le roi aurait pu invoquer les

[1] Arch. de la famille Tucher. Traduction de la lettre publiée par Ehrenberg (*H. Kleberg*, p. 26-28).

[2] C'est l'opinion d'Ehrenberg (*H. Kleberg*, p. 26-28); il n'a pas connu les documents lyonnais relatifs à l'octroi de 6 deniers et il croit que Cleberger menaça ses compatriotes d'un nouvel octroi, pour obtenir d'eux le prêt demandé par le roi. On peut admettre, d'après la date de l'entrevue, que ce prêt était déjà consenti ; qu'en rudoyant et en humiliant les marchands allemands, Cleberger se souvenait des accusations portées contre lui à Nuremberg lors de son mariage et de la mort de sa première femme (voir, plus loin, chap. IV), du refus des Tucher et de l'ingratitude de ses compatriotes qu'il avait aidés récemment à obtenir l'abolition de l'octroi (voir p. 45, note 5).

[3] *Catal. Actes François Ier*, IV, 14466.

défenses canoniques pour se dispenser de tenir ses engagements[1].

Cependant, les députés que le Consulat avait envoyés à la Cour poursuivaient leurs négociations relatives à l'octroi de 6 deniers. Les gens du roi réclamaient des comptes, des états de dépense et de recette[2] et la solution attendue tarda jusqu'au 21 mai. A cette date — après le payement de la foire de Pâques et le versement par les Allemands des 50.000 couronnes — des lettres royales, signées à Cloyes, donnèrent gain de cause au Consulat. François Ier, révoquant l'abolition accordée en mars, « à la requeste et pourchatz de certains marchans allemans et autres », ordonnait que l'octroi de 6 deniers par livre serait perçu jusqu'au 31 août prochain (1545) — sauf à être continué si c'était nécessaire — afin que les conseillers de Ville puissent acquitter sur le produit des entrées toutes les dettes dont ils étaient encore chargés[3]. En fait, l'octroi fut supprimé le dernier jour d'août[4].

Les deux affaires connexes de l'octroi de six deniers et de l'emprunt de 50.000 couronnes ne nous sont donc connues ni dans tous leurs détails, ni surtout dans leurs dessous; on entrevoit, on devine seulement le rôle que Jean Cleberger joua dans la circonstance pour contraindre ses compatriotes à un nouveau prêt. Mais on se rend suffisamment compte de son influence, de son habileté et de sa diplomatie pour juger qu'il mérite une place dans l'histoire de la politique financière de François Ier, et que ce manieur de capitaux et d'hommes fut pour le roi de France, toujours à court d'argent, un précieux auxiliaire.

*
* *

François Ier eut de nouveau recours, en 1546, à l'entremise de celui qu'il appelait « le Bon Allemand ». Pour les motifs qu'expo-

[1] Les débiteurs peu scrupuleux, et surtout les souverains (dit Ehrenberg), avaient volontiers recours à ces défenses pour refuser de payer leurs dettes (*H. Kleberg*, p. 26). Voir, *Ibid.*, p. 42-43, et Castelot, *op. cit.*, *loc. cit.*, p. 329.

[2] Arch. mun. Lyon, AA. 48, f°s 227 et s.; AA. 105, f° 88 v° et s.; BB. 63, f°s 173 et s.

[3] *Ibid.*, CC. 316, n° 13, et AA. 48, f° 227 (lettre de Fontville, de Cloyes, près « Chaudun », 21 mai 1545).

[4] Arch. mun. Lyon, CC. 961, couverture du registre; BB. 63, f°s 238, 243 et s., 249, 281. Le Consulat, qui devait encore 8.000 livres, tenta vainement d'obtenir une prolongation de l'octroi (*ibid.*, f°s 238, 243).

sait l'année précédente le facteur lyonnais des Tucher, les prêteurs se montrèrent, cette fois, assez récalcitrants ; pour les décider Cleberger dut demander au roi que le dauphin s'engageât avec lui à rembourser les sommes prêtées. On le voit par la lettre que François Ier écrivit, de Paris, à Cleberger le 11 mars 1546 :

Seigneur Jehan Cleberge j'ai receu votre lettre du cinquiesme de ce moys et par icelle veu le debvoir et dilligence que vous avez faicte pour le faict des empruuctz que je veulx faire à Lyon, dont je vous scay tresbon gré, et voyant, ainsi que me mandez, que les marchans ny veullent entendre que mon filz le Daulphin ne si oblige comme moy, j'en seray content et desja mond. filz la ainsi accordé : dont vous pourrez advertir les autres marchans affin qu'ilz tiennent leur argent prest ainsi que le me mandez. Et sur ce, sr Jean Cleberge, je prie Dieu qu'il vous ayt en sa garde. Escrypt à Paris, le XIe jour de mars mil Vc XLV.

Françoys. Bochetel[1].

Fort de l'engagement du dauphin qui reconnaissait d'avance les dettes de son père[2], alors trop gravement malade pour trouver encore des prêteurs, Cleberger sollicitait une fois de plus ses compatriotes, et, de Lyon, le 21 mars, Gabriel Tucher en informait son père, Léonard Tucher :

Donc Hans Kleberger prétend aussi avoir reçu avant-hier une lettre du roi annonçant que, pour la foire de Pâques prochaine, il aurait besoin d'une grosse somme d'argent et demandant à Kleberger et à ses compatriotes de bien vouloir la lui fournir. Au cas où ces derniers demanderaient des garanties, le roi prie Kleberg de l'en informer, afin de pouvoir les accorder telles que Kleberg le désirera, et de manière que ses compagnons soient bien persuadés que le Dauphin lui aussi consentira ces garanties[3].

Cleberger obtint encore l'argent qu'il fallait au roi[4], et il paraît

[1] Arch. mun. Lyon, CC. 361, n° 1, f° 2 *bis*. « La supscription est telle : Au sr Jehan Cleberge, notre varlet de chambre ordinaire. »
[2] Sur Henri II financier, voir Castelot, *op. cit.*, *loc. cit.*, p. 340.
[3] Arch. de la famille Tucher (ap. Ehrenberg, *H. Kleberg*, p. 29). Gabriel Tucher ajoute : « Vous savez sans doute déjà que le sieur Kleberger a été élu conseiller de ville ; mais il n'a pas voulu accepter cette nomination et l'on dit, en effet, que, jusqu'à présent, il n'a jamais assisté aux séances du Consulat. »
[4] Ehrenberg, *H. Kleberg*, p. 29, et *Das Zeitalter*, II, 88.

avoir participé personnellement à ce dernier emprunt pour une somme de 13.500 livres à 16 o/o d'intérêt par an; du moins l'inventaire de sa succession, dressé en février 1547, mentionne une créance de pareille somme sur « sa Majesté le roi [1] ».

Cleberger a donc contribué de ses deniers aux prêts faits à François Ier, mais, d'après les documents actuellement connus, il parait avoir été surtout le courtier des emprunts du roi, son intermédiaire et son négociateur auprès des marchands et des banquiers opérant sur la place de Lyon. Comme l'écrivait le Nurembergeois Paul Tucher, un mois après la mort de Cleberger : « Il savait séduire les autres (et les décider) à prêter de l'argent au roi de France, tandis qu'il évitait lui-même de faire de semblables prêts [2] ».

Cleberger fut aussi en relations d'affaires avec le Consulat lyonnais, souvent obligé d'emprunter à des particuliers les sommes d'argent que le roi lui réclamait. En juillet 1543, il prêtait aux conseillers de Ville 6.000 écus (13.200 livres) à 4 1/4 o/o d'intérêt par foire, soit 17 o/o par an [3]; il fut remboursé en janvier 1544, et, pour ce remboursement, les héritiers de Thomas Gadagne fournirent à la Ville 5.000 écus à 1 3/4 o/o seulement d'intérêt par foire, ou 7 o/o par an [4].

Cleberger mourut au moment où Jacob Sturm, agent de la ligue de Smalkalde, arrivait de Strasbourg à Lyon dans l'intention de négocier avec lui un emprunt au nom des protestants d'Allemagne en guerre contre Charles Quint [5].

On voit enfin, par l'inventaire de sa succession, que Cleberger pratiqua le prêt sur gages [6]; il avait en sa possession, lors de son

[1] Arch. d'Etat du canton de Berne, Unnütze Papiere, T. 56, n° 32. En 1553, Henri II devait au fils de Cleberger 5.000 couronnes, dont il lui payait l'intérêt à 12 o/o (Arch. de Nuremberg, Papiers de Paul Behaim, ap. Ehrenberg, *Das Zeitalter*, II, 99).

[2] Lettre de Paul Tucher, de Lyon, le 29 novembre 1546 (Arch. de la famille Tucher, ap. Ehrenberg, *H. Kleberg*, p. 36).

[3] Arch mun. Lyon, BB. 61, f°s 99 v°, 101 v°, 188, 255 v° ; en même temps que Cleberger, Salviati et Steph. Targuenault ont prêté chacun 1.000 écus (f° 99).

[4] *Ibid.*, f° 254 v°.

[5] Voir, plus haut, p. 32, et, plus loin, chap. VI. L'emprunt en question fut négocié par le maréchal Strozzi ; les marchands et banquiers de Lyon prêtèrent une forte somme (Ehrenberg, *Das Zeitalter*, II, 88).

[6] M. Vigne, *La banque à Lyon*, p. 189. Voir, en 1528, la nommée d'un

décès, un joyau et des diamants qui lui avait été remis « en nantissement pour deux foires » par le courtier lucquois Vincent de Saint Donyno. Ces bijoux valaient ensemble 9184 livres[1].

C'est là, croyons-nous, tout ce que l'on sait de la carrière du marchand d'argent que fut surtout Cleberger et des opérations de banque qui lui permirent d'acquérir une fortune d'environ 150.000 livres : c'est assez sans doute pour pouvoir affirmer qu'il était merveilleusement doué pour les affaires, qu'il sut profiter adroitement des événements et des circonstances et qu'il fit preuve, tour à tour, de diplomatie, de hardiesse et de prudence. R. Ehrenberg est allé plus loin ; pour lui, Cleberger fut en Allemagne, à côté de Jacob Fugger et de Lazare Tucher, le premier des grands financiers de son temps, au sens moderne de ce mot[2].

***

Si les documents sont rares sur les opérations financières de Jean Cleberger, on connaît assez bien l'emploi qu'il fit de ses gains et les placements prudents auxquels il les employa. De même que les Tucher, Cleberger dut se rendre compte de bonne heure que, si les prêts consentis à François Ier rapportaient de très gros intérêts, il devenait dangereux de souscrire aux emprunts du roi qu'on savait malade et dans une situation financière désespérée.

Après son établissement à Lyon, son mariage en 1536 avec Pelonne Bonzin, et surtout après la naissance de son fils David, vers 1538[3], Cleberger, voulant assurer à sa famille la possession d'une fortune solide et sûre, employa ses capitaux à acquérir, en France, des immeubles et des terres, en Allemagne et en Suisse des rentes ou des pensions sur des villes dont il savait les finances prospères. Pendant les quatre dernières années de sa vie surtout (1542 à 1546), on peut dire qu'il liquide sa situation de banquier,

« vendeur de gaiges » (Arch. mun. Lyon, CC. 37, f° 17 v°). Sur les autres opérations pratiquées à Lyon, au XVIe siècle, par les banquiers, voir Nicolay, *Descript. gén.*, p. 150-158 ; Rubys, *Hist. vérit.*, p. 496 et s. ; M. Vigne, *op. cit.*, p. 155 et s.

[1] Inventaire de la succession de Cleberger (Arch. d'Etat du canton de Berne, Unnütze Papiere, T. 56, n° 32).

[2] Ehrenberg, *H. Kleberg*, p. 43, et *Das Zeitalter der Fugger*, I, 258 ; cf., *ibid.*, I, 85-186, 235, 258-262 ; plus haut, p. 12, note 5.

[3] Voir, plus loin, chap. III.

fait rentrer l'argent qui lui est dû et réalise des « placements de père de famille ».

L'inventaire de sa succession, dressé cinq mois après sa mort, semble être celui d'un bourgeois avisé et prudent plutôt que celui d'un banquier hardi. Une seule créance y figure, celle de 13.500 livres sur François Ier, à qui Cleberger a prêté cette somme[1] aux intérêts de 16 0/0 par an. L'actif se compose d'immeubles pour 46.955 livres, de rentes ou de pensions représentant un capital de 20.025 livres, de joyaux et de diamants valant 15.718 livres[2] et d'une somme de 14.190 livres en argent comptant[3].

Voici du reste ce que l'on sait des acquisitions d'immeubles et de terres opérées par Cleberger, acquisitions qui doivent correspondre à des recouvrements de créances ou à des remboursements d'emprunts[4].

[1] Y compris la valeur approximative du tènement de Champ non porté sur cet inventaire (voir, plus loin, p. 54).

[2] Dont 9.184 livres en bijoux remis à Cleberger en nantissement d'un prêt.

[3] Arch. d'Etat du canton de Berne, Unnütze Papiere, T. 56, nº 32 (Inventaire de la succession de J. Cleberger).

[4] La nommée ou déclaration de biens de J. Cleberger (Arch. mun. Lyon, CC. 25, fº 301) est postérieure à 1542; elle est ainsi conçue :

Jehan Cleberge, marchant allemant, tient (ce) qu'il a aquis des hoirs feu Mre François Fournier, une grant maison en rue Longe, contenant trois corps de maison, une court au mylieu, jardin, estable et grange dernier (derrière), ayant yssue devant le plastre du St Esperit, joignant la maison des hoirs Jean Genevois de matin et la maison de feu Claude de Varey de seoir, estimée valoir par an VIxx X l., pour ce . . . . Vc XX l.
Plus tient qu'il a aquis de Ennemond Poche, une maison haulte, moyenne et basse, en la ruelle tirant des Escloisons à la porte de la Lanterne, joignant la maison et jardin des hoirs André Poncet du matin, estimée valloir par an LX l., pour ce. IIc XL l.
Plus tient qu'il a aquis de Messrs de St Nizier, une maison et vigne en la coste St Sébastien, appellée Dausserre, contenant lad. vigne, environ L hommes; pour ce, comprins lad. maison . . . . C l.
Plus tient, au lieu de Cuyres, une maison forte, boys, terres, vignes, prez et colombier, appellée de Champt, estimé le tout, la terre contenant envyron huict asnées semaille, la vigne environ XX fessorées, le bois trois asnées et le pré deux seytives, pour ce . . . . CLXX l.
Plus qu'il a aquis des hoirs Jehan Faye, une terre à froment contenant trois asnées semaille, jouxte le chemin de Garenjart du matin, pour ce. XXXVI l.
Pour ses meubles . . . . M l.
Plus tient qu'il a aquis de Paulin Lauferdin (?), une maison aud. lieu de Cuyres et une vigne contenant envyron XXX fessorées . . . . LX l.

Mêmes mentions sur la nommée des héritiers de Jean Cleberger en 1551 (Arch. mun. Lyon, CC. 44, fos 161 vº, 163 vº, 176).

Le premier achat d'immeubles connu est l'achat, à Genève, en 1527, de la maison ayant appartenu au syndic Cartelier. Cleberger négociait alors son mariage avec Félicité Pirkeimer, et, reçu bourgeois de Berne, il songeait peut-être à s'établir à Genève où il eût vécu, à proximité de Lyon, chez des alliés des Bernois et du roi de France[1].

Au moment de son second mariage, en 1536, il habitait, à Lyon, sur la rive droite de la Saône, entre Saint-Paul et le Change[2]; peu après, à ce qu'il semble, il acheta à Lyon deux maisons. L'une, située rue des Escloisons (aujourd'hui rue Constantine), près de la porte de la Lanterne, fut payée 2.140 livres à Pierre ou Ennemond Poche[3]; l'autre, la maison dite « de Passins », puis « de Saint-Ambroise »[4], appartenait encore, en 1538, aux héritiers de François Fournier, ancien procureur général de la Ville de Lyon[5], qui mourut en 1533 ou 1534[6]. C'était une « grant maison, contenant trois corps de maison, une court au mylieu », avec « jardin, estable et grange dernier » (derrière). L'entrée principale était rue Longue; le tènement, qui avait une issue sur la rue du Plâtre, était confiné en partie, à l'Est, par la rue Sirène, devenue la rue de l'Hôtel-de-Ville[7]. C'est sur l'emplacement de la maison de Saint-

[1] Voir, plus haut, p. 14-15.

[2] Arch. mun. Lyon, CC. 274, f°s 53 v°, 55 v°.

[3] Nommée de J. Cleberger (p. 52, n. 4) et inventaire de sa succession (*ibid.*, n. 3). Sur Pierre Poche, dit Moysson, et Ennemond Poche, voir Arch. mun. de Lyon, CC. 251, f° 50; CC. 127, f° 139; CC. 35, f° 83 v°; CC. 143, f°s 64, 68 v°; CC. 260, f° 128 v°; CC. 263, f° 221 v°; CC. 281, f°s 223, 224 v°; CC. 26, n° 156 (nommée de Pierre Poche, sans date, mentionnant cette maison); EE. Chappe IV, 198^d, 116, f° 88 v°. Pierre Poche était cordier.

[4] Elle avait passé des Barral (1353) à Jeanne, fille d'Humbert Barral, qui épousa Andrée de Grolée, seigneur de Passins, d'où le nom de « Passins ». Elle était, en 1520, à François Fournier (voir ci-après); le nom de « Saint-Ambroise » lui serait venu d'un hôte, appelé Milanais, qui y logea et y pendit l'enseigne de saint Ambroise (Arch. mun. Lyon, CC. 7, f° 53 v°; CC. 237, f° 32; Plans de Vermorel; Hist. des rues de Lyon, ap. *Lyon Républicain*, 11 février 1912).

[5] Arch. mun. Lyon, CC. 143, f° 123 v°; CC. 263, f° 210; CC. 39, f° 200. Sur François Fournier, voir *Rev. d'Hist. de Lyon*, 1908, p. 312.

[6] Arch. mun. Lyon, CC. 833, n° 5; CC. 853, n° 1. Un de ses héritiers était Me Claude Fournier, docteur (CC. 143, f° 65; CC. 274, f°s 29 v°, 39; CC. 281, f°s 194, 195 v°).

[7] Nommée de J. Cleberger (p. 52, note 4): Plans de Vermorel aux Arch. mun. de Lyon.

Ambroise que furent construits, au xviiie siècle, la « maison Tolozan » et le passage Tolozan, qui existe encore et fait communiquer le numéro 23 de la rue Longue avec le numéro 8 de la rue du Plâtre[1]. Cette maison, que Cleberger habita et dans laquelle il mourut, était estimée 5.852 livres en 1547[2].

En 1543, le 17 mars, Cleberger achète, pour 2.000 livres, aux chanoines de Saint-Nizier, la maison d'Auxerre, située sur la côte Saint-Sébastien avec une vigne attenante de 50 hommées. Ce tènement est borné : au Nord, par la rue Neyret ; à l'Est, par « la rue de la Grand'Côte Saint-Sébastien » (la Grand'Côte) ; au Sud, par « un petit chemin tirant vers Saint-Marcel », et, à l'Ouest, par le clos des Dames de la Déserte[3]. Tout près de là, vers Saint-Sébastien, Cleberger achète encore, et sans doute postérieurement, une maison avec un petit jardin qu'il paye 794 livres à Michel Huberlein, allemand, hôte, à Lyon, du logis de l'Ours[4].

La date de l'achat du domaine de Champ (ou Champs[5]) n'est pas connue[6]. Ce tènement de franc-alleu, sur l'emplacement duquel est aujourd'hui la Tour de la Belle-Allemande[7], était situé sur la colline et sur le plateau de Cuire. Il comprenait une « maison forte, boys, terres, vignes, prez, colombier, serves, de franc aloz, juridiction basse

[1] Elle appartenait encore, en 1840, aux héritiers de Louis Tolozan (Plans de Vermorel : *L'Homme de la Roche ou Calendrier hist. p. 1828*, p. 46 ; Péricaud, *Notes et Doc.*, 6 sept. 1546, p. 70 ; Bréghot du Lut, *Dict. des rues de Lyon ; Lyon Républicain*, Hist. des rues de Lyon, 11 février 1912).

[2] Inventaire cité (p. 52, n. 3).

[3] Nommée de Cleberger (p. 52, n. 4) et inventaire (*ibid.*, n. 3) ; Arch. hospit. de Lyon, Charité, B. 96, nos 47, 52, 57 (plan terrier) ; Arch. mun. Lyon, CC. 22, fo 198. En 1637, le Chapitre de St Nizier demande l'annulation de cette vente sous prétexte que le tènement valait 14.000 livres (Arch. Charité, *loc. cit.*).

[4] Inventaire cité (p. 52, no 3) ; ce petit tènement ne figure pas sur la nommée de Cleberger. Sur les Huberlin, Herbelin, Hierbelin, marchands et hôtes de l'Ours, voir Arch. mun. Lyon, CC. 146, fo 30 ; CC. 152, fos 91 vo et 111 vo ; Arch. hospit. de Lyon, Charité, B. 96, no 11.

[5] Le nom de Chant, Champs ou Champ, paraît être une abréviation de « Champ de St-Paul » ; des terres sises au lieu dit « Champ de St-Paul » sont reconnues de 1509 à 1578, par Jean Faye, Jean Cleberger et ses héritiers, en faveur du Chapitre de St-Paul (Arch. dép. du Rhône, St-Paul, Obéance de la Conquesterie, Terrier, G. 409, fo 23 ; Obéance de St-Sacerdos, G. 493, Terrier, I, fo 35, et Terrier, I. A., fos 7, 20, 21). Voir ci-après.

[6] Cleberger reconnaît, le 13 mars 1544, une terre sise au Champ St-Paul acquise de Philiberte Faye (Terriers cités ; voir ci-après).

[7] Voir, plus loin, chap. iii.

appellée de Chant, contenant environ VIII asnées semaille, la vigne environ XX fessorées, en boys environ troys asnées, en prez deux seytives[1] ». Jean Faye l'aîné, marchand et bourgeois de Lyon, était seigneur de Champ en 1526[2]; après lui, cette petite seigneurie passa à sa fille Philiberte, qui épousa Jean de Bourges, visiteur du sel, puis Antoine de Varey, seigneur de Balmont, capitaine de la Ville de Lyon[3]. Elle vendit Champ, vers 1543, à Jean Cleberger qui agrandit ce tènement par diverses acquisitions, faites de « feu Paulin de Florentin » et autres[4]. Le domaine de Champ, tel que Cleberger le constitua, touchait, d'une part, à la rive gauche de la Saône, et, d'autre

[1] Nommées de Jean Faye (Arch. mun. Lyon, CC. 21, f°s 270 et 270 v°) et de Jean Cleberger (plus haut, p. 52, n. 4).

[2] Jean Faye possédait déjà la terre de « Chant » en 1516 (A. Grand, *la Seigneurie de Cuire et la Croix-Rousse*, p. 116, d'après une note de l'abbé Sudan). Jean Faye le jeune, marchand épicier à Lyon, épousa Marie Mornieu suivant contrat reçu, en 1526, par Dorlin, notaire à Lyon; à ce contrat étaient présents Me Jean Faye, docteur ès droits, juge des ressorts, et Jean Faye l'aîné, « sieur de Champ », citoyen de Lyon (communiqué par M. F. Frécon, d'après les notes de M. d'Avaize). Jean Faye, le juge des ressorts, mourut en 1534 *(Cat. Actes François Ier*, II, 7197). Jean Faye l'aîné, marchand et s^r de Champ, eut une fille, Philiberte, qui épousa Jean de Bourges, visiteur du sel à Lyon, puis Antoine de Varey, seigneur de Balmont, capitaine de la Ville de Lyon (notes de F. Frécon; Arch. dép. du Rhône, St-Paul, Obéance de St-Sacerdos, Terrier n° I. A. (G. 493), f° 20). Voir Morel de Voleine, *Rec. de documents*, p. 120 et s. Cleberger acheta « Champ » à Philiberte Faye, qu'il appelle « Mademoiselle de Balmont », du nom de son mari (Testament de J. Cleberger aux Archives de la Chambre des notaires de Lyon, Minutes de P. Dorlin, Testaments de 1544 à 1546, f° 169). — Sur les trois Jean Faye, voir Arch. mun. Lyon, CC. 21, f° 131 v°; CC. 25, f°s 129 v°, 259 et s., 322 et s.; BB. 64, f° 257).

[3] Voir la note qui précède. Une quittance de cens, comportant investiture, délivrée par l'abbesse du monastère de St-Pierre de Lyon à Pelonne Bonzin, le 20 octobre 1549, mentionne que le tènement de Champ, appartenant à cette dernière, « fut de feu Jehan de la Fay et, après, de dame Philiberte Faye, sa fille, et femme de feu M. de Balmont » (Arch. dép. du Rhône, St-Pierre, 116, liasse 36, n° 186).

[4] Testament de J. Cleberger, *loc. cit.*, f° 169. Ce personnage, aussi appelé Paulin Lauferdin (voir la nommée de Cleberger, p. 52) paraît avoir vendu à Cleberger, vers 1543-1544, un tènement situé sur la paroisse St-Vincent, « au lieu de Serain ou de l'Estranglard », comprenant « maison, terres, vignes, prés, saulée, fontaine et colombier ». Ce domaine, sur lequel l'abbaye de St-Pierre de Lyon avait un droit de directe, était confiné : au nord, par la terre de Champ provenant des Faye (voir les notes qui précèdent); à l'est, par le chemin « tendant de St-Vincent à Champ »; à l'ouest, par le chemin longeant la Saône. Paulin Florentin (ou Paulin Lauferdin, florentin?) avait constitué ce tènement par une série d'acquisitions (Arch. dép. du Rhône, St-Pierre, 116, liasse 36, n° 186).

part, au chemin de Garanjard[1] (aujourd'hui la rue Philippe-de-La-Salle), il valait au moins 3.000 livres[2].

Les emprunts contractés par François Ier en 1542 et 1543 furent remboursés par lui à brève échéance ; il semble même avoir payé, vers la fin de 1543, tout ce qu'il devait à ses créanciers lyonnais[3]. En 1543, Jean Cleberger acquiert, au prix de 12.672 livres et de 4.050 livres, les seigneuries du Chatelard et de Villeneuve[4]. Ces deux seigneuries, situées toutes deux en Dombes, dépendaient des biens confisqués sur le connétable de Bourbon et avaient été mises en vente par les commissaires du roi chargés de l'aliénation du domaine[5].

Enfin, le 18 juillet 1546, moins de deux mois avant sa mort, Jean Cleberger achetait encore la terre de Chavagneux[6] qui lui était cédée pour 9.000 livres, par Antoine de Semur et sa mère, Françoise de Belletruche, et par Geoffroy de Glenay (ou Stenay[7]). Cleberger testa à Lyon le 25 août suivant : il prescrivait aux tuteurs de son fils d' « employer et metre tous et chacuns les deniers comptans (de sa succession) ou partie d'iceulx qu'il a et luy sont deubz, le plustost

[1] Note qui précède ; Arch. dép. du Rhône, St-Paul, G. 493, Obéance de St-Sacerdos, Terrier, I. A, f°s 7 à 21 : reconnaissances de J. Cleberger et de Pelonne Bonzin, en 1543 et 1550 ; Plans de Vermorel aux Archives municipales de Lyon. — Un autre chemin menait des remparts de la ville à la terre de Champ par le plateau : le chemin de l'Estranglard ou des Perrières, représenté aujourd'hui par la rue Chazière, ancienne rue des Missionnaires (plans Vermorel).

[2] D'après la valeur attribuée aux autres immeubles de Cleberger dans sa nommée et dans l'inventaire de sa succession (voir Arch. mun. Lyon, CC. 324, f°s 10 et s.).

[3] Ehrenberg, *Das Zeitalter*, II, p. 87-88 ; Castelot, les Bourses financières, *loc. cit.*, p. 340. Voir, plus haut, p. 35, la lettre de François Ier du 11 décembre 1543.

[4] *Cat. Actes François Ier*, VII, 27297 et 27298 (ratification de ces deux ventes en 1543) ; Inventaire cité (p. 52, n. 3) ; Guigue, *Topogr. hist. de l'Ain*. Le 20 mars 1545, le roi autorise Cleberger à instituer dans ces deux seigneuries des officiers de justice (*Cat. Actes François Ier*, IV, 14381). Le Chatelard est une section de la commune de La Chapelle du Chatelard, canton de Villars (Ain) ; Villeneuve est une commune du canton de Saint-Trivier-sur-Moignans (Ain). Voir Guigue, *op. cit.*

[5] *L'Homme de la Roche ou Calendrier hist. pour 1827*, p. 33 ; N. Weiss, le Réformateur Meigret..., ap. *Bulletin de la Soc. de l'Hist. du Protestantisme franç.*, 1890, p. 264 ; Guigue, *op. cit.*

[6] Chavagneux, hameau de la commune de Genouilleux (Ain), canton de Thoissey (Guigue, *Topogr. hist. de l'Ain*).

[7] Arch. hospit. de Lyon, Charité, B. 171, f°s 107 et s.

que faire le pourront, en achapt de terres ou seigneuries ou autres biens et fonds de terres[1] ».

Tout en achetant ces immeubles, Cleberger plaçait des capitaux hors de France et constituait, sur des villes de Suisse et d'Allemagne, des rentes ou pensions dont les arrérages devaient être servis, après lui, à ses héritiers directs[2]. Nous ne connaissons les clauses et la date que d'un de ces contrats, celui que Cleberger passa avec la ville de Berne en 1538, peu de temps, semble-t-il, avant la naissance de son fils. Le 19 octobre 1538, l'avoyer et le Conseil de Berne reconnaissent avoir reçu de Jean Cleberger, ainsi qu'il était convenu entre eux, la somme de 3.000 couronnes d'or ; le 19 octobre de chaque année, Cleberger touchera à Berne, contre quittance, 150 couronnes d'or. S'il meurt sans avoir d'héritier légitime, la Ville de Berne n'aura pas à rembourser le capital reçu, mais elle devra en employer les intérêts, soit 150 couronnes, en aumônes et œuvres pies. Si Cleberger laisse, lors de son décès, un ou plusieurs héritiers « naturels et légitimes », la Ville de Berne paiera à ces derniers, soit le capital de l'obligation, soit l'intérêt fixé, c'est-à-dire 150 couronnes par an[3].

Ce contrat, qui tenait à la fois du prêt, de la pension viagère et de la constitution de rente, constituait un placement à 5 o/o

[1] Testament de Cleberger (Arch. Chambre des not. de Lyon, *loc. cit.*, f° 173 v°). Cleberger n'a jamais été possessionné dans le quartier des Farges, comme on l'a prétendu (*Rev. du Lyonnais*, 1838, I, 57-58 ; *Précis hist. sur J. Cleberger*, frontispice et p. 6 ; Duplain et Giraud, *St Paul de Lyon*, p. 44, etc.). Les armoiries que l'on voit encore, dans une cour de l'immeuble comprenant les n°s 19 à 23 de la rue des Macchabées et faisant l'angle du chemin de Choulans, sont les armoiries des Bellièvre et non celles de Cleberger. Ce groupe de maisons porte la date de 1526, et, sur la porte du n° 19, l'enseigne du Bœuf ; c'est la maison des Bellièvre, qui fut ensuite le logis renommé du Bœuf ou du Bœuf couronné (Steyert, *Armorial ; Invent. des titres recueillis par S. Guichenon*, 1851, p. X ; Morel de Voleine, Notes sur quelques monuments, ap. *Rev. du Lyonnais*, 1888, I, p. 203).

[2] Paul Tucher écrit de Lyon, le 29 novembre 1546 : « Il (Cleberger) préférait placer son argent hors (de France), dans les villes (allemandes), quoiqu'il possédât aussi dans ce pays trois grands domaines exempts de dettes... » (Arch. de la famille Tucher, ap. Ehrenberg, *H. Kleberg*, p. 36).

[3] Arch. d'Etat du canton de Berne, Oberes Spruchbuch, HH, f°s 345 et 495 (brouillon du texte de ce contrat, du 5 juin 1538, et vidimus, du 19 octobre suivant). R. Ehrenberg (*H. Kleberg*, p. 21) mentionne une lettre écrite par le Conseil de Berne à Jean Cleberger pour le remercier d'un prêt de 3.000 couronnes ; il s'agit sans doute du contrat ci-dessus.

par an et assurait à Cleberger ou à ses descendants un revenu annuel de 337 livres 5 sols. A des dates que nous ignorons, Cleberger passa des contrats similaires avec les villes d'Augsbourg, de Zurich, de Saint-Gall et avec le banquier Hans Paumgartner, plaçant ainsi à 5 o/o un capital de 13.275 livres [1].

En agissant ainsi, Cleberger pensait mettre en sûreté les bénéfices que lui avaient valus des spéculations hardies et heureuses ; il croyait constituer à son fils, en rentes et en terres, une fortune solide, produisant des revenus peu élevés mais certains. On verra plus loin que ces précautions furent inutiles et que David Cleberger eut bientôt dissipé l'héritage paternel [2].

[1] Arch. d'Etat du canton de Berne, Unnütze Papiere, T. LVI, n° 32.
[2] Voir, plus loin, chap. III et VII.

III

LES DEUX MARIAGES DE CLEBERGER

LA BELLE ALLEMANDE

Dans la vie active et agitée de Jean Cleberger, les épisodes de ses deux mariages semblent deux chapitres de roman. Cleberger avait environ quarante ans lorsqu'il épousa, à Nuremberg, en septembre ou octobre 1528, Félicité Pirkeimer, une des cinq filles de Willibald Pirkeimer, alors veuve de Jean Imhof. Ce dernier, qui était mort à Nuremberg d'une hydropisie le 2 juillet 1526, avait laissé à sa femme quatre enfants[1].

Félicité appartenait à une famille « patricienne » de Nuremberg[2]. Son père, Willibald Pirkeimer[3] (1470-1530) n'était pas seulement célèbre comme humaniste, mais aussi comme homme d'Etat. En 1497, les Nurembergeois l'avaient nommé membre de leur Conseil et lui avaient confié le commandement de leurs troupes. Il avait pris part, en 1497, à la guerre contre les Cantons suisses, avait été député aux diètes de Trèves et de Cologne en 1511 et 1512, puis ambassadeur en Suisse en 1519. Depuis 1522, il avait abandonné la politique pour reprendre ses études.

D'abord partisan enthousiaste des doctrines de Luther et de

[1] R. Ehrenberg, *Das Zeitalter der Fugger*, I, 258 et s., et *H. Kleberg*, loc. cit., p. 6, 9. — Félicité Pirkeimer avait épousé Jean Imhof le 23 janvier 1515 (M. Thausing, *Alb. Dürer, sa vie et ses œuvres*, traduction G. Gruyer, p. 447).

[2] J. Sibmacher (*New. Wappenbuch*, 1612, I, 205).

[3] Né à Eichstadt (Bavière), le 5 décembre 1470, mort, à Nuremberg, le 22 décembre 1530, il étudia à Padoue et à Pavie et se fixa, vers 1497, à Nuremberg, où il épousa Crescenzia Rieter (voir L. Geiger, ap. *Allgemeine deutsche Biographie*, XXVI, 810-817).

Mélanchthon, il s'était détaché, en 1524, du parti luthérien et de la Réforme et rapproché des catholiques[1] ; depuis il vivait comme isolé, également tenu à l'écart par les catholiques et par les protestants. Très affecté de l'état de décadence morale et religieuse dans lequel il voyait l'Allemagne, aigri par de pénibles infirmités et par des déceptions de toutes sortes, il eut une vieillesse malheureuse, et pendant les dernières années de sa vie — au moment où Cleberger voulut épouser sa fille — ses souffrances physiques et morales l'avaient rendu atrabilaire et agressif, à un tel point qu'il s'en prit sans raison aux gens de son entourage et calomnia notamment Agnès Frey, la femme du peintre Albert Dürer, son ami[2].

Il ne faut donc accepter qu'avec la plus grande réserve les appréciations et surtout les accusations que formula contre son gendre le vieil humaniste dont les papiers, conservés dans les Archives de Nuremberg, sont à peu près les seuls documents connus sur le mariage de Jean Cleberger avec Félicité Pirkeimer.

D'autre part, les Imhof étaient, à Nuremberg, une famille riche et puissante[3]. Les cinq frères Imhof — Pierre, Jean, Conrad, Louis et Jérôme — avaient fondé, en 1490, une association qui faisait le commerce avec l'Italie et envoyait des agents aux foires de Lyon. Endres Imhof[4] (1492-1579) fut ensuite le chef de la maison « Endres Imhof frères et fils », et l'un des principaux personnages de Nurem-

[1] Excommunié en 1520, il publia, plus tard, contre Luther, son traité *De persecutoribus evangelicæ veritatis*, et prit la défense des ordres religieux de femmes de Nuremberg *(ibid.;* M. Thausing, *A. Dürer*, trad. Gruyer, p. 119 et s., 176 et s., 283 et s.).

[2] M. Thausing, *op. cit.*, p. 115 et s.; A. von Sallet, *Zeitschrift für Numismatik*, XIV, 1887, p. 23. A. Dürer a gravé, en 1524, le portrait de Pirkeimer, qui fut nommé conseiller impérial par Maximilien, puis par Charles-Quint en 1526. Pirkeimer s'est occupé d'histoire, de mathématiques, d'astronomie; il a été en relations avec tous les grands artistes et humanistes de son temps *(ibid.;* L. Geiger, *loc. cit.)*.

[3] J. Sibmacher, *Neu. Wappenbuch*, 1612, I, 205; R. Ehrenberg, *Das Zeitalter*, I, 237 et s.

[4] *Ibid.* Endres Imhof refusa d'abord d'entrer dans les combinaisons financières de J. Cleberger, mais, plus tard, il participa, prudemment, aux emprunts faits à Lyon par le roi de France, et à Anvers par l'empereur. Il avait pour facteur, à Anvers, Paul Behaim. En 1570, Endres abandonna la direction de sa maison à ses fils en laissant dans l'entreprise un capital de 42.000 florins à 5 o/o d'intérêt annuel. Les bénéfices des Imhof s'élevèrent à 19 o/o par an depuis 1544 jusque vers 1560 environ; en 1564 et 1570, ils ne furent plus que de 13 o/o. La maison « Endres Imhof frères et fils » fit de nombreuses opérations

berg. Jean Imhof, le premier mari de Félicité Pirkeimer, était son frère aîné[1].

Jean Cleberger, qui était né à Nuremberg et y avait été, à ses débuts, employé dans la maison Imhof[2], connaissait Félicité Pirkeimer. Il l'avait vue soigner avec affection et dévouement son mari malade, et, lorsqu'elle fut veuve, il eut l'idée d'en faire sa femme. Lui-même possédait déjà, à cette époque, sinon une fortune, du moins un capital assez important qu'il avait gagné seul, par son intelligence et son activité. Il était bourgeois de Berne et avait des intérêts dans une série d'affaires qui lui promettaient honneur et profit. Est-ce l'ambition qui le poussa à épouser Félicité Pirkeimer, veuve d'un des Imhof, et faut-il voir en lui le bourgeois parvenu enorgueilli par ses richesses et son habileté, dont parle R. Ehrenberg[3] ?

Willibald Pirkeimer raconte ainsi le mariage de sa fille[4]. Félicité était encore jeune et jolie et Jean Cleberger l'aima, la désira plutôt. Dès qu'elle fut veuve, il écrivit à Endres Imhof, beau-frère de Félicité, qu'il était décidé à la prendre pour femme, et Endres Imhof en informa la jeune veuve, puis son père. Willibald Pirkeimer refusa son consentement parce que « Hans Scheuhenpflug » (c'était, disait-il, le vrai nom de Cleberger[5]) appartenait à une famille tarée ; que de mauvais bruits couraient sur son compte ; qu'il n'avait pas vécu dans la crainte de Dieu, ne croyait ni au Christ, ni à sa Sainte Mère ; surtout parce qu'il était devenu plus juif que chrétien,

de concert avec les banques de Jérôme Imhof à Augsbourg et de Sébastien Imhof (Ehrenberg, *op. cit.*, *loc. cit.*, d'après les Arch. de la famille Imhof). Les Imhof, « prudents et vieux jeu », comme l'étaient, en général, les négociants de Nuremberg, résistèrent aux crises financières qui se produisirent dans la seconde moitié du XVIe siècle (Castelot, Les bourses financières. ap. *Journal des Economistes*, t. XXXIII, mars 1908, p. 335, 341, 345). Voir plus haut, p. 4, 27.

[1] R. Ehrenberg, *H. Kleberg*, p. 6 ; M. Thausing, *op. cit.*, p. 447 ; E. Pariset, *Biographie de J. Cleberger*, p. 16.

[2] Voir plus haut, p. 4.

[3] Ehrenberg, *Das Zeitalter*, I, 258 et s., et *H. Kleberg*, p. 41.

[4] Ehrenberg, *H. Kleberg*, p. 6 à 9, 12 à 16, d'après les papiers de Pirkeimer (Arch. de Nuremberg, Konzepte von Pirkheimers Hands). Ces dossiers ont été analysés dans *Anzeiger für Kunde der deutschen Vorzeit*, 1860, p. 433 et s.

[5] « Hans Scheuhenpflug, so sich Kleperger nennet » (Ehrenberg, *H. Kleberg*, p. 6, d'après les papiers de Pirkeimer aux Arch. de Nuremberg). Voir p. 3, note 6.

avait acquis ses biens par l'usure et était enfin si perdu de vices que tout homme honnête devait éviter de le fréquenter.

Cleberger persistant dans son intention malgré ce refus, et bien qu'Endres Imhof lui eût conseillé de renoncer à ce projet, Pirkeimer réunit ses parents et ses amis, qui furent tous d'avis qu'il ne devait pas accepter « Scheuhenpflug » pour gendre.

Cleberger feignit alors d'abandonner la partie et se rendit à Augsbourg, où, par l'intermédiaire du Nurembergeois Gaspard Nutzel[1], il entra en relations avec un juif à qui il procura un sauf-conduit pour se rendre à Nuremberg. Ce juif alla trouver Félicité Pirkeimer, se présenta à elle comme un astrologue et lui prédit que, si elle épousait Cleberger, sa vie serait celle d'une « impératrice ». Peu de temps après, Cleberger vint à Nuremberg et fit lui-même sa demande à la jeune veuve ; celle-ci lui répondit qu'elle ne déciderait rien sans avoir l'assentiment de son père, et que, d'ailleurs, elle avait quatre enfants de son premier mari. Cleberger lui promit qu'il traiterait ses enfants comme les siens, et, par d'habiles paroles, il obtint d'elle un demi-consentement.

Puis, comme Pirkeimer persistait dans son opposition, Cleberger l'alla trouver. Pirkeimer lui exposa brutalement toutes ses raisons et ajouta qu'il ne donnerait jamais sa fille à un homme qui, n'étant pas établi à Nuremberg, pourrait un jour emmener sa femme à l'étranger. Cleberger qui, par l'intermédiaire de Gaspard Nutzel, faisait depuis quelque temps des démarches pour être reçu bourgeois de Nuremberg, affirma à Pirkeimer qu'il se conformerait à son désir, se fixerait à Nuremberg et y établirait pour toujours sa résidence; si bien qu'à la fin, Pirkeimer déclara qu'il verrait ce qu'il aurait à faire lorsque Cleberger aurait obtenu à Nuremberg le droit de bourgeoisie.

Deux jours plus tard, Cleberger était admis à la bourgeoisie par le Conseil de Nuremberg et Pirkeimer devait, bien qu'à contre-cœur, donner son consentement au mariage. Il ne put qu'inviter sa fille à signifier à Cleberger qu'elle n'accepterait sous aucun prétexte de quitter sa famille et sa ville natale. Cleberger promit à Félicité qu'il

[1] Les « Nüczel » sont cités par J. Sibmacher parmi les « Adeliche Patricii » de Nuremberg (*New. Wappenbuch*, 1612, I, 205). Le fils de Gaspard Nutzel apprit plus tard le commerce dans la maison de Cleberger (Ehrenberg, *H. Kleberg*, p. 7).

ne lui demanderait jamais de s'éloigner de Nuremberg ; la femme de Jean Imhof le Vieux et Endres Imhof furent témoins de cet engagement[1]. Jean Cleberger était parvenu à ses fins ; le contrat fut signé le 23 septembre[2] et le mariage fut célébré peu après[3].

Telle est la version de Pirkeimer[4], et les faits qu'il rapporte ont dû se passer entre juillet 1526 et octobre 1528, dates de la mort de Jean Imhof et de l'enregistrement du contrat de mariage de sa veuve avec Cleberger.

D'après un document retrouvé par R. Ehrenberg, document qui paraît provenir du milieu des Imhof[5], Cleberger se sépara « adroitement[6] » de Félicité Pirkeimer peu de temps après leur mariage et l'abandonna ; « la brave femme s'en désola et mourut bientôt[7] ».

Dans un mémoire adressé, en 1529 ou 1530, au Conseil de Nuremberg, Willibald Pirkeimer expose que son gendre, voulant quitter Nuremberg et n'ayant en réalité aucun motif sérieux de le faire, prétendit qu'il devait se rendre en France où on lui devait de l'argent. Sa femme qui, jusque-là, s'était montrée obéissante et soumise, invoqua la promesse qui lui avait été faite et refusa de le suivre à l'étranger[8]. Cleberger ayant demandé au Conseil de Nuremberg de l'autoriser à renoncer à son droit de bourgeoisie, Pirkeimer s'y opposa disant que, si l'on faisait droit à cette demande,

[1] Arch. de Nuremberg, Papiers de Pirkeimer (ap. Ehrenberg, *H. Kleberg*, p. 6-9, 12-16).

[2] Arch. de Nuremberg, Libri litterarum, t. XLI, f° 148, et Documents et copies de Lochner, II, 95. Le contrat, daté du 23 septembre 1528, fut déposé le 9 octobre aux archives de la Ville pour y être enregistré. Aux termes du contrat, l'apport de Félicité Pirkeimer était de 800 florins et celui de Cleberger de 1.000 florins, soit, ensemble, 1.800 florins qui devaient revenir à l'époux survivant. Si Cleberger laissait des enfants, ceux-ci recevraient 400 florins et leur mère 1.400 florins. Les futurs époux se réservaient leurs acquêts et s'interdisaient de faire un testament (V. Pariset, *Biographie*, p. 19 ; Ehrenberg, *H. Kleberg*, I, 9).

[3] D'après N. Weiss (ap. *Bulletin de la Soc. d'Hist. du Protestantisme français*, 1890, p. 260) et Pariset (*Biographie de J. Cleberger*, p. 19), le mariage eut lieu le 23 septembre.

[4] R. Ehrenberg, *H. Kleberg*, p. 6-9, 12-16 (d'après les Papiers de Pirkeimer conservés aux Arch. de Nuremberg).

[5] R. Ehrenberg, *H. Kleberg*, p. 13.

[6] « Mit List » *(ibid.)*.

[7] « Das gute Weib härmte sich and gab bald seinen Geist auf » *(ibid.)*.

[8] Arch. de Nuremberg, Papiers de Pirkeimer (ap. R. Ehrenberg, *H. Kleberg*, p. 13, 14.

son gendre abandonnerait sa femme et la laisserait sans ressources ; elle avait eu 800 florins de dot et ne saurait où les réclamer à son mari puisque celui-ci n'aurait plus le droit de revenir à Nuremberg.

Le Conseil de Nuremberg admit cependant Cleberger à renoncer à sa qualité de bourgeois. Cleberger paya, le 5 mai 1530, les 200 florins qu'il devait à raison de cette renonciation[1], puis il partit ; sa femme mourut à Nuremberg le 29 du même mois[2].

Peu après, Pirkeimer rédigeait, pour le Conseil de Nuremberg, une plainte contre son gendre qu'il accusait d'avoir empoisonné sa femme. Ce brouillon, resté inachevé, expose seulement le début des relations de Cleberger avec la veuve de Jean Imhof, mais il est intitulé : « Raisons qu'il y a de soupçonner que Hans Scheuhenpflug, ou Kleberg, comme il veut se faire appeler, a empoisonné sa femme[3] ». Pirkeimer mourut le 30 décembre 1530[4] sans avoir terminé la rédaction de ce mémoire ; peut-être n'avait-il pas osé formuler, sans preuves, contre son gendre, l'accusation grave énoncée au début de ce factum.

Non seulement, en effet, il n'existe aucune preuve des affirmations de Pirkeimer, mais une série de documents réfutent sur bien des points des accusations rendues déjà suspectes par ce que l'on sait de la vieillesse maladive et aigrie du beau-père de Cleberger.

Cleberger était, en 1526, à Nuremberg où Albert Dürer peignit cette année-là son portrait, peut-être pour Félicité Pirkeimer[5]. En 1527, il se trouvait à Lyon lorsque le Conseil de Genève décidait, en juin, de lui vendre la maison du syndic Cartelier[6], et il est certain qu'il avait à cette époque, soit en Suisse, soit en France et notamment à Lyon, des intérêts et des affaires en train qui rendaient sa présence dans cette ville indispensable au moins au moment des foires[7].

[1] Arch. de Nuremberg (Kreisarchiv.), Bürgerbuch, 1496-1534, f° 171 v° : « Hanns Kleeberger resignavit V p(ost) quasimodog., anno 1530, d(edit) II^{c} fl. »

[2] Ehrenberg, *H. Kleberg*, p. 14.

[3] « Ursach, warumb zu vermuten ist, dass Hans Scheuhenpflug, so Kleperger geheyssen will seyn, seinem Weib vergeben hab » (Arch. de Nuremberg, Papiers de Pirkeimer, ap. R. Ehrenberg, *H. Kleberg*, p. 14).

[4] Voir plus haut, p. 59, note 3.

[5] Une des médailles représentant Cleberger porte aussi la date de 1526 (voir, plus loin, chap. VIII, et ci-dessus p. 7).

[6] Voir plus haut, p. 14, note 2.

[7] Voir plus haut, p. 23 et s.

En 1527 et 1528, Cleberger fit un long séjour à Nuremberg; il y logeait chez Endres Imhof[1]. Le 15 octobre 1527, Endres Imhof et son cousin Gabriel Imhof[2] signaient le contrat d'une association commerciale dont tous les fonds (3.406 florins 17 s.) leur étaient prêtés par Jean Cleberger à 5 o/o d'intérêt par an[3]. En 1528, Cleberger avançait encore à Endres 600 florins et il lui procurait diverses occasions de gagner de l'argent[4], dans le but sans doute de se ménager son appui auprès de sa belle-sœur Félicité et du père de cette dernière[5].

C'est chez Endres Imhof que Cleberger prend pension, en 1528, moyennant 1 florin par jour et il lui paye de ce chef 114 florins pour le temps qu'il a passé chez lui du 14 août au 24 novembre 1528, plus 5 florins pour un arc, deux carquois et des flèches qu'Endres lui a fournis[6]. On sait encore — on croit du moins — qu'après la mort de son premier mari, Félicité Pirkeimer avait dû épouser Hans Derrer, et que celui-ci mourut des suites d'une blessure qu'il s'était faite, le 1er juillet 1528, en sautant d'une fenêtre, soit au cours d'un voyage, peu de temps avant la célébration du mariage, soit, d'après une autre version, pendant le repas de noce[7].

Cleberger épousa Félicité Pirkeimer en septembre ou octobre 1528[8] et l'on voit, par le livre de comptes d'Endres Imhof, qu'il participa pour 10 florins aux frais du repas de mariage; qu'Endres Imhof, à cette occasion, lui offrit, à lui et à sa femme, des bijoux qu'il avait payés 70 florins[9].

Cleberger quitta Nuremberg après avoir acquitté, le 22 avril 1530, une dette de 60 florins que son frère Wolfgang avait été condamné à payer[10], et après avoir versé, le 5 mai suivant, les 200 florins qu'il devait remettre au Conseil pour être déchargé de

[1] Arch. de la famille Imhof (ap. Ehrenberg, *H. Kleberg*, p. 12).
[2] Voir ci-dessus, p. 27.
[3] Voir plus haut, p. 34, note 4.
[4] Ehrenberg, *H. Kleberg*, p. 12.
[5] *Ibid.*
[6] Arch. de la famille Imhof (ap. Ehrenberg, *H. Kleberg*, p. 12).
[7] Ehrenberg, qui mentionne ce projet de mariage sans indiquer de référence, estime que, provisoirement, il n'y a pas lieu d'y ajouter foi (*H. Kleberg*, p. 12-13).
[8] Voir plus haut, p. 63, notes 2 et 3.
[9] Arch. de la famille Imhof (ap. Ehrenberg, *H. Kleberg*, p. 12).
[10] Arch. de Nuremberg, Conservatorium, t. XL, f° 118.

son droit de bourgeoisie[1]. Sa femme, qui mourut le 29 mai de la même année[2], était déjà malade en juillet 1529, dix mois avant sa mort ; R. Ehrenberg en a trouvé la preuve dans le livre de comptes d'Endres Imhof où celui-ci mentionne, à la date du 21 juillet 1529, l'envoi « à la Cleberger » d'un « morceau de lin[3] ».

Deux lettres, de l'année 1530, justifient encore Cleberger de l'accusation d'empoisonnement portée contre lui. Dans la première, datée du 9 juin 1530, Christophe Krefs, beau-frère d'Endres Imhof, avise ce dernier qu'il n'a pas pu décider Cleberger « à donner une plus forte somme d'argent ». Cleberger — dit-il — lui a déclaré que, pendant la dernière année de leur union, il avait fait à sa femme pour plus de 1.000 florins de cadeaux ; qu'il avait entretenu les enfants de son premier mari sans en avoir jamais été remercié et qu'il avait contribué pour beaucoup plus que sa part aux frais du ménage. Il a fait plus qu'il ne devait et il pourrait donner toute sa fortune sans en rien retirer que des injures. Il s'offre cependant à rendre aux enfants de Félicité tous les services qu'il pourra[4].

Ce document, qui montre Cleberger exploité par Pirkeimer et par son entourage[5], est confirmé par une seconde lettre, écrite d'Augsbourg, le 18 juin 1530, à Willibald Pirkeimer lui-même, par Hans Paumgärtner[6] que Christophe Krefs avait prié d'appuyer les demandes d'argent faites à Cleberger. « J'aurais beaucoup de regrets

[1] Voir ci-dessus, p. 64, note 1.

[2] Ehrenberg, *H. Kleberg*, p. 14.

[3] Arch. de la famille Imhof : « Der Klebergerin ein Stück leinbat, als sie aus dem Wildpad Kam, geschenkt, kostet 3 fl. 6 s. 9 d. » (ap. Ehrenberg, *H. Kleberg*, p. 14).

[4] *Ibid.*, p. 15.

[5] Voir, *Ibid.*, p. 40-42.

[6] Hans Paumgärtner le Vieux, marchand de Nuremberg, un des principaux membres de la corporation des marchands de cuivre, fut, depuis 1502, l'agent d'affaires de l'empereur Maximilien. En 1511, il s'établit à Augsbourg (où son fils Hans le Jeune épousa une Fugger) et fut, depuis 1518, le conseiller et le banquier de Maximilien, puis de Charles-Quint qui l'anoblit en 1539; il prêta, à diverses reprises, à ces souverains, de fortes sommes d'argent. La maison qu'il avait fondée périclita entre les mains de ses petits-fils (les enfants de Hans Paumgärtner le Jeune); l'un d'eux, David, mourut sur l'échafaud, en 1567, pour avoir pris part à la rébellion de Grumbach ; un autre, Jean-Georges, arrêté comme banqueroutier, fut mis en liberté après cinq ans d'emprisonnement et quitta Augsbourg complètement ruiné (Ehrenberg, *Das Zeitalter*, I, 192 ; v. J. Sibmacher, *New. Wappenbuch*, 1612, I, 205 et *Erneuerte Wappenbuch*, 1654-1657, I, 84, 205, 208).

— écrit en substance Paumgärtner — si, comme vous le prétendez, Cleberger n'avait pas traité honnêtement sa femme. Vous pouvez être certain que je n'ai jamais remarqué chez Cleberger qu'un grand amour pour sa femme [1] et il m'a raconté lui-même qu'il avait montré beaucoup de bienveillance à l'égard des enfants de son premier mariage. » Et Paumgärtner engage Pirkeimer à ne plus témoigner vis-à-vis de son gendre autant d'animosité ; il lui demande de lui dire, à lui et à Christophe Krefs, ce que Cleberger pourrait faire pour les orphelins qu'a laissés Félicité, car sûrement ce dernier ne manquera pas de leur être utile quand l'occasion s'en présentera [2].

Si peu justifiée qu'elle fût, l'accusation d'empoisonnement portée par Pirkeimer contre son gendre se répandit dans Nuremberg et les ennemis — les envieux sans doute — que Cleberger avait parmi ses compatriotes ne manquèrent pas d'y ajouter foi. Sept ans plus tard, Antoine Tucher fait évidemment allusion aux bruits qui courent à ce sujet lorsqu'il écrit de Lyon aux Tucher de Nuremberg, le 29 décembre 1537 : « A vrai dire, je me métie de lui (Cleberger). Qui sait s'il n'a pas eu alors l'intention de me faire servir quelque banquet [3]. »

En somme, il n'est pas prouvé qu'en épousant Félicité Pirkeimer l'ancien employé des Imhof n'ait été poussé que par l'ambition et par un orgueil de parvenu, fier d'entrer dans une famille patricienne de sa ville natale [4]. C'est sûrement sa fortune qui décida Pirkeimer à l'accepter pour gendre et qui lui permit de trouver aide et appui dans l'entourage du vieil humaniste. Enfin, il est certain que ses compatriotes l'accueillirent d'abord avec mépris et lui reprochèrent son origine modeste ; que les accusations portées contre lui à Nuremberg y furent admises et tenues pour vraies ; que la famille de sa femme se montra fort intéressée et l'accabla de demandes d'argent. Et, quels qu'aient pu être les torts de Cleberger, ces faits

[1] « . . Bei Kleberg nie etwas anderes wie grosse Liebe zu seiner Frau vermerkt » (Ehrenberg, *H. Kleberg*, p. 15).

[2] *Ibid.*

[3] « Allein ob er einem heimlich durch ander leut ein Bankett mocht schenken, das traw ich im wol zu » (Arch. de la famille Tucher, ap. Ehrenberg, *H. Kleberg*, p. 20).

[4] Cf. Ehrenberg, *Das Zeitalter*, I, 258 et s., et *H. Kleberg*, p. 40-42 ; E. Pariset, *Biographie de J. Cleberger*, p. 19-20.

acquis justifient, expliquent tout au moins la rancune que le Bon Allemand voua à ses concitoyens, rancune que, plus tard, une série d'incidents devaient encore envenimer[1].

*
* *

Après son départ de Nuremberg en 1530, et avant d'épouser en 1536 Pelonne Bonzin, Cleberger a-t-il contracté à Lyon un second mariage? On pourrait le croire d'après le préambule des lettres de naturalité que François Ier lui accorda à Lyon en février 1536. Ces lettres sont ainsi conçues :

« Savoir faisons... nous avoir receu humble supplicacion de notre cher et bien amé Jehan Cleberge marchant, demourant en notre ville de Lyon, natif de la ville de Nuremberg, contenant que, longtemps ce, il seroit parti du pays d'Allemagne et se seroit retiré en cestuy notre royaume, auquel tousjours depuis il a résidé, y faisant et exerçant son train et trafficque de marchandise ; *et, depuis quelque temps ce, il auroit prins femme en notredite ville de Lyon, laquelle seroit allée de vye à trespas sans hoirs ;* désirant, par ce, rentrer audit estat de mariage, pour avoir lignée et user en cestuy notre dit royaume le reste de ses jours, auquel il a acquis quelzques biens, et, par son sens et industrye, espère y en acquérir encores d'autres pour la vye de luy et des siens.

« Touttefoys pour ce qu'il est estrangier et non natif de notredit royaume, il doubte que, en ses dits biens par luy acquis, mesmes en ceulx qui par ses parents ou autres luy pourroient advenir et escheoir cy après, nos officiers ou autres, prétendans iceulx biens à nous appartenir par droict d'aubeyne[2], luy voulsissent donner quelque trouble ou empeschement, s'il n'estoit par nous habilité et dispensé quant ad ce, en nous humblement requérant sur ce luy impartir noz grace et libéralité. Et pourquoy, nous, ce considéré,... en faveur des bons et agréables services qu'il nous a par cy devant faiz et espérons que fera cy après... »

[1] Voir, plus loin, chap. IV.

[2] Les marchands étrangers prétendaient, à Lyon, être exempts du droit d'aubaine en vertu des privilèges des foires ; voir, en 1511, une réclamation adressée à ce sujet au Consulat lyonnais par la Nation des Allemands (Arch. mun. de Lyon. BB. 28, fos 265, 278).

Suivent les formules contenant la dispense du droit d'aubaine et la concession au suppliant de tous les privilèges et libertés dont jouissent « les régnicolles et natifz d'icelluy notre dit royaume[1] ».

Ce document est, à notre connaissance, le seul qui mentionne ou semble mentionner un second mariage de Cleberger, contracté à Lyon entre 1530 et 1535. Le préambule cité plus haut établit du moins qu'au début de 1536 Cleberger, ayant l'intention de se remarier, avait sollicité des lettres de naturalité pour assurer aux enfants qu'il pourrait avoir la libre jouissance de sa fortune. Ces lettres sont datées de février 1536; le 19 du même mois, Cleberger signait, par-devant Pelisson, notaire royal à Lyon, son contrat de mariage avec Pelonne Bonzin, veuve d'Etienne de La Forge[2].

Pelonne Bonzin, « native de Tournay[3] », était fille de Jean ou Pierre Bonzin, marchand de cette ville, et de Barbe Du Jardin[4]. Elle avait épousé un protestant, le marchand Etienne de La Forge, qui était originaire de Tournay comme elle et qui tenait boutique, à Paris, rue Saint Martin, à l'enseigne du Pélican, et, à Lyon, chez Loyset de L'Aube, place de l'Herberie[5].

[1] Arch. Nationales, JJ. 249^A, f° 18 v°, pièce LIX (V. N. Weiss, le Réformateur Meygret..., ap. *Bull. de la Soc. de l'Hist. du Protestantisme franç.*, 1890, p. 261).

[2] Contrat cité dans le testament de J. Cleberger (Arch. de la Chambre des notaires de Lyon, Minutes de P. Dorlin, Testaments de 1544 à 1556, f° 167) et aux Archives hospitalières de Lyon (B. 168, f° 133 v°, et Inventaire des titres de la baronnie de Saint-Trivier, I, p. 15). — La veuve d'Etienne de la Forge signait : « Pelonne Bonzin » (voir p. 71) : nous garderons cette orthographe. Elle est aussi appelée « Paulyne » (Arch. mun. de Lyon, BB. 68, f° 104), « Apollonia » (Arch. d'Etat du canton de Berne, Sammlung der unnützen Papiere, t. LVI, n° 35) et « de Bonzin, de Bosyn, de Bossin, Bouzin, de Bousyn » (ci-dessus passim). Dans le testament de Cleberger, *loc. cit.*, son nom est également écrit « Pelonne Bonzin ».

[3] *Le journal d'un bourgeois de Paris*, éd. V.-L. Bourrilly (Coll. de textes, 1910), p. 384; Guichenon, *Hist. de la Souveraineté de Dombes*, 1874, II, 140.

[4] *Ibid.*; Arch. de la Chambre des notaires de Lyon, Minutes P. Dorlin, Testaments de 1544 à 1556, f°s 332 et s. (Testament de Pelonne Bonzin du 25 avril 1549 : sa mère vit encore à cette date).

[5] N. Weiss, ap. *Bull. de la Soc. d'Hist. du Protestantisme franç.*, 1890, p. 257; *le Journal d'un bourgeois de Paris*, éd. Bourrilly, p. 382-383. Loyset ou Loys de Laube ou de L'Aulbe, marchand à Lyon, mourut en 1535 ou 1536 (Arch. mun. de Lyon, CC. 748, n° 145; CC. 260, f° 1 v°; CC. 765, f° 129; EE. Chappe IV, 198^a, f° 130; CC. 281, f° 2 v°). Voir les notes qui suivent.

Etienne de La Forge, chez qui Calvin logeait, à Paris, en 1533, était un des plus fermes soutiens des protestants de Paris et de Lyon. Il faisait imprimer à ses frais les traités et opuscules écrits par ses coreligionnaires et les distribuait avec ses aumônes[1]. Arrêté à Paris pour ses opinions religieuses et son active propagande, il fut condamné, par arrêt du Parlement de Paris, à être brûlé vif et monta sur le bûcher, le 15 février 1535, au cimetière Saint-Jean, près de l'Hôtel de Ville de Paris, après avoir fait amende honorable devant Notre-Dame[2].

D'après un chroniqueur du temps, « il chargea fort, en sa mort, sa femme » et révéla, peut-être à la question, qu'elle était luthérienne comme lui. Pelonne fut emprisonnée, mais, le 10 avril 1535, elle se rétracta et fit amende honorable, « nudz piedz », devant Notre-Dame et devant l'église de Saint-Martin-des-Champs, sa paroisse. Mise en liberté, elle regagna Tournay[3] et, un an et quatre jours

[1] N. Weiss, *loc. cit.*, p. 257-259; Lavisse, *Hist. de France*, t. V, 1re partie, p. 377.

[2] F. Bournon, *Chronique parisienne de P. Driard, chambrier de Saint-Victor* (Mém. Soc. d'Hist. de Paris, t. XXII, 1895, p. 177-178) : « (février 1535) Luthérien bruslé. Le lundy xve jour dudict moys, ung marchant de Paris, nommé Estienne de la Forge, natif de la ville de Tournay, pour plusieurs blasphesmes et proposicions erronées par luy dictes contre l'honneur de Dieu et des sainctz, fut mené devant l'église Nostre-Dame de Paris dedans ung tumbereau, où illec fist amende honorable et dudict lieu fut mené au cymetière Sainct-Jehan, où illec fut pendu à une potence et estranglé, et puis bruslé nonobstant quil eust esté dict par son cry qu'il devoit estre ars tout vif ». — Cf. *Le journal d'un bourgeois de Paris*, éd. Bourrilly, p. 382-383 : « Audict an mil cinq cens trente quatre (V. S.), un riche homme, nommé Estienne de la Forge, marchant, natif de Tournay, demeurant rue Sainct-Martin, à l'enseigne du Pellican, aagé de cinquante à soixante ans, marié et estimé homme de bien et riche d'environ trente mil... (en blanc dans le texte), fut bruslé au cemetière Sainct-Jean, après avoir faict amende honnorable en un tombereau devant l'église Nostre-Dame; ceste exécution par sentence du prévost de Paris, confirmée par arrest. Il chargea fort en sa mort sa femme, laquelle aussy depuis fut condamnée comme sera dit cy après ». — Et, *ibid.*, p. 384 : « L'an mil cinq cens trente cinq, le samedy dixiesme jour d'avril après Pasques, la femme d'Estienne de la Forge cy dessus nommé fut, par sentence dudict lieutenant confirmée par arrest, condamnée à amende honorable, nudz piedz, devant l'église Nostre-Dame et l'église Sainct-Martin des Champs et ses biens confisquez, tant à cause de son mary que d'elle; parquoy elle s'en retourna en son pays de Picardie, en la ville de Tournay dont elle et son mary estoient. »

[3] Voir la note qui précède.

après le martyre de son premier mari, elle signait à Lyon, le 19 février 1536, son contrat de mariage avec Jean Cleberger [1] qu'elle avait pu connaître, du vivant d'Etienne de La Forge, soit à Paris, soit à Lyon, soit même en Flandre.

Par son contrat de mariage elle se constituait en dot une somme de 6.000 livres, à laquelle son futur mari ajoutait 5.000 autres livres «pour l'accroissement de son dot[2] ». Ses biens avaient été confisqués lors de son arrestation, mais Jean Cleberger obtint pour elle, de François Ier, des lettres de rémission qui furent données à Hesdin en mars 1537 et qui lui firent restituer, avec une petite maison que son mari avait à la Villette près de Paris, les meubles et immeubles et « debtes égarées » dont le receveur ordinaire du roi à Paris

Signature de Pelonne Bonzin (9 septembre 1553) aux Archives de l'Hôtel de Ville de Genève, P. H. 1541, n° 2.

n'aurait pas encore fait recette en vertu de l'arrêt du Parlement de Paris ordonnant la confiscation des biens d'Etienne de La Forge[3].

Pelonne Bonzin avait alors, de son premier mariage, « deux filles prestes à marier » et un fils[4], appelé Etienne comme son père, qui pouvait à cette époque être âgé d'environ douze ans[5]; elle devait donc elle-même avoir dépassé la trentaine. De son second mari elle

[1] Voir, p. 69, note 2.
[2] Test. de Jean Cleberger, *loc. cit.*, f° 167 v°.
[3] Arch. Nationales, JJ 250, f° 21 v° : lettres publiées par N. Weiss (*loc. cit.*, p. 269 et s.). Cette faveur est accordée à Pelonne « de Bossin » parce que son mari « n'a esté trouvé du nombre des sacramentaires ». Les sacramentaires qui ne voyaient dans le sacrement de l'Eucharistie qu'une simple commémoration de la Cène furent exceptés, par François Ier, des lettres d'abolition des 16 juillet 1535 et 31 mai 1536 (N. Weiss, *loc. cit.*).
[4] Lettres citées dans la note qui précède; N. Weiss, *loc. cit.*, p. 270. Voir plus loin, p. 72.
[5] Wolfgang Cleberger écrit, en juin 1547, qu'Etienne de la Forge a vingt-deux ans (Arch. d'Etat du Canton de Berne, Sammlung der unnützen Papiere, t. LVI, n° 35; voir, plus loin, chap. VI).

n'eut qu'un fils, David Cleberger, dont la naissance, vers 1538[1], fut certainement pour le Bon Allemand une grande joie.

Pendant les dix années que dura leur union, Cleberger n'eut, semble-t-il, qu'à se louer de Pelonne Bonzin. Il l'appelle à plusieurs reprises, dans son testament, « sa tres chère et bien aymée femme » et la remercie des « bons et agréables services et bons traictemens qu'elle luy à faitz[2] ». Il lui légua, avec les 11.000 livres de sa dot, « toutes et chacunes les bagues et joyaulx d'or et d'argent, pierreries, habillemens et autres qu'il luy a donnez parcy devant et qu'il luy donnera par l'advenir », tous ses meubles et bijoux personnels, sa terre de Champ près Lyon, avec toutes ses dépendances, une pension annuelle de 400 livres[3] et le droit d'habiter, sa vie durant, la maison de Saint-Ambroise qu'il possédait, à Lyon, au Plâtre Saint-Esprit[4].

Après la mort de Jean Cleberger, Pelonne fut chargée (avec Etienne de La Forge) de la tutelle de son fils David pour qui elle fut une mère trop bonne et trop faible. Elle eut bientôt à se repentir de son indulgence envers lui[5]. Elle fut aussi tutrice des enfants que sa fille, Mathurine de La Forge, avait eus de son premier mariage avec l'orfèvre lyonnais Claude Vincent dit Le Gourd[6].

[1] Voir, plus loin, chap. VII.

[2] Testament de J. Cleberger, *loc. cit.*, f°s 167 v°, 168 v°, 172. Pelonne Bonzin parait cependant avoir eu un caractère assez autoritaire ; voir (plus loin, chap. VI), ce que dit à ce propos son beau-frère Wolfgang Cleberger. En 1549, elle refuse d'assister à une « veue de lieu » à laquelle elle a été convoquée, au cours d'un procès, par le Prévôt des Dames de Saint-Pierre (Arch. dép. du Rhône, Saint-Pierre, 116, liasse 36, n° 186).

[3] Testament de J. Cleberger, *loc. cit.*, f°s 167 v°, 168 v°, 169.

[4] Ce droit d'habitation, mentionné dans un inventaire des biens de Cleberger dressé en 1547 (Arch. d'Etat du canton de Berne, Sammlung der unnützen Papiere, t. LVI, n° 32), ne figure pas sur le testament de Cleberger qui parait avoir dicté, postérieurement, un codicille (Arch. hospit. de Lyon, Charité, B. 168, f°s 135-135 v°). D'après un registre de nommées, Pelonne semble habiter, en 1551, la maison d'Auxerre, près Saint-Sébastien (Arch. mun. de Lyon, CC. 44, f° 176; plus haut, p. 54).

[5] Voir, plus loin, chap. VI et VII.

[6] Arch. mun. de Lyon, CC. 1043, n°s 33, 34 ; CC. 1101, n° 10 (1557-1562). Claude Vincent, dit Le Gourd, mourut entre le 22 septembre 1554 et le 21 avril 1555 (Arch. mun. de Lyon, CC. 965, n° 49 ; CC. 998, n° 20 ; CC. 1015, n° 90 ; CC. 1026, n° 85 ; voir sa nommée : CC. 9, f° 18). Il avait eu, de Mathurine de La Forge, un fils Jean et trois filles, Léonarde, Isabeau et Lucrèce ; Léonarde épousa, avant le 23 janvier 1567, Loup de Pollyn ou de Poullin, seigneur de

Pelonne s'intitulait dame de Champ, de Chaliouvre, de Lent et d'Ars en Dombes[1]. Par lettres, données en décembre 1554 et confirmées les 22 février et 28 avril 1558, Henri II l'exempta, comme veuve d'un valet de chambre ordinaire de son père, de toutes taxes et impositions, et prescrivit au Consulat lyonnais de lui rembourser certains droits d'entrée sur le vin qu'elle avait payés[2]. Elle testa à Lyon, les 25 avril 1549[3], 11 août 1555[4] et 20 août 1562[5] et paraît être morte peu de temps après la rédaction de ce dernier testament où elle désignait pour ses héritiers universels ses deux fils, Etienne de La Forge et David Cleberger[6].

***

Comme Jean Cleberger, Pelonne Bonzin a sa légende. Elle aurait fait reconstruire la maison d'habitation du fief de Champ que lui avait légué son mari, et une tour ancienne, dépendant de cette maison forte, a gardé le nom de « Tour de la Belle-Allemande », en souvenir, dit-on, de Pelonne Bonzin à qui ses contemporains avaient décerné ce surnom[7].

la Jacquilière (*ibid.*, CC. 1026, n°s 84 et 85; CC. 1145, n°s 81 à 84). Mathurine de La Forge épousa en secondes noces François Guerrier, seigneur de Combellande; sa sœur s'appelait Claude (?); voir N. Weiss, *op. cit.*, p. 266.

[1] Arch. mun. de Lyon, CC. 1043, n°s 33, 34; CC. 1053, n°s 14, 15; CC. 1065, n°s 39, 40; CC. 1079, n°s 2, 3; CC. 1092, n° 18; CC. 1101, n° 10; BB. 68, f° 104; Arch. hosp. de Lyon, Charité, B. 168, f° 135 v°; Arch. de la Chambre des not. de Lyon, Minutes de P. Dorlin, Testaments de 1544 à 1556, f°s 332 et s. D'après ces documents, Pelonne se dit dame de Chaliouvre de 1557 à 1559, de Lent de 1557 à 1562, d'Ars de 1559 à 1562. — Chaliouvre, domaine et étang sur la commune de Bouligneux (Ain); — Lent-en-Dombes et Ars-sur-Formans, communes du même département (Guigue, *Topog. hist. du dép. de l'Ain).*

[2] Arch. mun. de Lyon, CC. 361, n° 1, f°s 3 v° et s.

[3] Arch. de la Chambre des not. de Lyon, Minutes de P. Dorlin, Testaments de 1544 à 1556, f°s 332 et s.

[4] Arch. hospit. de Lyon, Charité, B. 168, f° 135 v° (testament reçu par Dorlin, notaire).

[5] *Ibid.*, B. 168, f° 135 v° et Invent. des titres de la baronnie de Saint-Trivier, 1742, t. Ier, p. 31.

[6] *Ibid.* Des rentes sur les gabelles que Pelonne touche, le 3 février 1562, comme tutrice des enfants de Claude Vincent sont perçues, le 12 juin 1564, par Etienne de La Forge, seigneur de Chaliouvre, « curateur » de ces mêmes enfants (Arch. mun. de Lyon, CC. 1101, n° 10; CC. 1116, n° 9; voir, plus haut, p. 72, note 6).

[7] D'après une chronique manuscrite intitulée « Appendices historiques pour servir à l'histoire de la Tour Barbare », par Sigismond Hugonet, religieux de

Il n'est pas prouvé que Pelonne ait été appelée de son vivant « la Belle Allemande ». On ne connait aucun portrait d'elle et, sur un registre de nommées qui fut en service de 1516 à 1538 au moins, une mention, dont l'écriture semble contemporaine de l'ouverture du registre, indique que Pierre Bryon, possessionné dans le quartier Saint-Marcel, et hors les portes de la ville, « tient une vigne aux grans chemyns tirant à Trévol (Trévoux) du costé de seoir, joignant la bellemande, contenant XV hommes, à la charge de IIII livres de pension à la Déserte[1] ». En supposant que le scribe ait écrit « bellemande » pour « Belle Allemande », il ne semble pas qu'il puisse être ici question de Pelonne Bonzin, qui épousa Cleberger en 1536 et ne posséda qu'à la mort de son mari (1546) la terre de Champ, acquise par ce dernier après 1540.

On a vu plus haut que le fief de Champ, au lieu de Cuire, fut vendu à Cleberger par Philiberte Faye, femme d'Antoine de Varey, seigneur de Balmont et capitaine de la ville de Lyon, et que Cleberger agrandit ce tènement, vers 1543, par une série d'acquisitions faites de Paulin Florentin et autres[2]. Dans un terrier de la seigneurie de Cuire, une reconnaissance payée, le 5 juin 1583, par deux marchands de Lyon est relative à une terre située « au territoire des

l'Ile-Barbe, 1632 (citée dans *Guide de l'Amateur et de l'Etranger à Lyon*, par Adrien Péladan fils, 1864, p. 457), la Tour de la Belle-Allemande, appelée d'abord Tour Barbare, fut élevée en 1322 et eut d'abord 165 pieds de haut. Pelonne Bonzin « fit baisser cette tour de 53 pieds et reconstruisit le château tel que nous le voyons aujourd'hui »; cf. *Arch. hist. et Stat. du Rhône*, V, 299 et *Lyon vu de Fourvières*, p. 131. D'autres auteurs, aussi peu sûrs que les précédents, attribuent à Cleberger la construction de la tour et de la maison d'habitation du domaine de Champ (*Bulletin de Lyon*, 7 octobre 1809; Fortis, *Voyage pitt. et hist.*, II, 416).

[1] Arch. mun. Lyon, CC. 25, f° 38 v° : (en marge) « tient le recepveur Prunier ». Ce Pierre Bryon ou Brion, courtier, qui vit encore en 1536 (CC. 274, f° 38), possède aussi une maison au lieu de Saint-Sébastien, vers le grand chemin allant à Notre-Dame de l'Ile, une terre « jouxte les deux chemyns tendant de Lyon à Fontaines » etc., et ces immeubles se trouvent évidemment dans le voisinage du domaine de Champ.

[2] Voir plus haut, p. 54 et s. Le nom de Champ est peut-être une abréviation de « Champ de Saint-Paul » ; une partie du domaine de Champ, acquis par Jean Cleberger, dépendait du chapitre de Saint-Paul et était située « sur la paroisse Saint-Vincent, hors les murs de la ville, au lieu dit Champ de Saint-Paul » (Arch. dép. du Rhône, Saint-Paul. Obéance de Saint-Sacerdos, terrier I. A, f°s 7, 20, 21, terrier I, f° 35 et liasse 3).

Bugnettes, autrement La Allemande[1]», c'est-à-dire loin, à l'est, du domaine de Champ, entre la rue de Margnolles actuelle et le chemin de Rillieux[2]. Entre ce dernier chemin et la rue Coste, un second lieu dit s'appelait « les Allemandes[3] ».

Au XVIIe siècle, le domaine de Champ n'appartient plus aux descendants de Cleberger; il est, en 1601, à Etienne Gaignières[4]; en 1644-1660 à Jacques Michel ; en 1675-1677 à Jacob de La Font et les deux derniers de ces propriétaires se qualifient « sieur » ou « seigneur de la Tour des Champs[5] ». Jacob de La Font reconnaît, le 30 avril 1677, un tènement « appelé Terre des Champs..., limité par le chemin tendant de St-Vincent à la maison dudit confessant appelée l'Allemande, plus, près de la terre ci-dessus, une maison avec cour et jardin et une vigne d'environ douze fessorées[6] ». Dans un autre terrier de la seigneurie de Cuire, deux reconnaissances de l'année 1675 mentionnent la terre « appelée des Champs, dépendant de la maison de la Tour de la Belle Allemande, appartenant au sieur de La Font », et la « maison des Champs, appelée maison de l'Allemand[7] ».

Une dernière reconnaissance, du 12 décembre 1759, émane de Catherine Michel, alors veuve de Claude-André Vouty, bourgeois de Lyon, laquelle possède : 1° « un tènement de terres, vignes, jardins et allées d'arbres fruitiers et de noyers, appelé de la Tour des Champs de la Belle Allemande, situé dans la paroisse de St-Vincent, juridiction de Cuire-la Croix-Rousse...., contenant environ douze asnées de semailles ici fixées à septante bicherées... » ; 2° « une maison, jardin et appartenances audit lieu, d'environ un cinquième de bicherée » ; 3° « partie d'une vigne audit lieu, d'environ quatre bicherées et trois quarts[8] ».

[1] Arch. mun. de Lyon, DD. 248, f° 181 v° (terrier Frontin pour la seigneurie de Cuire).

[2] A. Grand, *La seigneurie de Cuire et la Croix-Rousse*, p. 104.

[3] *Ibid.*

[4] A. Grand, *op. cit.*, p. 116 (terrier Lanyer IV). Nous empruntons les notes qui suivent à M. Grand qui a dépouillé ces terriers dans les archives des anciens seigneurs de Cuire, conservées par leurs descendants.

[5] Terrier Lanyer IV, et terrier Michel (A. Grand, *op. cit.*, p. 116-117); Arch. mun., BB. 372 (Syndicat de 1659 mentionnant l'élection de l'échevin Jacques Michel, seigneur de la Tour des Champs).

[6] Terrier Michel (A. Grand, *op. cit.*, p. 116-117).

[7] Terrier Michel (A. Grand, *op. cit.*, p. 117).

[8] Terrier Lanyer IV (A. Grand, *op. cit.*, p. 117). Catherine Michel était

On voit par ce qui précède que plusieurs territoires de la seigneurie de Cuire se sont appelés anciennement « l'Allemande », « les Allemandes », « la Bellemande » ; mais, dans ceux des documents cités qui s'appliquent sûrement au petit fief acquis par Jean Cleberger, le nom de « la Belle Allemande » n'apparaît qu'au XVIIe siècle. Et l'on peut encore se demander si Pelonne Bonzin portait à Lyon ce surnom dans le second tiers du XVIe siècle, si c'est elle qui l'a laissé à son domaine de Champ.

La vie assez mal connue de la veuve de Cleberger prêtait à la légende, comme la Tour des Champs « à des idées de féodalité et de féerie » par son élévation, « sa construction à demi antique, ses vestiges de pont-levis, ses fossés[1] », sa situation, dans un cadre d'épaisse verdure, au flanc du coteau qui borde la rive gauche de la Saône.

On racontait, à la fin du XVIIe siècle, qu'un neveu de Pelonne Bonzin, nommé Brunold et « natif de Lyon », avait possédé la Tour des Champs après la mort de sa tante. Ce Brunold était retourné en Allemagne, pays d'origine de sa famille; il y avait occupé à la Cour, et grâce au crédit dont jouissait jadis son oncle Jean Cleberger, des emplois considérables qui lui avaient valu le titre de baron de Varinstein. Disgracié dans la suite, pour avoir épousé, contre la volonté du souverain, une simple paysanne allemande, il était revenu à Lyon et s'était fixé dans son domaine de la Tour des Champs. Sa femme était merveilleusement belle et il en était si jaloux qu'il fit enfermer à Pierre-Scize un beau cavalier dont les assiduités auprès de la baronne lui portaient ombrage. Quant à sa femme, il la tint prisonnière, au sommet de la tour, dans une chambre dont il avait fait murer les fenêtres et où elle vécut

fille de Jean-Baptiste Michel, seigneur de la Tour des Champs, nommé échevin en 1721 (Arch. mun., BB. 374, syndicat de 1721); elle épousa, en 1717, Claude-André Vouty, secrétaire du roi (A Grand, *loc. cit.*). Les Vouty, qui s'appelaient Vouty de La Tour, possédèrent ensuite, jusqu'en 1826, le domaine de Champ, qui fut ensuite morcelé (*ibid.*, p. 118). La tour appartient aujourd'hui à Mme Millier, veuve d'un boucher de la Croix-Rousse. L'entrée de l'enclos qui l'entoure porte le n° 1 de l'impasse de la Belle-Allemande, à laquelle on accède par le chemin de la Belle-Allemande reliant le quai de Serin à la rue Saint Pothin.

[1] Mazade d'Avèze, *Lettres à ma fille sur mes promenades à Lyon*, t. II, p. 44, 1810.

pendant vingt-sept mois. Mais les deux amants communiquaient par des signaux, et, un jour, le cavalier parvint à s'évader de Pierre-Seize. Il avait traversé la Saône à la nage et allait rejoindre sa maîtresse, lorsque les gardes qui le poursuivaient le saisirent et le mirent à mort sous les yeux de « la Belle Allemande [1] ».

En 1757, l'abbé Pernetti donnait à Jean Cleberger et à Pelonne, sa femme, le surnom commun de « Bons Allemands ». La Tour de la Belle-Allemande devait, disait-il, « son origine à un autre Allemand que la beauté de sa femme avait rendu si jaloux qu'il crut ne pouvoir s'assurer de sa fidélité qu'en l'enfermant dans cette tour qui a retenu le nom de la belle prisonnière [2] ».

La version qui faisait de Pelonne Bonzin ou d'une autre Allemande anonyme une prisonnière attendant au sommet de la Tour des Champs son amoureux, échappé à la nage du château de Pierre-Seize, fut très populaire au XIXe siècle [3]. En octobre 1809, on joue, au théâtre des Célestins un drame de M. Augustin ***, intitulé : *La Tour de la Belle Allemande*. La captive, appelée Albertine, était une pupille amoureuse séquestrée par un tuteur barbare qui voulait la contraindre à un mariage contre son cœur [4]. Fortis signale, en 1822, un roman dont la Belle Allemande est l'héroïne [5]; en 1833, c'est Ernest Falconnet qui publie, dans *Lyon vu de Fourvières*, une ballade à Gertrude, la Belle Allemande, châtelaine amoureuse de son page. Le mari

Est un vieillard austère,
Aimant pillage et guerre,
Jaloux comme un vilain...

[1] Fréd. Morel, *Relation de ce qui s'est passé à la Tour des Champs, vulgairement appelée Tour de la Belle-Allemande*, Lyon, Nouailly, 1694 (ap. A. Péladan, *Guide de l'amateur*, p. 457-458).

[2] Abbé J. Pernetti, *Recherches*, I, 262.

[3] Voir Mazade d'Avèze, *Lettres à ma fille*, II, 45-47 ; Fortis, *Voyage pitt. et hist.*, II, 417, etc. — Fortis (*op. cit.*, p 418 et s.) adresse à la tour, dont il redoute la démolition, une « romance » en prose : « Antique tour où le valeureux Cléberg déposa son bouclier et sa lance après avoir défendu son roi aux champs de Pavie.... etc. »

[4] *Bulletin de Lyon*, 7 et 18 octobre 1809. La pièce, très bien accueillie par le public, avait eu, avant le 7 octobre, neuf représentations; Mlle Ribié jouait le rôle d'Albertine.

[5] « Cette aventure a fait le sujet d'un roman et d'un drame » Fortis, *Voyage pitt. et hist.*, II, 417 .

Il a fait emprisonner son rival à Pierre-Scize, mais les amants, cette fois, échangent des serments du haut de leurs donjons, jusqu'au moment où le page, après son évasion, vient mourir au pied de la Tour des Champs, atteint par un « plomb meurtrier[1] ».

Le thème que ces littérateurs locaux[2] ont repris l'un après l'autre n'a guère varié — on le voit par ces exemples — et la légende lyonnaise primitive ne fut peut-être qu'une adaptation de celle d'Héro et de Léandre, où la Tour de la Belle-Allemande avait remplacé celle de Sextos et la Saône, l'Hellespont. En tous cas, et même en admettant que Pelonne Bonzin ait été pour ses contemporains « la Belle Allemande », il est certain qu'elle ne fut pas l'héroïne de l'aventure amoureuse si souvent racontée.

[1] *Lyon vu de Fourvières*, p. 132, 139.

[2] En avril-mai 1891, Ernst Paqué a publié en feuilleton dans *Die Hamburger Nachrichten* un roman historique intitulé: *Der Roman des Bon Allemand und der Belle Allemande*.

IV

CLEBERGER ET SES COMPATRIOTES

Les documents qui nous sont parvenus sur Jean Cleberger permettent-ils de juger l'homme et d'apprécier son caractère ? R. Ehrenberg, et, après lui, E. Pariset ont été de cet avis. Au « Bon Allemand » généreux et simple, estimé et aimé à Genève et à Lyon[1], ils ont opposé un Cleberger orgueilleux, susceptible et vindicatif, animé, contre ses compatriotes, d'une haine qui ne pardonna jamais. S'étonnant de ce contraste, ils ont attribué à Jean Cleberger une « nature insolite et complexe », « énigmatique », où se mêlaient curieusement les qualités de race propres aux Allemands et celles du « type Français »[2]. Il semble pourtant qu'il n'y ait rien que de très naturel et de très humain dans la conduite de Cleberger à l'égard de ses compatriotes.

Ses relations avec les Nurembergeois sont très cordiales jusqu'au moment où il entreprend d'obtenir la main de Félicité Pirkeimer[3]. Pendant les longues négociations qui précèdent son mariage (1526-1528), il est dans les meilleurs termes avec les Imhof, ses anciens patrons ; il loge, à Nuremberg, chez Endres Imhof qu'il oblige de sa

[1] Voir plus loin, chap. v.

[2] R. Ehrenberg, *H. Kleberg*, p. 39, 40, 45 ; d'après cet auteur, Jean Cleberger est, de tous les Allemands qui jouèrent un rôle dans l'histoire (Maurice de Saxe excepté), celui dont le caractère se rapproche le plus du « Wälschen Typus ». E. Pariset (*Biographie de J. Cleberger*, p. 24) suppose qu'après s'être fixé en France Cleberger « modifia sa manière d'être ». « A Nuremberg (dit-il) Cleberger se montrait irascible, orgueilleux, dur, impérieux ; il sait qu'il est violent, impressionnable, d'humeur inégale : il devient affable, accessible à la bienveillance, il lutte contre ses premières impressions si elles ne lui paraissent pas correctes ; parfois même il est humble ; il veut être ou au moins paraître bon ; s'il n'agit pas sous l'impulsion d'un sentiment instinctif, ce sera par calcul et après réflexion ».

[3] Voir R. Ehrenberg, *Das Zeitalter der Fugger*, I, 258, 262.

bourse à diverses reprises, dans le but, il est vrai, de se ménager le concours de ce beau-frère de Félicité Pirkeimer [1].

Les accusations portées par Willibald Pirkeimer contre Cleberger ne furent certainement pas admises par tous ses concitoyens ; la preuve en est dans ce fait que Cleberger obtint sans peine, du Conseil de Nuremberg, le droit de bourgeoisie. Il eut évidemment, dans sa ville natale, des amis et des ennemis, et les Tucher furent au nombre de ces derniers [2].

Après qu'il eut quitté Nuremberg, où, accueilli à cause de sa fortune et sans doute envié [3], il avait été exploité par les parents de sa femme, méprisé comme un parvenu par les familles patriciennes et accusé d'empoisonnement par son beau-père, Jean Cleberger ne pouvait pas oublier les injures que tels ou tels lui avaient prodiguées ; il s'efforça, dans la suite, de se venger d'eux en les humiliant à son tour. Ce sentiment explique toute sa conduite.

Deux lettres publiées par R. Ehrenberg montrent qu'en 1536 Cleberger garde un vif ressentiment contre Antoine Tucher qui, lors de son dernier séjour à Nuremberg, n'a voulu ni le recevoir, ni le saluer [4]. La première de ces lettres est écrite, de Lyon, par Léonard Rottengatter à Léonard Tucher, le 2 mars 1536 :

> Quant à Kleberg, on m'a dit de lui ici (à Lyon), qu'il avait chargé Vincent Pirkeimer de vous faire savoir qu'à l'avenir vous auriez en lui un adversaire acharné, et cela parce qu'Antoine Tucher n'a voulu ni le recevoir chez lui, ni même le saluer dans la rue. Malgré ma grande crainte, je l'ai donc abordé, hier, au Change, et j'ai été accueilli par lui. Je lui ai présenté vos salutations ; il m'a remercié, pour vous et pour moi, et vraiment je n'ai remarqué en lui aucune colère. D'ailleurs on m'a dit que quelques personnes (des Allemands de Lyon) se sont réunies pour lui témoigner leur estime par un hommage collectif [5].

[1] Voir, plus haut, chap. III, p. 65 et s.

[2] *Ibid.*, p. 62. Les Nurembergeois Gaspard Nutzel et Christophe Ebner furent de fidèles amis pour Cleberger qui, fixé à Lyon, ne témoigna aux Imhof, ses anciens patrons, qu'une froideur hautaine (plus loin, passim).

[3] D'après Pirkeimer, Cleberger estimait que « à cause de son argent, rien ne devait lui être refusé » (R. Ehrenberg, *H. Kleberg*, p. 40).

[4] Le texte de ces lettres paraît bien indiquer un voyage de Cleberger à Nuremberg, entre 1530 et 1537.

[5] Arch. de la famille Tucher, ap. R. Ehrenberg, *H. Kleberg*, p. 19 (traduction).

Le 29 décembre 1537, c'est Antoine Tucher qui écrit, de Lyon, aux Tucher de Nuremberg :

Je ne veux pas omettre de vous apprendre qu'après être arrivé ici (à Lyon) le jour de Noël, je suis allé, avec Wolf Tucher, assister aux vêpres à l'église des Cordeliers et que j'y ai rencontré Kleberg ; mais il n'a pas voulu me parler. Et, à Genève, j'ai su de Sebald Tucher que Kleberg lui avait écrit que je n'avais pas voulu l'aller voir lors de sa dernière visite à Nuremberg et que, pour ce motif, il (Kleberg) n'avait pas pû me donner les 300 florins d'or dont il avait l'intention de me faire cadeau ; qu'il savait bien que les Geuder[1] m'avaient alors empêché d'aller le voir et qu'il se souviendrait (de mon manque d'égards). Il est vrai que Sebald Tucher m'a dit qu'il l'avait calmé et d'ailleurs je me soucie peu de sa personne, mais, à vrai dire, je me méfie de lui ; qui sait s'il n'a pas eu alors l'intention de me faire servir quelque banquet[2].

Cleberger ne semble donc garder rancune qu'à l'un des Tucher, à Antoine qui a refusé de le recevoir à Nuremberg et de le saluer, et qui, dans la lettre traduite plus haut, rappelle évidemment l'accusation d'empoisonnement portée par Pirkeimer contre son gendre. L'attitude de Cleberger à l'égard de Léonard Tucher est froide mais correcte, et deux ans plus tôt, à la fin de 1535, il est intervenu en faveur de Wolf et de Sebald Tucher qui sont donc ses obligés. Sebald Tucher ayant été arrêté et emprisonné en Savoie, son frère Wolf s'est adressé à Jean Cleberger pour obtenir qu'il soit remis en liberté ; Cleberger a donné à Wolf une lettre de recommandation pour son ami Fockt, de Berne, ami lui-même du comte de Savoie, et Sebald Tucher a été relâché[3].

En 1543 ou 1544, Cleberger intervient en faveur de ses compatriotes lyonnais et leur rend un service, nous ignorons lequel. A ce propos, Léonard Rottengatter écrit, de Lyon, aux Tucher[4] :

[1] Sur les Geuder, de Nuremberg, v. Sibmacher, *Ern. Wappenbuch*, 1654-1657, I, 205. Un des Geuder était beau-frère de Willibald Pirkeimer (Thausing, *A. Dürer*, trad. Gruyer, p. 418).

[2] Arch. de la famille Tucher, ap. R. Ehrenberg, *H. Kleberg*, p. 20.

[3] R. Ehrenberg, *op. cit.*, p. 18.

[4] La lettre qui suit est datée, par Ehrenberg, du printemps de 1544. En avril 1544, François Ier menaça les marchands allemands de les expulser de Lyon ; ceux-ci protestèrent au Consulat, le 19 avril, contre ces « représailles pour faits de guerre » (Arch. mun. de Lyon, BB. 61, f° 275 v°) ; en juillet de la même année, le roi défendit aux mêmes marchands de faire passer par Lyon leurs marchandises (BB. 61, f° 354 ; plus haut, p. 37 et 38).

Kleberg a beaucoup aidé (les Allemands) et il a été heureux d'avoir l'occasion de le faire; on le voit par la façon dont il a agi et écrit en cette circonstance. Je ne l'aurais pas cru capable d'une pareille gentillesse. Maintenant il reçoit beaucoup de lettres de remerciements et vous mêmes feriez bien, si vous voulez me croire, de lui écrire une petite lettre de remerciements pour son intervention. Il en serait très satisfait et cela vous serait sûrement d'un bon profit pour l'avenir[1].

Les Tucher ayant suivi ce conseil et remercié Cleberger, Jacob Reuter, leur facteur à Lyon, les avise de la satisfaction que Cleberger en a éprouvée :

Le sieur Hans Kleberg n'a pas trouvé assez de paroles pour exprimer son contentement d'avoir aussi reçu de vous une lettre de remerciements. Il me prie de vous faire savoir qu'il a fait avec plaisir tout ce qu'il a fait jusqu'à présent et que vous pouvez être persuadés qu'à l'avenir il fera plus encore pour les Allemands, à qui, comme il me l'a dit, il consacrera sa vie et sa fortune en leur restant fidèle pour toujours... Dieu fasse qu'il persévère (dans cette intention)[2].

Au début de 1545, tandis que les marchands étrangers de Lyon, notamment les Allemands, s'efforcent d'obtenir l'abolition d'un octroi mis, l'année précédente, sur les marchandises entrant dans la ville, François Ier demande à Cleberger de lui procurer, pour la foire de Pâques, 50.000 couronnes. Cleberger s'adresse à ses compatriotes et les Tucher, sollicités, refusent de participer à ce nouvel emprunt. En avril, les marchands allemands alors à Lyon se réunissent et vont ensemble trouver Cleberger qu'ils supplient humblement de faire supprimer l'octroi; Cleberger les reçoit fort mal, s'emporte, et, dans un accès de colère — qui n'est peut-être qu'une ruse de diplomate — il leur reproche durement leur ingratitude[3]. Il les a obligés l'an dernier, dit-il, et n'a pas eu d'eux un remerciement; il ne demandait pas de récompense, mais « seulement quelques lignes de remerciements, à lui adressées par les municipalités allemandes, pour que son fils sache, plus tard, que les villes allemandes l'avaient remercié de ses services ». Il ne les aidera plus à l'avenir; il fera seulement exempter de l'octroi deux ou trois de ses amis.

[1] Arch. de la famille Tucher, ap. R. Ehrenberg, *H. Kleberg*, p. 22.
[2] Arch. de la famille Tucher, ap. R. Ehrenberg, *op. cit.*, p. 22-23 (1544).
[3] Voir, plus haut, p. 36 à 48.

Vraiment, les gens de Nuremberg le prennent « pour un petit faiseur d'aiguilles ou pour un chaudronnier[1] ».

Et, comme on le sait influent et qu'on le craint, les Conseils de Nuremberg et d'Augsbourg s'empressent, sur le désir qu'il en a manifesté, de lui écrire, de le remercier, de le prier de continuer à l'avenir ses bons services à leurs concitoyens[2].

Des égards, des hommages, des témoignages écrits de gratitude, une réparation pour le mépris que lui ont témoigné jadis les patriciens de Nuremberg, c'est là ce que réclame Cleberger. Les Nurembergeois ne se montreront jamais assez humbles à son gré, et il ne leur pardonnera jamais; quand il dictera son testament, Nuremberg ne figurera pas parmi les villes allemandes ou suisses appelées à recueillir éventuellement son héritage[3].

Les Tucher, de leur côté, se montrèrent irréconciliables; dans une série de lettres qu'on lira plus loin, Paul Tucher manifeste encore, à l'égard de Cleberger mourant ou mort, sa malveillance et sa rancune[4].

*
* *

Cleberger ne fut pas un patriote[5], au sens que nous donnons à ce mot. Mais que pouvait être, de son temps, l'idée de patrie, dans l'Allemagne morcelée en une infinité de principautés, de seigneuries et de villes sans cohésion politique lorsqu'elles n'étaient pas rivales, rattachées à l'Empire par des liens féodaux et traditionnels plus que par un intérêt commun ? Dans le second tiers du XVIe siècle, la Réforme divisait encore l'Allemagne en deux camps où protestants et catholiques s'armaient pour la guerre religieuse[6]. Chez les confédérés suisses, ces « parents » de l'Empire sortis de leur ancien

[1] Voir, plus haut (p. 40-41) la lettre écrite de Lyon, par Jacob Reuter, aux Tucher, le 25 janvier 1545.

[2] Voir, plus haut, p. 43, note 5.

[3] Berne, Zurich, Augsbourg, Ulm et Strasbourg (voir, plus loin, chap. VI.

[4] *Ibid.* (lettres des 4 et 14 sept. et du 29 nov. 1546 .

[5] R. Ehrenberg (*H. Kleberg*, p. 4 et 45 remarque qu'en France, à la même époque, le connétable de Bourbon était accusé de « trahison » et flétri pour avoir porté les armes contre sa patrie; que Willibald Pirkeimer n'eut pas l'idée de reprocher à son gendre d'avoir pris le parti de François Ier contre l'Empereur.

[6] Lavisse et Rambaud, *Histoire générale*, V. 379 et s., 416.

milieu allemand, la notion de patrie, plus vivante cependant qu'en Allemagne, s'effaçait peu à peu depuis que toutes les armées européennes se recrutaient chez eux. Dans chaque canton, sollicité pour des levées d'hommes par les puissances rivales, le roi de France, l'Empereur et le Pape avaient leur parti, « entretenu à force de pistoles »[1].

En se faisant recevoir bourgeois de Berne en 1521, Cleberger n'avait en vue que l'intérêt de ses affaires; pendant la guerre qui mettait aux prises la France et l'Allemagne, il voulait s'assurer le bénéfice des privilèges accordés par François Ier à ses alliés des Cantons, de façon à pouvoir justifier, pendant le conflit, d'une qualité qui lui permît d'échapper aux représailles des belligérants[2].

Devenu bourgeois de Berne, il demeura fidèle à sa nouvelle « petite patrie »[3]. Dans son testament, il reconnaîtra les « seigneurs de Berne » pour ses « seigneurs et supérieurs » ; il les priera de « voulloir accepter l'audition desd. comptes de tutelle » de son fils, et d' « avoir sond. enfant pour recommandé[4]».

Le Conseil de Berne et Jean Cleberger eurent du reste l'occasion d'échanger de nombreux services et quelques documents témoignent de l'affectueuse entente qui exista entre Cleberger et les conseillers bernois qu'il considérait à la fois comme ses chefs politiques et comme ses amis.

En 1524, un prêtre du nom de Conrad Holtzham, habitant Lucerne[5], accuse Cleberger d'avoir trahi ses compatriotes en faisant arrêter à Lyon, par le sénéchal de cette ville, deux nobles de Bohême porteurs d'instructions pour les chefs des armées impériales. Le Conseil de Berne avise de suite Cleberger des bruits que Holtzham répand contre lui et l'assure que, si ces bruits sont fondés, il a eu raison d'agir comme il l'a fait. Puis, sur la demande

[1] *Ibid.*, V. 455 et s. Sur les ambassades suisses et le payement, à Lyon, des pensions que François Ier servait aux Cantons, voir E. Vial, *Inst. et Cout.*, p. 113 et s., 124.

[2] Voir, plus haut, p. 6 et s.

[3] *Ibid.*

[4] Arch. de la Chambre des notaires de Lyon. Minutes de P. Dorlin. Testaments de 1544 à 1555, f° 173 v°.

[5] « Incolam urbis Thuregi seu Lucernensis » ; voir la requête adressée, le 29 avril 1524, par le Conseil de Berne, à tous les gouverneurs, capitaines, etc. de France et du duché de Savoie pour les prier de faire arrêter Holtzham (Arch. d'Etat du Canton de Berne, Lateinisches Missivenbuch, J, f° 123).

de Cleberger, le Conseil prend les mesures nécessaires pour faire arrêter et incarcérer Holtzham partout où il se trouvera[1].

En juin 1527, l'Avoyer et le Conseil de Berne prennent résolument la défense de Cleberger contre François Ier qui refuse de lui rembourser, à l'échéance fixée, un prêt de 18.187 écus sols. L'intervention des Bernois en faveur de leur concitoyen est énergique et brutale ; leur lettre au roi de France est une sommation accompagnée de reproches des moins respectueux et de menaces[2]. François Ier cependant fait droit à cette requête malgré sa forme et rembourse à la fin son créancier[3].

En 1538, les Bernois écrivent à Cleberger pour lui affirmer qu'il n'a pas été calomnié auprès d'eux comme il le craignait et qu'ils ont toujours pour lui la même affection[4]. D'autres lettres des conseillers de Berne montrent mieux encore la confiance qu'ils ont en Cleberger et leur estime ; ils se renseignent auprès de lui sur la valeur à Lyon d'un marc d'argent, poids de Nuremberg, ou sur le poids des monnaies françaises[5].

De son côté, Cleberger prête, à diverses reprises, de l'argent au Conseil de Berne[6] et place des capitaux, par voie de constitution de rente, sur la Ville de Berne[7] qui doit être une de ses héritières s'il meurt sans postérité[7]. Après sa mort, le Conseil bernois s'intéresse à son fils David et, en souvenir surtout, à ce qu'il semble, des bonnes relations que les Bernois ont eues avec son père, s'efforce de faire respecter le testament de ce dernier[8].

L'absence, chez Cleberger, de sentiments patriotiques tenait

[1] Arch. d'Etat du Canton de Berne, Teutsche Missivenbücher, P. f° 250 v°, 263, 264 (lettre du Conseil de Berne au Conseil de Lucerne, en mai 1524, et ordre d'arrestation, du 6 juin suivant). Ehrenberg mentionne une lettre écrite, le 29 mai 1524, par le Conseil de Berne à Cleberger, alors à Lyon. D'après les Bernois, Holtzham aurait déclaré que Cleberger était un homme pieux et bon, si celui-ci eût consenti à lui donner une petite somme d'argent (*H. Kleberg*, p. 4-5). Voir la note qui précède.

[2] Voir, plus haut, p. 32 et s.

[3] *Ibid.*, p. 34.

[4] Arch. d'Etat du Canton de Berne, Teutsche Missivenb., W, 625 (réponse faite, le 5 mars 1538, à une lettre de Cleberger du 27 janvier précédent).

[5] Arch. d'Etat du Canton de Berne, Teutsche Missivenb., X, 155 et Y, 81 (lettres des 12 nov. 1539 et 15 avril 1542).

[6] *Ibid.*, Teutsche Missivenb., W, f° 684 ; Ehrenberg, *H. Kleberg*, p. 21.

[7] Voir, plus loin, p. 57.

[8] Voir, plus loin, chap. VI.

encore à sa profession de marchand d'argent, s'inquiétant avant tout de ses affaires et se souciant peu de la nationalité de ses clients. Il faisait partie de cette « sorte de syndicat international » de banquiers allemands et italiens, établi à Lyon, qui disposait de capitaux considérables et constituait une puissance financière avec laquelle « les souverains, toujours à court d'argent, étaient obligés de compter[1]. »

Pourtant, tandis que beaucoup de ces banquiers ou marchands prêtaient indifféremment au roi de France ou à l'Empereur suivant qu'ils y trouvaient avantage[2], Cleberger, qui s'était rangé de bonne heure parmi les prêteurs de François Ier, ne paraît pas avoir jamais passé dans le camp adverse[3]. Sans doute il y trouva son intérêt et il est très vraisemblable que, s'il soutint fidèlement de ses capitaux et de son influence le parti français, cette fidélité ne fut pas uniquement chez lui une question de sentiments.

Il a déclaré hautement, à Lyon, devant ses compatriotes assemblés « qu'il voulait être français ici et que ceux de là bas pouvaient rester allemands »; mais on a vu plus haut dans quelle circonstance ces paroles furent dites et quel but poursuivait alors Cleberger comme négociateur financier de François Ier[4].

[1] H. Lemonnier, ap. *Hist. de France dep. les origines*, V, 1re partie, p. 233 et s. En faisant arrêter, en 1523, et condamner le surintendant des Finances Jacques de Beaune, baron de Semblançay, François Ier parait avoir voulu frapper indirectement les banquiers lyonnais, ses créanciers, qu'il s'inquiétait de voir en relations d'affaires avec l'Italie et l'Allemagne (*Ibid* : Spon, *Semblançay*, 167, 177, 185 et s., 202, 235, 245). Parmi ces banquiers, le florentin Thomas I Gadagne et Robert Albisse, qui furent inquiétés comme complices du surintendant, paraissent avoir joué, auprès des prêteurs de François Ier, le rôle que joua plus tard Cleberger.

[2] Note qui précède; Castelot, Les bourses financières d'Anvers et de Lyon, ap. *Journal des Economistes*, XXXIII, 1898, 330, 339 et s.; R. Ehrenberg, *Das Zeitalter*, I, 237, II, 87 et s. — Lazare Tucher prêta de l'argent à François Ier (*ibid.*, I, 255). En 1573, Nicolay écrit, à propos des spéculateurs qui prêtent à gros intérêts et réalisent de rapides fortunes : « Et, qui importe plus, s'il se dresse quelque guerre entre deux princes, ceux mesmes qui habitent le païs de l'un ayderont l'autre, auquel ilz sont plus affectez et soubstrairont toute la finance de celluy soubz lequel ils habitent, par le moyen de leurs changes (*Descript. générale de la ville de Lyon*, p. 154).

[3] R. Ehrenberg, *Das Zeitalter*, I, 258-262 et *H. Kleberg*, 6, 23.

[4] Voir, plus haut, p. 39 et s. En 1524, il a fait arrêter à Lyon des émissaires de l'Empereur (p. 84) ; il déclarera, en 1546 « qu'il préférerait n'être pas né à Nuremberg » (lettre de P. Tucher, ap. R. Ehrenberg, *H. Kleberg*, p. 30, ;

On constate encore qu'il se solidarisa presque toujours avec ceux de sa race et de sa profession. Lorsque, en 1517 et en 1522, il se fait le porte-parole des marchands allemands ou suisses venus aux foires de Lyon et présente au Consulat leurs réclamations relatives au maintien des franchises des foires, c'est sa propre cause qu'il plaide en même temps que la leur[1]. Plus tard, fixé à Lyon, pourvu de lettres de naturalité et jouissant de la faveur du roi[2], il continue, on l'a vu plus haut, à soutenir les revendications des marchands allemands[3]. Mais les services qu'il rend alors à ses compatriotes (1543-1545) sont-ils désintéressés? N'est-il pas obligé de ménager ceux qui sont les souscripteurs ordinaires de ses emprunts et qui, à ce moment, hésitent à engager leurs capitaux dans ses combinaisons [4]?

Sur tous ces points il serait téméraire de tirer de quelques faits connus une conclusion formelle, et d'afffrmer que la conduite de Cleberger lui fut exclusivement dictée par un sincère attachement à la France, par le désir d'obliger ou d'humilier ses compatriotes, ou, seulement, par les circonstances et par les nécessités de sa profession.

en 1544, il avait promis de consacrer aux Allemands, « sa fortune et sa vie en leur restant fidèle pour toujours » (plus haut, p. 149).

[1] Arch. mun. de Lyon, BB. 37, f° 67 v°; BB. 39, f° 163 v° et s.

[2] Pendant les dix dernières années de sa vie, Cleberger ne figure que trois fois sur les chartreaux des taxes levées à Lyon par le Consulat (Arch. mun. de Lyon, CC. 274, f°s 53 v°, 55 v° : 1536 ; CC. 40, f° 1 et CC. 41, f° 41 : 1545 ; CC. 281, f° 201 v° et CC. 282, f°s 192 v°, 199 v° : 1543-1546 ?). Depuis 1543, son titre de valet de chambre ordinaire du roi l'exempte de toutes tailles, collectes et impositions (CC. 361, n°s 1 à 4 ; BB. 22, f° 79 v°; BB. 92, f° 66 v°). Il ne figure pas sur la liste des pennonnages où l'on rencontre d'autres marchands étrangers (EE. Chappe, IV, 196⁴, 116, 117, 118, passim).

[3] Arch. mun. de Lyon, BB. 55, f° 92 v°; BB. 61, f° 355 v°; plus haut, p. 81 et s. Il est probable que Cleberger fit souvent partie, sans que son nom ait été mentionné, des délégations envoyées au Consulat par les marchands allemands de Lyon (v. BB. 28, f° 265 ; BB. 30, f° 109 v°, 200 ; BB. 33, f° 299 v°; BB. 34, f°s 70, 103 v°; BB. 39, f° 255 ; BB. 41, f° 113 v°; BB. 52, f° 17 v°, 130 v°; BB. 58, f° 141 ; BB. 61, f° 275 v°; BB. 63, f°s 4, 12 v°, 243).

[4] Voir, plus haut, p. 35 et s.

V

LE « BON ALLEMAND »

Cleberger dut ce surnom à sa charité et les documents relatifs à ses aumônes sont très nombreux, soit à Genève, soit à Lyon où on l'appela « le Bon Allemand », en reconnaissance de ses libéralités.

A Genève, où il acheta, en 1527, la maison du syndic Cartelier et, plus tard, deux tènements sur les deux rives du Rhône[1], Jean Cleberger fait, en 1537, à l'hôpital, un don de plus de 25 écus[2]. Le 18 avril 1538, le Conseil de Genève charge quatre délégués d'aller recevoir ce que donnera Cleberger dont l'aumône, reçue en novembre, est de 100 écus[3]. Il remet encore à l'hôpital 50 écus, en décembre 1540[4], 50 écus en avril 1541[5] ; en septembre 1541, il écrit qu'il réservera à l'hôpital le vin d'un de ses hautains[6].

Dans le courant de septembre 1542, le genevois Louis Dufour, qui revient de Lyon, rapporte que Cleberger est toujours « en bon volloyer » envers les pauvres de la ville ; il a demandé leur nombre, car il veut les habiller[7]. Il n'oublie pas sa promesse et l'hôpital reçoit, en décembre, 200 aunes de drap[8].

[1] Voir, plus haut, p. 9. Calvin songera, plus tard, à loger M. de Falais dans la maison que Cleberger avait à Genève (*J. Calvini Opera*, XII, 490).

[2] Arch. de Genève, Registres du Conseil, vol. pour 1536-38, f° 69, ap. Th. Heyer, Jean Cleberger (*Mémoires de la Société d'Histoire de Genève*, IX, 1855, p. 445).

[3] Arch. de Genève, Reg. du Conseil, vol. p. 1538-39, f°s 31, 207, ap. Th. Heyer (*loc. cit.*, p. 445).

[4] Arch. de Genève, Reg. du Cons., vol. p. 1540, f° 583 (Heyer, p. 446).

[5] Arch. de Genève, Reg. du Cons., vol. p. 1541-42, f° 176 (Heyer, p. 446) ; ces 50 écus valent 237 florins 6 sols.

[6] *Ibid.*, f° 339 (Heyer, p. 446).

[7] Arch. de Genève, Reg. du Cons., vol. p. 1542-43, f° 132 (Heyer, p. 446).

[8] *Ibid.*, f° 189 et Chroniques manuscrites de Michel Rozet, livre IV, chap. 60 (Heyer, p. 432 et 446).

Les Genevois manquent pas de se rappeler à la générosité de ce riche bienfaiteur. Le 9 novembre 1543, le Conseil de Genève décide qu'on lui écrira une lettre « amyable » et qu'on sollicitera de lui un secours, vu « la cherté des temps ». Le mois suivant, Cleberger répond à cette demande par l'envoi de 50 écus[1]; c'est le taux ordinaire de ses aumônes à l'hôpital qui touche encore de lui 50 écus sol en 1544 et en 1546[2].

Les conseillers genevois ne se contentent pas de faire écrire à Cleberger leurs « recommandations »[3] et leurs remerciements; ils lui témoignent leur reconnaissance par des attentions et des présents. Ils lui fournissent gratuitement, en 1540, 300 « cherres » de pierre pour l'achèvement d'un mur qu'il fait construire dans son tènement de Saint-Gervais[4]. En mars 1543, ils payent à un fermier des cens la redevance due par Cleberger et défendent à ce fermier de rien réclamer à son débiteur, « pour aultant qu'il a fait plusieurs biens à l'hopital[5] ».

Le Conseil de Genève envoie à Cleberger, en avril 1544, « une dozaine de pastez[6] » ; il ordonne, le 12 avril 1546, qu'il soit « convouyé en la maison de la Ville et luy soyt montré l'arthillierie[7] » Quatre jours plus tard, Cleberger, arrivé à Genève, est en effet « convoyé à souppé » par la Ville, et, comme il repart hâtivement, « sans estre bancqueté, » on lui expédie, à Lyon, d'abord « ung pars de faissant et deux ou trois partz de pasté », puis deux faisans et « demys douzaine de genelliestes » (gelinottes ou genouillères[8]).

A la fin d'août 1546, la nouvelle de la maladie de Cleberger arrive à Genève, et Louis Dufour est envoyé à Lyon pour solliciter « quelque nouvelle générosité » ; à son retour, il rapporte au Conseil, le 6 septembre, qu'il n'a pas pu voir le malade, mais

[1] Arch. de Genève, Reg. du Cons., vol. p. 1543, f°s 265 v°, 276, 279 (Heyer, p. 432, 446, 447).

[2] Arch. de Genève, Reg. du Cons., vol. p. 1543-44, f° 179 v° (Heyer, 447).

[3] *Ibid.*, f° 179 v°, et vol. p. 1546, f° 80 (Heyer, 447).

[4] Arch. de Genève, Reg. du Cons., vol. p. 1540, f° 145 v° (Heyer, 445).

[5] Galiffe, *Notices généal. sur les familles genevoises*, I, 479 (Heyer, 432).

[6] Arch. de Genève, Reg. du Cons., vol. p. 1543-44, f° 179 v° (Heyer, 447).

[7] Arch. de Genève, Reg. du Cons., vol. p. 1546, f° 70 (Heyer, 447).

[8] *Ibid.*, f° 80 (Heyer, 432, 447).

que, d'après son médecin, celui-ci a fait un legs aux pauvres de Genève[1].

L'estime et le respect que les Genevois témoignèrent toujours à Cleberger ne leur étaient pas seulement inspirés par sa générosité envers leur hôpital[2]. Il avait dû se faire aimer d'eux dans des circonstances où sa bonté se manifesta mieux que par des envois d'argent.

En mai ou juin 1532, Wolfgang Cleberger, frère de Jean, qui se trouvait à Genève, s'y prend de querelle avec les serviteurs d'un voisin de son frère, Besançon Hugues[3]. Ceux-ci ayant voulu rompre la haie du jardin que Cleberger possède au bord du Rhône, Wolfgang, qui s'y opposait, a été insulté par eux et assailli à coups d'épée. Jean Cleberger écrit, de Lyon, le 6 juin, aux syndics et conseillers de Genève, qu'il a recommandé à son frère « de s'efforcer de faire service a un chascun de la ville de Genefve, tant petitz comme grans » ; « et pareillement de ma part (dit-il) je le vouldraye bien faire pour estre aymé de tous ceulx de Genefve ». A propos de Besançon Hugues, qui a menacé de saccager son jardin, il ajoute : « J'estyme plus l'onnesteté d'un tel personnaige qui a retiré votre ville de servitude[4] que je ne fais pas mon dommaige... ; je veulx estre son serviteur et amy, qu'il le veuille ou non[5] ».

En 1541, Cleberger écrit encore, le 25 juin, au Conseil de

[1] Arch. de Genève, Reg. du Cons., vol. p. 1546, f° 191 v° (Heyer, 439). Les Genevois, croyant savoir que Cleberger leur avait légué 400 écus, envoyèrent Louis Dufour toucher cette somme à Lyon; le testament de Cleberger ne contenait aucun legs en faveur des pauvres de Genève (*ibid.*, f° 191 v°, 193, 217, ap. Heyer, p. 439).

[2] Th. Heyer, qui a publié la plupart des textes cités, n'a pas mentionné tous les dons faits par Cleberger à l'hôpital de Genève (Th. Heyer, *op. cit.*, *loc. cit.*, p. 431).

[3] Besançon Hugues est un des Genevois qui luttèrent courageusement pour l'indépendance de leur ville et qui, après avoir obtenu du duc de Savoie, en 1520, la reconnaissance de leurs droits, préparaient alors une alliance de Genève avec les Bernois. Cette alliance permit à Genève de s'affranchir de la domination de son évêque et de s'ériger en république. — Wolfgang Cleberger avait fait entreprendre, à ce qu'il semble, au bord du Rhône, dans le ténement de son frère, des travaux qui nuisaient au fonctionnement des moulins de Besançon Hugues (Galiffe, *Matériaux pour l'hist. de Genève*, II, XXXIII ; J.-J. Chaponnière, *Journal du Syndic Balard*, XIV, XVII, 36 ; Heyer, *op. cit.*, p. 433).

[4] Voir la note qui précède.

[5] Arch. de l'Hôtel de Ville de Genève, Pièces historiques, n° 1081 (Heyer, 433-435).

Genève, pour se mettre « affectueuzement » à sa disposition ; il promet d'intervenir auprès des ambassadeurs Bâlois venus pour accommoder un différend survenu, entre les cantons de Berne et de Genève, au sujet de territoires conquis par les Bernois sur la Savoie et d'autres questions en litige[1]. Dans une autre lettre, du 5 mai 1542, Cleberger sollicite, pour son ami « François Samestre » l'indulgence des autorités genevoises ; il souhaite que l'on fasse « grâce et miséricorde » à ceux qui, comme son ami, ont été « malavisés » et qu'on les engage seulement à reconnaître leurs fautes « pour l'honneur de la Passion de notre Sauveur Jésus-Christ[2] ».

Quatre ans plus tard, en 1546, Cleberger a de nouveau à se plaindre d'un citoyen de Genève, Laurent Simon dit Picard. Celui-ci, à qui il avait refusé de lui amodier son jardin, y a coupé des arbres et a probablement volé des poissons dans le vivier. Dans une lettre, adressée aux syndics et conseillers de Genève le 15 mai 1546, Cleberger se défend d'avoir mérité ce dommage, « car Dieu scayt, (dit il) que j'ay tousjours aymé vostre cité et les habitans d'icelle comme ma propre patrie ; aussi me ay je tousjours efforcé de vivre avec ung chascun (de façon) que on eut occasion de me aymer » ; il termine en demandant que le coupable soit seulement puni d'une amende applicable à l'hôpital de Genève[3].

Le 8 juin, nouvelle lettre de Cleberger. Il ne veut ni porter plainte, ni engager un procès contre Laurent Simon ; il lui suffit (dit-il) que les Genevois se montrent « desplaisans du dommaige et de l'oultrage qui m'a esté faict[4] ». Enfin, le 26 juin 1546, Cleberger, dans une dernière lettre, s'inquiète des poursuites exercées contre son ennemi. Il craint qu'on ne prenne contre Simon quelque « sentence... trop rigoreuse, ... qui luy pourroit toucher ses honneur corps et bien » et dont sa femme et ses enfants auraient à souffrir avec lui. De nouveau, il demande que l'on pardonne à Simon « pour l'amour de Dieu auquel il fault laisser toute vengeance », et

[1] Arch. de Genève, Reg. du Cons., vol. p. 1546, f° 80 (Heyer, 436, 447-448).

[2] *Ibid.* D'après Heyer, il faut lire « François Champmaistre » (Heyer, 436, 448).

[3] *Ibid.* (Heyer, 437, 439, 449-50).

[4] *Ibid.* (Heyer, 450-51).

que son seul châtiment consiste en une amende honorable dont il envoie le libellé aux syndics et conseillers genevois[1].

***

A Lyon, comme à Genève, la bienfaisance de J. Cleberger se traduisit par des dons d'argent à l'hôpital, ou du moins à l'œuvre qui lui donna naissance.

On connaît l'origine de l'« Aumône générale de Lyon », devenue La Charité. Au début de l'année 1531, une disette terrible sévit à Lyon et dans le Lyonnais; le prix du bichet de blé a triplé et la ville, où le pain manque, est encore envahie par les affamés des environs. En mai, les conseillers de Ville s'adressent aux « Nations », c'est-à-dire aux riches corporations établies à Lyon par les marchands étrangers, et, grâce à leurs subventions et à celles des Lyonnais, ils parviennent à conjurer le fléau, en juillet, en payant une prime à tous les cultivateurs et voituriers par terre et par eau qui amènent des grains à Lyon[2].

Cleberger s'était inscrit l'un des premiers, pour 500 livres, sur la liste de « l'Aumône », ainsi qu'en témoignent, huit ans plus tard, ses contemporains : « Et pour icelle (Aumône) commencer, y eust un homme de bien, marchant Allemant, qui donna cinq cens livres, que fut un très bon et divin augure : Et se treuve, par les comptes, que, en troys ans et demy, il a donné deux mille trois cens quarante quatre livres dix solz tournois[3], qu'est une grosse et notable Aulmosne : et si est tousiours en bonne volonté de s'ayder à entretenir ceste si grande Charité. Le nom d'icelluy bon homme ne sera icy mis, mais au livre du Seigneur Dieu où sont les heureux enrégistrés et escriptz par la main de Miséricorde et de la touche de Charité[4]. »

Si Cleberger « n'est pas nommé », il est « expressément désigné

[1] Arch. de l'Hôtel de Ville de Genève, Pièces historiques, n° 1081 (Heyer, 451-53). Le brouillon que J. Cleberger envoie au Conseil est intitulé « Mynute des Bekanntniss von dem Munsch Pickart »; il ajoute, en post-scriptum : « Messeigneurs, vous sçavez bien que je suys ignorant du style roman, mesmement des actes es droit ».

[2] H. de Boissieu, Les origines de l'Aumône générale, ap. *Bulletin de la Soc. littéraire de Lyon*, 1906, p. 143 et s.; 1907, p. 168 et s., 180 et s.

[3] Voir, plus loin, p. 93, note 4.

[4] *La Police de l'Aulmosne de Lyon*, 1539, p. 10.

par ce passage[1] » ; une série de documents postérieurs trahissent, on va le voir, l'anonymat du « marchant Allemant ».

Les commis et députés de l'Aumône avaient rendu leurs comptes le 18 janvier 1534, et, les recettes excédant les dépenses de 396 livres 2 sols et 6 deniers, ils avaient décidé de continuer, pour le soulagement des pauvres, l'œuvre organisée temporairement pour faire face à la disette[2]. Cleberger fut un des soutiens les plus fidèles de l' « Aumône générale », ajoutant, presque chaque année, au don collectif des marchands de sa « nation », « ung présent par luy faict particulièrement[3] ». Dès 1536, les recteurs de l'Aumône mentionnaient, avec la quittance de son nouveau versement, le total des sommes précédemment données par « Jehan Cléberge » pour « commencer et entretenir l'Aulmosne[4] » ; en 1544, le registre des délibérations de l'Aumône l'appelle pour la première fois, « noble homme Jehan Cleberg, dict le bon Allemand[5] », et, la même année, lors du renouvellement de leur Bureau, les recteurs de l'œuvre le désignent pour en faire partie[6].

En 1573, Paradin, qui sans doute avait connu Cleberger, ne nomme pas le « bon seigneur et honnorable marchant de la nation d'Allemaigne » qui, en 1531, « à tous monstra le chemin[7] » ; mais Rubys, en 1604, imprime que, durant la famine, un marchand allemand, « natif de Berne, nommé David Cléberge » (il donne au père le prénom du fils), fit « de si riches aumosnes qu'il en rapporta le nom du Bon Allemand, qui luy demeura puis, tout le reste de ses jours[8] ».

Le 24 juin 1618, Barthélemy Solicoffre promettant, au nom des

[1] H. de Boissieu, *op. cit.*, *loc. cit.*, p. 151. Les comptes de l'œuvre pour année 1531 ne mentionnent cependant aucun don anonyme de 500 livres (voir Arch. hospitalières de Lyon, Charité, E. 138, f°s 18 et s.).

[2] H. de Boissieu, *op. cit.* (*Bull. de la Soc. litt. de Lyon*, 1907, p. 178 et s., 187 et s.).

[3] Arch. hospit. de Lyon, Charité, E. 139, f° 21.

[4] *Ibid.* Les totaux ainsi indiqués sont les suivants : 1.750 livres, fin 1538 (E. 147, f° 15) ; 2.262 l., en 1539 (E. 150, f° 12) ; 2.542 l., en 1541 (E. 153, f° 15) ; 2.767 l. 10 sols, en 1542 (E. 155, f° 12) ; 3.217 l. 10 sols, en 1544 (E. 156, f° 10) ; 3.442 l., en 1545 (E. 157, f° 9).

[5] Arch. hosp. de Lyon, Charité, E. 156, f° 10 (11 juin 1544).

[6] *Ibid.*, E. 6, f° 422 : « Le sieur Cleberge, alleman, sera appellé pour adsister aud. bureau et affaires de lad. Aulmosne » (21 déc. 1544).

[7] Paradin, *Mémoires de l'hist. de Lyon*, 1573, p. 287. Paradin était né vers 1510. Cf., contra, baron Raverat (*L'Homme de la Roche*, p. 8).

[8] Rubys, *Hist. de Lyon*, 1604, p. 366. Aubret a confondu de même le fils

Allemands et des Suisses établis à Lyon, de participer à l'édification du bâtiment qui est aujourd'hui l'hôpital de la Charité, demandait aux recteurs de rappeler officiellement la générosité de ses compatriotes et de « dresser quelques escriptures à leur louange ». Le 1er juillet suivant, les recteurs rendaient solennellement hommage au zèle que les « négocians » allemands et suisses avaient toujours apporté au soulagement des pauvres de l'Aumône, « de[puis] l'année 1531 qu'elle fut instituée ; d'où a procédé la renommée du bon aleman qui s'ayda par plusieurs bien faictz à l'établissement d'icelle Aulmosne[1] ».

L'anonyme qui « monstra le chemin », lors de la disette de 1531, ou tout au moins lors de la constitution définitive de l'Aumône en 1534, est bien Jean Cleberger qui voulut encore, lorsqu'il dicta ses dernières volontés, contribuer aux « grans charges » de l'Aumône générale en lui léguant 4.000 livres[2]. Cette somme, versée le 30 octobre 1546 par Etienne de La Forge, le beau-fils de Cleberger, permit à l'Aumône de rembourser tous les emprunts qui grevaient alors son budget[3]. De 1531 à 1546, les recteurs de l'œuvre avaient reçu du Bon Allemand plus de 8.000 livres[4].

Cleberger soulagea sans doute d'autres misères, et nous parlerons plus loin de la tradition très ancienne d'après laquelle il aurait doté les filles pauvres de son quartier. Que cette tradition soit ou non justifiée, Jean Cleberger a mérité d'être appelé le Bon Alle-

avec le père (Guigue, *Mém. pour servir à l'hist. de Dombes par L. Aubret*, III, 297, 298 ; Valentin Smith et Guigue, *Biblioth. Dumbensis*, I, 450).

[1] Arch. hospit. de Lyon, Charité, E. 33, fos 200, 201, 205.

[2] Testament de J. Cleberger, Arch. de la Chambre des Notaires de Lyon, minutes P. Dorlin, Test. de 1544 à 1556, fo 168 ; E. Pariset, *Biographie de J. Cleberger*, p. 64.

[3] Arch. hospit. de Lyon, Charité, E. 7, fo 12 ; E. 159, fo 24 vo.

[4] Exactement 8.144 livres 15 sols d'après les comptes de l'Aumône qui mentionnent les versements suivants : 500 livres (1534), 600 l. et 656 l. (1535), 450 l. (1536), 56 l. 5 sols (1538), 45 l. et 325 l. (1539), 225 l. (1541), 450 l. (1542), 225 l. (1544), 500 l. et 112 l. 10 sols (1545), 4.000 l. (1546) V. Arch. hospit. de Lyon, Charité, E. 139, fos 21, 145, 244 ; E. 5, fo 102 vo ; E. 147, fo 15 ; E. 150, fo 12 ; E. 6, fo 18 ; E. 153, fo 15 ; E. 155, fo 12 ; E. 156, fo 10 ; E. 157, fo 9 ; E. 158, fo 8 ; E. 159, f. 24 vo. Le total s'élèverait à 8.644 livres, si l'on admet le don anonyme de 500 livres en 1531 (voir p. 92-93), non compris la contribution de Cleberger à l'aumône annuelle des Allemands. Cf. Cochard, *Descript. hist. de la ville de Lyon*, 1817, p. 217 (7.545 livres) ; Marnas, *Notice sur Cleberger*, p. 6 ; *Arch. hist. et stat. du Rhône*, V, 313, 402 (8.045 livres) ; Bréghot du Lut, *Mélanges*, p. 255, etc.

mand[1] et ce surnom qui figure, à la Charité, sur les tables de marbre commémorant les bienfaiteurs de l'établissement[2] devrait être inscrit sur le socle de sa statue en témoignage de la reconnaissance des Lyonnais[3].

A défaut d'autres preuves, le testament de J. Cleberger suffirait d'ailleurs à révéler en lui, avec de hautes qualités morales, une bonté de cœur qui ne peut pas être le résultat d'un calcul. Dans ce testament, il exprime, en termes simples et touchants, son amour pour sa femme et pour son fils. Il songe à assurer l'existence d'un frère (Wolfgang Cleberger), qui ne lui a jamais valu que des ennuis. Il n'oublie ni ses amis — et parmi eux il a un « grant et ancien amy » — ni ses serviteurs, jusqu'aux plus humbles : la chambrière Antoinette, qu'il veut « ayder à marier », ses granger et jardinier de Champ, son juge à Villeneuve, le magister de son fils et l'enfant de sa nourrice. A Claude Villod, pauvre clerc de Thoissey, il lègue 25 écus « pour le faire passer notaire » ; il lègue 20 écus « pour Dieu et charité », à la veuve et aux enfants de feu « Mre Gaspard, en son vivant faiseur d'orgues à Lyon[4] ».

On s'est demandé quelles étaient, au fond, les opinions religieuses du Bon Allemand, s'il fut protestant ou catholique. Sur ses croyances,

[1] Cleberger fut évidemment fier de ce surnom dont il se pare dans son testament (Arch. de la Chambre des Not. de Lyon, *loc. cit.*, f° 166 v°) et que mentionnent de nombreux actes (notamment Arch dép. du Rhône, St Paul, Obéance de St Sacerdos, Terrier n° 1 A, f° 20). Comme les recteurs de l'Aumône, François Ier appelait Cleberger « le Bon Allemand » (Cat. Act. François Ier, IV. 14466 ; Arch. hospit. de Lyon, Charité, B. 156, f. 10).

[2] A Lyon, dans l'hôpital de la Charité, et dans le couloir à arcades du rez-de-chaussée parallèle à la rue de la Charité, des tablettes de marbre noir encastrées dans le mur portent les noms des bienfaiteurs de l'œuvre. Sur la troisième tablette, en partant de la chapelle, on lit : « Premiers souscripteurs... Jn Cleberg, le bon Allemand, 500 (livres). »

[3] Dans un premier projet (1843) du monument élevé à Cleberger sur le quai Pierre-Seize en 1849, le piédestal de la statue devait porter l'inscription : « A Jean Cleberger, le Bon Allemand, bienfaiteur des pauvres et premier fondateur de l'hospice de la Charité, les Lyonnais reconnaissants. Monument renouvelé d'âge en âge jusqu'en 1843. Réédification faite sous les auspices de M. Terme, maire. » Le monument actuel ne porte aucun nom (E. Pariset, *Biographie de J. Cleberger*, p. 61).

[4] Test. de Cleberger, Minutes Dorlin, *loc. cit.*, fos 168 et s. ; E. Pariset, *Biographie*, p. 65-70.

comme sur son patriotisme, les documents connus sont contradictoires. Le témoignage de Willibald Pirkeimer est trop suspect pour qu'on puisse admettre, sur sa seule affirmation, que, vers 1526, son gendre, perdu de vices, plus juif que chrétien, « ne croyait ni au Christ ni à sa sainte Mère[1] ».

M. N. Weiss s'est attaché à démontrer que Cleberger, catholique par intérêt, avait toujours été protestant de cœur. Il en trouve la preuve dans les relations de Cleberger avec Albert Dürer, Erasme et les Genevois; dans son amitié pour son beau-fils Etienne de La Forge, pour Blaise Vollet et pour bon nombre d'autres, tous partisans déclarés de la Réforme; dans son mariage avec Pelonne Bonzin, veuve d'un martyr protestant, emprisonnée elle-même pour ses opinions religieuses, qu'elle fut contrainte d'abjurer[2].

Les formules pieuses qui terminent les lettres de Cleberger au Conseil de Genève paraissent bien confirmer l'opinion de M. Weiss. Dans une de ces lettres notamment, celle du 8 juin 1546, il recommande au Conseil le protestant Blaise Vollet, « parce qu'il est (dit-il), mon bon amy et aussi qu'il entend la parole de Dieu[3] ». Enfin, dans son testament, en août de la même année, Cleberger défend que son fils aille étudier « es universitez d'Ytalie et d'Espaigne », et paraît bien vouloir lui interdire les principaux centres d'enseignement catholiques[4].

Dans ce même testament cependant, Cleberger a affirmé nettement et simplement ses croyances catholiques, recommandant son âme « à Dieu nostre Sauveur et Rédempteur » et « à la sacrée Vierge Marie », déclarant « vouloir vivre et mourir comme bon chrestien en nostre saincte foy catholique », demandant à être inhumé, sans

[1] Voir, plus haut, p. 61.

[2] N. Weiss, Le réformateur Aimé Meigret, le martyr Etienne de la Forge et Jean Cleberg dit le Bon Allemand, ap. *Bull. de la Soc. de l'Hist. du Protestantisme français*, XXXIX, 1890, p. 245 et s.

[3] Arch. de l'Hôtel de Ville de Genève, Pièces historiques, n° 1081 (six lettres de Cleberger publiées par Th. Heyer, *op. cit.*, *loc. cit.*, p. 447-453). En 1521, Nuremberg a déjà adhéré à la Réforme (Lavisse et Rambaud, *Hist. gén.*, IV, 412, 426). Deux médailles à l'effigie de Cleberger portent, en 1526, des légendes empruntées à *l'Ecclésiaste* et au *Livre des Psaumes*; le frère de J. Cleberger, Wolfgang, se convertit au protestantisme après avoir fait partie d'un ordre religieux (plus loin, chap. VI et VIII.

[4] Test. de J. Cleberger, Minutes Dorlin, *loc cit.*, f° 173; E. Pariset, *Biographie*, p. 70.

apparat, dans l'église de Notre-Dame de Confort, où une messe devra être dite le lendemain de sa mort[1].

Voulut-il, soit pour sa sûreté personnelle[2], soit dans l'intérêt de ses affaires, éviter de prendre parti et rester prudemment entre les deux camps, ménageant catholiques et réformés ? Les contradictions signalées plus haut rendent cette hypothèse assez vraisemblable, et ce fin politique était capable de jouer un pareil rôle, lui qui se proclamait hautement Français et qui promettait, à l'occasion, aux marchands allemands, de leur consacrer « sa vie et sa fortune[3] ».

Si l'on admet, au contraire, que ses lettres et son testament expriment sincèrement, au point de vue religieux, ses convictions intimes, on peut croire qu'il demeura « flottant entre les deux croyances[4] ». Ce fut, à son époque, le cas de beaucoup d'esprits larges et tolérants, de Willibald Pirkeimer par exemple, partisan convaincu de Luther, censuré par la Cour de Rome, puis rapproché du catholicisme par le doute et par son désir de la paix religieuse[5].

Catholique, protestant, ou indécis entre les deux confessions ennemies, le Bon Allemand pratiqua la vraie charité : il « employa ses richesses au soulagement de la misère, sans distinction d'opinion[6] ».

[1] Testament, f° 167 ; E. Pariset, *Biographie*, p. 63. En décembre 1537, Antoine Tucher rencontre, à Lyon, Cleberger aux vêpres des Cordeliers (plus haut, p. 81).

[2] Au moment où Cleberger se fixa à Lyon, les Réformés y étaient déjà recherchés et menacés. Après Aimé Meygret, en 1524, les Genevois Baudichon et Janin, en 1534, d'autres protestants, en 1537, sont arrêtés et emprisonnés à Lyon. En 1540, quatre luthériens sont brûlés vifs ; en 1547, Wolfgang Cleberger, religieux converti à la Réforme, refusera de venir à Lyon où il serait « grillé », écrit-il, comme le premier mari de Pelonne Bonzin l'avait été à Paris (N. Weiss, Le réformateur A. Meygret, *loc. cit.*, p. 246 et s., 251, 258 ; Arch. mun. de Lyon, BB. 52, f° 190 v°, CC. 861, n° 8 ; *Zeitalter der Reformation*, éd. Winckelmann, II, 453 ; S. Charléty, *Hist. de Lyon*, p. 83 ; plus loin, chap. VI).

[3] Voir, plus haut, p. 46, 82.

[4] Th. Heyer, *op. cit.*, *loc. cit.*, p. 444. R. Ehrenberg *(H. Kleberg*, p. 32) s'en tient à la profession de foi catholique du testament ; pour E. Parizet *(Biographie*, p. 18), Cleberger « était indifférent et c'est seulement dans son testament, à la fin de sa vie, qu'il s'est déclaré catholique convaincu ».

[5] V. Mortet *(La grande Encyclopédie*, XXVI, 966) ; L. Geiger *(Allgemeine deutsche Biographie*, XXVI, 810-817).

[6] Th. Heyer, J. Cleberger *(Mém. Soc. d'Hist. de Genève*, IX, 444).

VI

LA MORT DE J. CLEBERGER

SON TESTAMENT. — SA SUCCESSION.

Cleberger tomba malade, à Lyon, vers le milieu d'août 1546[1]; le 4 septembre, Paul Tucher écrivait, de Lyon, aux Tucher de Nuremberg :

Il a trois semaines que Hans Kleberger est tombé malade ici (à Lyon) et l'on dit qu'actuellement il est encore alité. C'est peut-être vrai, c'est peut-être faux; il y a des gens qui ne le croient pas et qui prétendent qu'il est mort depuis huit jours déja; moi même je crains qu'il n'ait déja cessé de vivre — que la clémence de Dieu le garde et nous aussi ! — bien qu'on ignore la cause de sa mort. On croit qu'on veut cacher la vérité à cause du remboursement (prochain de l'emprunt fait par François Ier) et parce que beaucoup de marchands allemands qui, sous le nom de Kleberg[2], ont prêté de l'argent au roi de France craindraient que le roi ne tint pas ses engagements vis à vis d'eux. On ne laisse entrer personne chez lui (chez Kleberger) sauf Christophe Ebner[3], Jacob Jeger[4] et Christophe

[1] La peste fit des victimes à Lyon à la fin d'août et en septembre 1546 (Arch. mun. de Lyon, BB. 64, f°s 178 v°, 191 v°).

[2] « Wermeinen etlich, wu im also wer, das mans also verpergen wolt, so gescheg es von wegen der zallung; wan ir vil under sein namen dem Konig gelt gelihen haben, fürchten vileicht der Konig mocht ins nit halten. »

[3] Christophe Ebner, ami et légataire de J. Cleberger (v. page 106) mourut à Lyon en 1559; il avait souscrit aux emprunts faits à Lyon par François Ier (R. Ehrenberg, *Das Zeitalter der Fugger*, I, 262, et *Hans Kleberg*, p. 24, 27; plus haut, pp. 41, 45 et s.).

[4] Jacques ou Jacob « Jäger », d'Ulm (ou de « Gimmet? » d'après le testament), ami et légataire de Cleberger, fut aussi un des prêteurs de François Ier et prit, à diverses reprises, les intérêts du roi contre ceux de ses compatriotes (R. Ehrenberg, *H. Kleberg*, p. 27; plus haut, p. 46; v. ci-après, pp. 99, 106, 110, 112). Sans doute le « Jacques Hiège », marchand des Villes Impériales, qui se présente au Consulat lyonnais le 27 février 1533 (Arch. mun. de Lyon, BB. 151, f° 176).

Freihamer[1] qui sont témoins à son testament et qui affirment tous trois qu'il est encore vivant... Pendant quelque temps on a beaucoup parlé ici et très mal parlé des marchands de Nuremberg et de leur mauvaise conduite, et cela parce qu'ils fournissent des munitions à l'Empereur. Même quelques Allemands se sont mêlés à ces propos hostiles à leurs compatriotes — ce qui n'était pas du tout nécessaire à mon avis — particulièrement le Kleberger qui a même osé dire qu'il préfèrerait n'être pas né à Nuremberg. D'autres Allemands (de Lyon) ont aussi parlé dans ce sens, en ajoutant qu'à présent on connaissait trop bien ceux qui, il y a deux ans, ont pris le parti de l'Empereur contre le roi de France[2].

Au moment où Paul Tucher écrivait ces lignes, Cleberger était mourant, et peut-être mort[3]; il avait testé, le 25 août, dans sa maison de Saint-Ambroise, par-devant Pierre Dorlin, notaire[4], en présence de Mathieu Athiaud, docteur ès droits, conseiller du roi au Parlement de Dombes[5], des clercs Jean Gras et Jean Barbier[6], de Nicolas Dorlin[7] et des marchands Jacques Jeger, de Gimmet (?), Christophe Ebner, de Nuremberg, Christophe Freihamer, d'Augsbourg, et Blaise Volet[8], tous établis à Lyon.

[1] Christophe Freihamer, d'Augsbourg, ami et légataire de Cleberger, un des prêteurs lyonnais de François Ier (R. Ehrenberg, *Das Zeitalter*, I, 262; pp. 106 et 111).

[2] Arch. de la famille Tucher (ap. Ehrenberg, *H. Kleberg*, p. 30).

[3] Cleberger mourut le 4 septembre ou, peut-être, le 6 (v. p. 108-109).

[4] Pierre Dorlin exerça de 1536 à 1564 (Arch. de la Chambre des notaires de Lyon, Répertoire, n° 252); il fut le notaire de nombreux marchands étrangers, florentins ou allemands surtout (Arch. mun. de Lyon, BB. 56, f°s 183 v°, 186 v°; BB. 58, f° 82; BB. 61, f°s 275 v° et s.). Notable pour le côté de Fourvière (BB. 58, f°s 162 v°, 275), il était, en 1545, quaternier ou lieutenant du quartier « depuis le coin des Changes, tirant par la boucherie Saint-Paul et Tripperie jusques devant l'hôtellerie du Dauphin » (EE. Chappe, IV, 198[d], 118). — Nicolas Dorlin fut notaire à Lyon de 1570 à 1598 (Répertoire cité, n° 253).

[5] Elu conseiller de Ville en 1542, il habitait le quartier du Palais (Arch. mun. de Lyon, BB. 65, f° 20; BB. 67, f° 127 v°; BB. 370; CC. 283, f° 115).

[6] La femme de Jean Barbier est une des légataires de Cleberger (v. page 106).

[7] Voir, plus haut, note 4.

[8] Blaise Volet, protestant et ami des de La Forge, aurait aidé Pelonne Bonzin à recouvrer ses biens, confisqués après son arrestation; celle-ci lui fit un legs dans son testament du 25 avril 1549 (N. Weiss, Le réformateur A. Meigret..., ap. *Bull. de la Soc. de l'Hist. du Protestantisme franç.*, 1890, p. 266). Débiteur de Cleberger, qui paraît se défier de lui (v. p. 105, 106), Blaise Volet écrivit, en 1549, au Conseil de Berne, au nom de Pelonne Bonzin, à

*
* *

Le testament « solempnel ou nuncupatif » de Cleberger, souvent cité dans cette étude, mérite d'être sommairement analysé[1].

Le testateur se qualifie « noble homme Jean Cleberger, surnommé le bon Allemant, seigneur de Champ près Lion, de Villeneufve, du Chastellard et de Chavagnieu en Dombes, bourgeoys de Berne et de Lion, varlet de chambre ordinaire du roi nostre sire, demeurant à Lion par le moien et soubs les privilèges des foires dud. Lion » ; après s'être réclamé formellement de la religion catholique, et avoir, « comme bon chrestien », recommandé son âme à Dieu et à la Vierge, Cleberger déclare qu'il « a toujours fait diligence et eu désir de ne rien devoir à personne quelconque, excepté à damoiselle Pelonne Bonzin, sa treschère et bien aymée femme », et qu'aucune somme ne devra être payée, après lui, à qui que ce soit, sauf contre « cédule » ou « obligation » signée de sa main, ou si mention en est faite sur « son livre de raison, couvert de cuyr rouge, cocté B » ; il affirme « que tous et chacuns ses biens ont esté par luy aquis moyennant la grâce de Dieu et ne sont parvenus de ses feuz père et mère, ne aultres ses parens ».

Il veut être inhumé « en l'esglise du couvent appelé N^{re} Dame de Confort, et en la cave estant au devant la chapelle de N^{re} Dame de Confort, où sont enterrés plusieurs allemans[2] » ; il sera « porté en

propos de la tutelle de David Cleberger (Arch. d'Etat du Canton de Berne, Unnütze Papiere, t. LVI, n° 40).

[1] Le texte de ce testament (aux Arch. de la Chambre des notaires de Lyon, minutes P. Dorlin, Testaments de 1544 à 1555, f°s 166 v° à 174) a été publié, très incorrectement au point de vue de l'orthographe, dans *Précis historique sur J. Cleberger*, in fine, p. 1-8, et dans E. Pariset, *Biographie de J. Cleberger*, p. 63-71. Un « Inventaire des titres concernant les affaires particulières de la famille Cleberger » mentionne, avec ce testament, un codicille, du 31 août, que nous n'avons pas retrouvé (Arch. hospit. de Lyon, Charité, B. 168, f°s 135, 135 v°).

[2] Sur ce tombeau, où furent inhumés plusieurs membres de la famille Cleberger (plus loin, chap. VII), voir Thalès Bernard, *Voyage de la vieille France*, p. 259, et, plus haut, page 28 et note. La confrérie de la Nation Allemande, dont les membres pouvaient être enterrés dans ce caveau, sous la pierre portant les armes des Impériaux, avait été fondée dans le couvent des Jacobins de Notre-Dame de Confort, le 1er septembre 1491, par l'imprimeur Jean Trechsel, Philippe Fecher, marchand, Jean de Lindau, hôte, et Jean Tonsor, de Saint-Gall (Arch. départ. du Rhône, Jacobins, Inventaire Bamette,

sépulture de nuyt, avec une lanterne et sans aucune pompe funéraille, laquelle il prohibe et deffend autant qu'il peult ». La procession de N. Dame de Confort assistera seule aux obsèques, et, le lendemain de sa mort, on célébrera dans ledit couvent « une messe haulte à diacre et sousdiacre, à la manière acoustumée de l'office des trespassez ». Les frais pour messe, droit de sépulture en sa paroisse et autres ne dépasseront pas dix écus d'or sol.

Il institue pour héritier universel son fils unique, David Cleberger, en lui substituant l'aîné de ses fils, ou, à défaut de descendants mâles, l'aînée de ses filles, les cadets ne devant recevoir que leur légitime. Si son fils meurt sans enfants, ou si sa descendance directe vient à s'éteindre, sa fortune sera partagée entre les cinq villes de Berne, Zurich, Augsbourg, Ulm et Strasbourg, sauf les seigneuries du Châtellard et de Villeneuve dont son fils ou ses substitués pourront disposer à leur gré.

David Cleberger aura pour tuteurs : sa mère, Pelonne Bonzin, son frère utérin, Etienne de La Forge et le marchand Georges Weikman[1], d'Ulm, que Cleberger appelle « son grant et ancien amy ». L'enfant restera en tutelle jusqu'à vingt-cinq ans et ne pourra, avant cet âge, aliéner aucun de ses biens ; ses tuteurs (Cleberger les en prie « pour l'honneur de Dieu et pour l'amytié et bonne confiance qu'ilz ont eue ensemble durant leurs vies ») le feront « endoctriner en bonnes lettres latines et bonnes meurs » jusqu'à quatorze ans, puis « estudier es loix et droitz civil et canon », jusqu'à vingt et un ans, « es universitez que bon semblera aud. David et à sesd. tuteurs et administrateurs, réservés es universitez d'Ytalie et d'Espaigne ». Les tuteurs ne pourront rien décider que d'un commun accord; ils recevront, chaque année, à titre d'indemnité, et jusqu'à l'expiration de la tutelle: Georges Weikman, 100 livres tournois, et Etienne de La Forge 300 livres, parce qu'il « sera tenu demeurer ordinairement » avec son frère utérin pour « prendre garde à sa personne et

t. II, f° 24). L'apothicaire Henri de Rouvière, dans son *Voyage du Tour de la France*, décrit en 1704 (p 217) ce « tombeau couvert d'une grande pierre quarrée, où est représentée une Aigle, avec ces mots : « Ci est la sépulture des Allemans Impériaux » (communiqué par M. A. Girodie).

[1] Georges Weikman, banquier d'Ulm, qui contribua aux emprunts négociés par Cleberger et s'occupa, après la mort de ce dernier, de trouver de l'argent pour la ligue de Smalkalde (plus haut, pages 27, 41, 42, 46 ; v., plus loin, p. 110 et s.).

à ses biens comme il feroit à son propre filz ». Si l'un des tuteurs meurt avant la fin de la tutelle, les deux autres tuteurs choisiront son remplaçant qui recevra 100 livres par an.

Lorsque David Cleberger aura atteint sa vingt-cinquième année, ses tuteurs rendront leurs comptes, en personne, par-devant le Conseil de Berne (« les Sg^rs de Berne », que Cleberger appelle ses « seigneurs et supérieurs » et à qui il recommande son fils) ; Pelonne Bonzin seule pourra se faire représenter par un procureur, lors de la reddition des comptes de tutelle. Les tuteurs emploieront, le plus tôt possible, tous les « deniers comptans » de la succession et le montant des créances recouvrées « en achapt de terres et seigneuries ou autres biens et fondz de terres ».

Le testateur « prohibe expressement que aucun inventaire ou description soient faitz de ses biens après son trespas, par auctorité de justice, en quelque manière que ce soit, par ce que son bien et avoir est déclaré et contenu dans sond. livre de raison, escript de sa main ». Les tuteurs désignés en feront seulement établir une « description sommaire » qui fera foi comme si elle était dressée judiciairement. Cleberger prie enfin ses témoins de « voulloir tenir les choses dessusd. secrètes jusques à ce qu'il sera temps les réveller ».

Il met à la charge de son héritier les paiements ou legs suivants :

A Pelonne Bonzin, « sa treschère et bien aymée femme », 11.000 livres, soit 6.000 livres « qu'elle luy a constituées pour son dot et mariage », et 5.000 livres « à elle données par ledict testateur pour l'accroissement de son dot » ; le tout « suivant le contenu au contract de leur mariage, fait et passé, le dix-neuvième jour du moys de février, l'an mil cinq cent trente-cinq » (1536, nouveau style[1]). Plus, à la même, « pour les bons agréables services et bons traictemens quelle luy a faitz, et affin qu'elle ait plus grand cure, sollicitude, affection et amytié envers David leur filz », tous les bijoux et habits qu'il lui a précédemment donnés ou lui donnera à l'avenir, « ensemble toute sa vaisselle d'argent, dorée et non dorée, et tous les joyaulx, anneaulx, pierreries, chaynes d'or et d'argent que le dict testateur a acoustumé porter et qui seront trouvez à luy appar-

[1] Contrat mentionné, à cette date, dans l'Inventaire des papiers de la famille Cleberger (Arch. hospit. de Lyon, Charité, B. 168, f° 133 v°).

tenir[1] », tous ses habits, « mesnage, ustenciles de maison, — soit led. mesnage et ustensilles en estaing, cuyvre, fert, boys, — litz, linges de quelque qualité qu'ils soient et qui se trouveront en la maison d'abitation dud. testateur », à Lyon. Plus, « les tènemens et biens de Champ près de Lion... acquis de ma damoiselle de Balmont, avec tous et chacun les acquetz... depuis faitz, tant de feu Paulin de Florentin que autres, à l'entour dud. lieu de Champ », ainsi que tous les meubles, fruits, aisances et appartenances dudit domaine. Plus, enfin, une pension annuelle de 400 livres tournois payable en deux termes, à la Noël et à la Saint-Jean.

A son frère Wolfgang[2], Cleberger lègue « l'anneau d'or où est le signet et cachet d'icell. testateur[3] » et « six petitz gobeletz d'argent ». Plus, « oultre les quatre-vingtz florins d'Allemaigne de pension »

[1] Jean Cleberger réserve notamment à son fils : ses « médailles », « deux diamans en table, l'un lié en ung anneau d'or et l'autre enchassé en ung bouton d'or qu'il a achaptez de Ma dame la Comtesse de Tende et de Villars pour le pris de deux mille et cent escuz; plus ung rubys en table, lié en ung anneau d'or qui lui a esté donné par le Sr Jehan Pouguer; plus une esmeraulde enchassée en ung anneau d'or, par lui achaptée d'un marchand de Rouen pour le pris de deux cent soixante escus et demy soleil, et une table de diamant enchassée en ung autre anneau d'or, qu'il a achaptée des héritiers de Cristofle Hervert, à présent appelez Meytard, pour le pris de cent quatre vingtz escuz soleil..., ensemble une chayne nouvelle d'or qu'il appelle Chavanieu, pesant cent cinquante six escuz et qui a cousté de façon quatre escuz » (Testament de J. Cleberger, Minutes Dorlin, *loc. cit.*, fos 168 v°, 169, 172). Sibmacher (*Erneuerte Wappenbuch*, 1654-57, I, 207, 212) mentionne à Nuremberg des Pucher et des Herwart.

[2] Wolfgang Cleberger étudiait à Wittenberg en 1527; il fut Père ou Frère dans un ordre religieux qu'il abandonna pour se convertir au protestantisme. Son frère Jean paye pour lui, à Nuremberg, en 1530, une dette de 60 florins d'or et, sur la demande de leur mère, assure son existence en lui constituant une rente sur la ville d'Ulm (plus haut, p. 65 ; plus loin, pp. 106, 109 et s.). Wolfgang, séjournant à Genève en juin 1532, s'y prend de querelle avec les serviteurs d'un voisin de son frère (plus haut, p. 91); plus tard, sur le territoire de Berne, il est encore mêlé à une aventure de ce genre, probablement une rixe suivie de mort d'homme, et, lorsque le Conseil de Berne le mande à Berne en 1546, les Bernois lui proposent un sauf-conduit à cause du « malheur » qui lui est arrivé dans leur pays (Arch. d'Etat du Canton de Berne, Teutsche Missivenbuch, Z, f° 613). Wolfgang s'était fait recevoir bourgeois de Strasbourg et vivait dans cette ville en juin 1550 (Ehrenberg, *H. Kleberg*, p. 3, 31 ; E. Pariset, *Biographie*, p. 9, 10, 21, 27; v., plus loin, p. 109 et s.).

[3] Sur les cachets de J. Cleberger, voir, plus haut, page 2, note 5. Th. Heyer a décrit les empreintes, aujourd'hui très effacées, des sceaux apposés par Cleberger sur les six lettres conservées à l'Hôtel de Ville de Genève.

qu'il lui a « acquis sur la ville d'Ulme, à la prière de feue leur mère, à lui faicte le temps passé », une somme de 2.154 écus d'or sol et 39 sols tournois[1] qui sera délivrée à Wolfgang « au lieu où il tient sa demourance, à sa seulle et simple voulenté et requeste ». Jean Cleberger rappelle ici qu'il n'a rien reçu de l'héritage de ses père et mère et qu'il a passé à ce sujet, avec son frère, à Nuremberg, le 15 juillet 1516, un contrat « au moyen duquel... sond. frère ne luy peult aucune chose quereller ne demander[2] ». Le testateur spécifie que son frère, « héritier particulier », n'a aucun droit sur sa succession ; au cas où, pour quelque motif que ce soit, Wolfgang « vouldrait estre ingrat du bien à luy fait par led. testateur pour l'amour de Dieu et par la prière leurd. feue mère », et réclamerait autre chose que le legs ci-dessus, il ne recevrait plus que 154 écus d'or sol et 39 sols tournois, l'anneau et les gobelets, et les 2.000 écus d'or faisant le surplus du legs seraient attribués « à Mess^grs de Berne... en leur aulmosne ».

A son beau-fils Etienne de La Forge, outre la pension annuelle de 300 livres qu'il touchera comme tuteur, Cleberger lègue, « pour les bons et agréables services qu'il luy a faitz et qu'il veult et entend par cy après estre par luy faitz à sond. fils et héritier », 2.000 écus d'or sol, plus « toutes et chacune sesd. armures, espées, haquebuttes, javelines et austres bastons et instrumens de guerre et livres imprimez et non imprimez ».

Le Bon Allemand n'oublie pas les misérables. Aux pauvres de l'Aumône générale, il laisse 4.000 livres, à raison des « grans charges » qu'ont les recteurs de cette œuvre, « régie et gouvernée par mess. les bourgeois et notables de cested. ville de Lion, lesquels praignent grant soing et travail pour nourrir, alimenter et substanter les povres, tant honteux que autres, de lad. ville » ; à la veuve et aux

[1] « Aud. Wollfgang... la somme de deux mil escuz d'or au soleil, plus cent cinquante quatre escuz S. et trente neuf sols ts. mon. pour raison de deux cens florins qui luy estoient deuz à cause du couvent des frères Prescheurs de Nuremberg » (Test. de Cleberger, *loc. cit.*, f° 169 v°). Wolfgang Cleberger avait-il fait partie de cet ordre?

[2] Voir R. Ehrenberg, *H. Kleberg*, p. 3, et E. Pariset, *Biographie*, p. 9, 10; d'après ce dernier, Wolfgang, « jaloux du succès de son frère et des bénéfices qu'il réalise », ayant « constamment besoin d'argent », rend à son frère « la vie de famille si pénible », qu'il l'oblige, par l'acte mentionné ci-dessus, à se désister « en sa faveur de tous ses droits à l'héritage paternel ».

enfants « de feu Mre Gaspard, en son vivant faiseur d'orgues, demeurant aud. Lion », 20 écus d'or sol, « pour Dieu et charité ».

Les legs qui suivent sont destinés aux officiers et domestiques du testateur qui donne : à Georges Berger, natif d'Offenburg, près Strasbourg, son « serviteur », 400 écus d'or sol ; à Anne et Antoinette, ses chambrières (à Antoinette pour « l'ayder à marrier »), 50 et 25 écus d'or sol ; à Jean Chaffel ou Chuffel [1], « magister de son filz », 25 écus d'or sol, « affin qu'il soit plus curieux monstrer, enseigner et servir à sond. fils » ; à Jean et Michelle, mari et femme, grangers du tènement de Champ, ensemble, 10 livres tournois ; à Antoine, jardinier de Champ, et à Jeanne, sa servante, 10 livres tournois chacun ; à Noël, fils de la nourrice de David Cleberger, 200 écus d'or sol, plus sa nourriture, son entretien et ses frais d'instruction jusqu'à 21 ans ; à Claude Chollier, juge de la seigneurie de Villeneuve [2], et à sa femme, ensemble, 100 écus d'or sol ; à Claude Billod, clerc de Toissey, 25 écus d'or, « pour le faire passer notaire ».

Enfin divers legs sont distribués à des amis ou à des voisins : à Blaise Volet, marchand à Lyon, « pour plusieurs bons services qu'il luy à faitz en ses affaires », 300 écus d'or sol, « moyennant laquelle somme il ne pourra demander aucune aultre chose desd. services à sond. héritier [3] » ; à Jean Riegher, marchand allemand établi à Lyon, et à son fils Jean [4], ensemble, 200 écus d'or sol ;

[1] Jean « Chuffet » est encore précepteur de David Cleberger le 25 avril 1549 ; Pelonne Bonzin, qui teste à cette date, lui fait un legs en cette qualité. C'est évidemment le même personnage que Jean Chuffet, « capitaine de la seigneurie de Villeneuve en Dombes », qui est témoin, de 1558 à 1560, à divers actes intéressant Pelonne (Arch. mun. de Lyon, CC. 1053, n°s 14 et 15; CC. 1065, n°s 39 et 40; CC. 1079, n° 3), qui séjourne à Genève en 1562, et, muni par David Cleberger d'une procuration très étendue, mécontente à plusieurs reprises, par ses agissements, son mandataire et Etienne de La Forge (Arch. de Genève, Minutes de J. Ragueau, notaire, Registre pour 1562-64, f° 658; Registre du Conseil, 1562, *passim*, 24 septembre 1564, 20 avril et 3 mai 1565) ap. Th. Heyer, *loc. cit.*, p. 442.

[2] L'inventaire des biens de David Cleberger (plus loin, p. 116) mentionne en 1547 que « Claude Scholler », juge de Villeneuve, doit, pour solde, à la succession, 100 couronnes.

[3] Voir, plus haut, p. 99, note 8.

[4] Les deux Jean Rieger (Ricque, Riegle, Reigle), Allemands, sont marchands à Lyon en 1535 et 1572 (Arch. mun. de Lyon, EE. Chappe, IV, 98 [d], 117, f° 3; CC. 153, f° 102 v°; BB. 41, f° 2); ils négocient des marchandises

à Marguerite, femme de Jean Barbier, veuve de Corneille Arians[1], « pour la bonne amour qu'il lui porte et pour plusieurs services qu'elle luy a faitz », 100 livres tournois ; à Mre Mathieu Athiaud, docteur ès droits, conseiller au Parlement de Dombes, et au notaire Pierre Dorlin, à chacun 100 écus d'or, « pour les amytiés qu'il leur porte et pour plusieurs bons et agréables services qu'ilz lui ont faitz et affin qu'ilz soient plus enclins ayder et eulx employer aux affaires dud. David, son fils » ; à Sébastien de Laye, peintre à Lyon, « pour l'amytié qu'il lui porte », 25 écus d'or sol[2] ; à Jacques Jeger, de Gimmet (?), Christophe Ebner, de Nuremberg et Christophe Freihamer, d'Augsbourg, marchands allemands établis à Lyon et témoins au testament, à chacun 100 écus d'or sol.

***

Le montant des divers legs faits par Cleberger peut être évalué à 40.386 livres tournois, non compris les meubles, vaisselle d'argent et joyaux attribués à Pelonne Bonzin[3]. Celui qui dictait ce testament était évidemment, en même temps qu'un homme d'affaires prudent et discret et un bon bourgeois, un brave homme aimant sa femme, son fils et ses amis, charitable et reconnaissant.

Il se méfie de son frère et du marchand Blaise Volet, qu'il juge capables de réclamer plus qu'il n'a cru devoir leur donner. Peut-être se méfie-t-il aussi des agents fiscaux du roi de France, lorsqu'il défend qu'un inventaire de sa succession soit dressé par autorité de justice[4].

(CC. 169, f° 56) et font plusieurs dons à l'Aumône générale (Arch. hospit. de Lyon, Charité, E. 147, f° 16; E. 150, f° 12). La femme de Jean « Riegre », marchand allemand, teste, à Lyon, au logis de l'Aigle, le 17 novembre 1555 (Arch. mun. de Lyon, Insinuations, Testaments, FF. 73, f° 42). En 1564, Jean Rieger négocie, à Lyon, pour un des Imhof, l'acquisition du portrait de Jean Cleberger par Albert Dürer (v. plus loin, chap. VII).

[1] Voir, plus haut, p. 99.

[2] Le peintre Bastien ou Sébastien de Laye (ou Delaye) vivait à Lyon en 1535; il avait épousé une fille de Michelet le Jeune et habitait le côté du Rhône. Il travailla pour le Consulat, en 1540, aux décorations de l'entrée du cardinal de Ferrare (Arch. mun. de Lyon, CC. 22, f° 210 v°; EE. Chappe, IV, 198[d], 117, f° 8; CC. 934, f° 5).

[3] L'écu d'or sol représentait alors 45 sols (Arch. hospit. de Lyon, Charité, E. 159, f° 29). La terre de Champ valait au moins 3.000 livres et la pension faite à Pelonne Bonzin représentait un capital de 8.000 livres (voir l'inventaire publié plus loin et la nommée de J. Cleberger, plus haut, p. 52).

[4] Voir, plus loin, p. 109, la lettre de P. Tucher du 29 novembre 1546.

Au moment de mourir, il ne pardonne pas à ses compatriotes leur mépris et leurs accusations et il exclut Nuremberg du nombre des villes allemandes ou suisses qui seront ses héritières éventuelles.

C'est avec quelque complaisance, semble-t-il, qu'il énumère ses titres, son surnom de « Bon Allemand » ; s'il déclare devoir toute sa fortune à son intelligence, à son travail, à la « grâce de Dieu », il ne le fait pas par un sot orgueil de parvenu, mais pour affirmer que son frère n'a aucun droit sur sa succession [1].

Le texte du testament de Cleberger montre qu'à Lyon il était en relations d'amitié avec de riches marchands allemands, avec un peintre, un conseiller au Parlement de Dombes ; qu'il possédait des manuscrits et des livres ; qu'il avait un train de vie assez luxueux, puisqu'il se servait de vaisselle d'argent, « dorée et non dorée », et portait des diamants, des chaînes d'or et d'argent, un anneau d'or qui lui servait de cachet.

*
* *

Ainsi que l'écrivait Paul Tucher, personne ne fut admis auprès de Cleberger pendant les derniers jours de sa maladie [2] ; sa porte resta close aux solliciteurs. A la fin d'août ou dans les premiers jours de septembre, Jacob Sturm arrivait de Strasbourg à Lyon, envoyé auprès de Cleberger par les protestants de la ligue de Smalkalde qui cherchaient de l'argent pour organiser la guerre contre Charles-Quint. Sturm trouva Cleberger à l'agonie et repartit sans l'avoir vu [3].

Il en fut de même du Genevois Louis du Four qui vint à Lyon demander au mourant, au nom du Conseil de Genève, un legs en faveur des pauvres de l'hôpital. Il fut reçu par le médecin de Cleberger et rentra à Genève avec de belles promesses [4].

[1] Voir, plus haut, p. 103.
[2] Voir, p. 98, la lettre de P. Tucher du 4 sept. 1546.
[3] Ehrenberg, *Das Zeitalter*, II, 88, et *H. Kleberg*, p. 31. La ligue de Smalkalde trouvait peu de ressources auprès de la grande bourgeoisie et des banquiers allemands ; les Fugger, les Welser, les Baumgartner « ménageaient l'Empereur dont ils étaient les créanciers » (Lavisse et Rambaud, *Hist. générale*, IV, 440).
[4] Rapport de Louis du Four au Conseil de Genève, le 6 septembre : le médecin de Cleberger lui a dit qu'il y aurait dans le testament un legs pour l'hôpital de Genève (Arch. de Genève, Registres du Conseil, volume p. 1546, f°s 191 v°, 193, 217, ap. Th. Heyer, *loc. cit.*, p. 439 ; plus haut, p. 89).

Le Bon Allemand mourut dans sa maison de Saint-Ambroise, le 4 septembre d'après son frère[1], le 6 si l'on en croit de Rubys qui donne, en 1604, cette date probablement inexacte[2]. Comme il en avait exprimé le désir, Cleberger fut inhumé, de nuit, « avec une lanterne », en l'église de Notre-Dame de Confort[3], dans le tombeau de la confrérie des Allemands. Sa mort, à ce qu'il semble, fut tenue secrète pendant quelques jours ; Paul Tucher écrivait, de Lyon, aux Tucher de Nuremberg, le 14 septembre :

Ce n'est qu'aujourd'hui qu'on a annoncé ici la mort de Hans Kleberger — que Dieu lui soit un juge clément — ; mais il y a encore maintenant ici beaucoup de gens qui croient qu'il est mort depuis huit jours déja. On dit que sa fortune se monte à 97000 écus et qu'il a laissé à son jeune fils 60000 écus[4] qui, après la mort de cet enfant, reviendraient aux pauvres des hôpitaux de cinq villes d'Allemagne, c'est à dire d'Augsbourg, Ulm, Strasbourg, Berne et Zurich ; ces cinq villes seront donc les héritières du fils de Kleberg. On l'a déja tout à fait oublié ; pour toute pompe funèbre on ne lui a accordé qu'une lanterne[5].

La famille de Cleberger et son entourage avaient-ils craint d'effrayer, en annonçant sa mort, les marchands et banquiers allemands qui, « sous son nom », avaient prêté de l'argent à François Ier ? C'est possible ; ces derniers pouvaient croire que le roi profiterait de la disparition de leur intermédiaire pour refuser de tenir ses engagements vis-à-vis de ses créanciers[6]. Le 29 novembre 1546,

[1] Arch. d'Etat du Canton de Berne, Unnütze Papiere, t. LVI, n° 35 (lettre de Wolfgang à l'Avoyer et au Conseil de Berne du 19 juin 1547) : « Nach dem mein lieber bruder, seelich her Hans Cleberger, auf 4 septembris als man zalt 1546, verschiden... »

[2] Rubys, *Hist. véritable de la Ville de Lyon*, 1604, p. 366 ; voir, plus loin, p. 109. L. Aubret fixe aussi au 6 septembre la date de la mort de Cleberg (Valentin-Smith et M. C. Guigue, *Bibliotheca Dumbensis*, I, 450 ; M. C. Guigue, *Mém. pour servir à l'hist. de Dombes par Louis Aubret*, III, 249).

[3] D'après les prescriptions de son testament ; voir, ci-dessus, la lettre de P. Tucher du 14 septembre 1546. Dans son testament du 25 avril 1549, Pelonne Bonzin demandera à être inhumée, la nuit et sans lanterne, en l'église de Saint-Sorlin (Arch. de la Chambre des notaires de Lyon, Minutes de P. Dorlin, Testaments de 1544 à 1556, f°s 332 à 335 v°).

[4] Evaluation évidemment exagérée, la fortune de Cleberger était d'environ 70.000 écus d'or sol ; son fils héritait d'un peu moins de 50,000 écus. Voir, plus loin, p. 117.

[5] Arch. de la famille Tucher, ap. Ehrenberg, *H. Kleberg*, p. 31.

[6] Voir, p. 98, la lettre de P. Tucher du 4 septembre 1546 et celle du 29 no-

Paul Tucher exprimait, de Lyon, à ses patrons, les inquiétudes des prêteurs allemands et manifestait, une fois de plus, la malveillance et la rancune des Nurembergeois à l'égard de leur compatriote défunt.

A Lyon aussi Hans Kleberger a été oublié aussitôt après sa mort. Vous m'écrivez qu'il n'a prêté au roi que bien peu d'argent en comparaison d'autres banquiers (allemands); moi je puis vous expliquer les bonnes raisons qu'il avait d'agir de la sorte. Il préférait placer son argent hors (de France), dans les villes (d'Allemagne), quoiqu'il possédât aussi, dans ce pays, trois grands domaines exempts de dettes. Il savait séduire les autres (et les décider) à prêter de l'argent au roi de France, tandis qu'il évitait lui même de faire de semblables prêts. Mais, comme le roi aura eu la conviction que tout cet argent appartenait à lui seul (Kleberg), on peut craindre qu'avec le temps une grande partie de son héritage soit enlevée à son héritier [1].

En tout cas, si, d'après la première lettre de P. Tucher, le décès de Cleberger ne fut connu à Lyon que le 14 septembre, le Conseil de Genève en était informé dès le 7 du même mois, ce qui paraît bien établir qu'il mourut le 4 septembre, et non pas le 6 comme le prétend Rubys [2].

Les cinq villes intéressées, par les dispositions du testament, à la conservation de la fortune du défunt, désignèrent bientôt, à ce qu'il semble, des délégués chargés de sauvegarder, à Lyon, leurs droits d'héritières éventuelles [3], et le règlement de la succession commença.

⁂

Dans une lettre adressée de Strasbourg, le 19 juin 1547, à l'Avoyer de Berne, Niclaus von Graffenried, Wolfgang Cleberger fait un

vembre, ci-dessus. Les marchands allemands avaient prêté de l'argent au roi « sous le nom de Cleberger » (plus haut, p. 98).

[1] Arch. de la famille Tucher, ap. Ehrenberg, *H. Kleberg*, p. 36; voir, plus haut, p. 50.

[2] Arch. de Genève, Registres du Conseil, volume p. 1546, f°s 191 v°, 193 (ap. Heyer, *loc. cit.*, p. 439). Ehrenberg (*H. Kleberg*, p. 31) donne aussi la date du 6 septembre.

[3] Jeger, Weickman, Ebner, Freihamer et Bernard Meyting; voir la lettre de Wolfgang Cleberger du 19 juin 1547 (Arch. d'Etat du Canton de Berne, Unnütze Papiere, t. LVI, n° 35) et, plus loin, p. 111.

récit détaillé de ce qui advint après la mort de son frère[1]. D'après ce document, le procureur du roi[2] et « les juges de la Cour et de la ville de Lyon[3] » décidèrent d'abord que, le 7 octobre (1546), ils examineraient le testament pour l'homologuer ou l'annuler; mais le marchand Georges Weykman, d'Ulm, que Jean Cleberger avait choisi, comme son « grant et ancien amy », pour être, avec Pelonne Bonzin et Etienne de La Forge, le troisième tuteur de son fils, ne voulut, sous aucun prétexte, accepter cette tutelle.

Le procureur du roi intervint et proposa, à plusieurs reprises, « au juge du Tribunal de la ville », de choisir lui-même, en sa qualité de représentant du roi, un troisième tuteur en remplacement de Georges Weykman. Le juge, qui (d'après Wolfgang Cleberger) était un parent de Pelonne Bonzin[4], homologua le testament et décida que le jeune David Cleberger désignerait lui-même, lorsqu'il aurait atteint l'âge de quatorze ans, les administrateurs de sa fortune, à condition cependant que, dans un délai de trois mois à partir du 12 octobre, les deux autres tuteurs s'accorderaient sur le choix du remplaçant de Georges Weykman ; passé ce délai, le juge nommerait lui-même le troisième tuteur.

Pelonne Bonzin et son fils, Etienne de La Forge, n'avaient pas encore délivré à Wolfgang Cleberger le legs qui lui revenait; ils l'engagèrent à venir à Lyon pour y toucher ce qui lui était dû et finirent par l'y décider. A son arrivée à Lyon, Wolfgang fut vivement sollicité d'accepter la tutelle de son neveu. Pelonne Bonzin, Etienne de La Forge, Jacob Jeger, Georges Weykman, Bernard

[1] Voir la note qui précède.

[2] Le procureur du roi en la Sénéchaussée était alors Nicolas Baronnat, docteur, conseiller de Ville en 1544 (Arch. mun. de Lyon, BB. 370; CC. 40, f° 15 v° ; CC. 972, n° 21).

[3] « Statricher und Hoffgericht zu Lyon »; probablement le juge mage et le juge ordinaire (Arch. d'État du Canton de Berne, Unnütze Papiere, t. LVI, n° 35).

[4] Jean Tignat, docteur en droit, alors juge ordinaire de Lyon. Conseiller du roi au Parlement de Dombes, maitre des requêtes de l'Hôtel de la reine, élu conseiller de Ville en 1540 et 1546, nommé, par lettres du 15 mars 1550, lieutenant du Gouverneur de Lyon, il mourut en 1555 (Arch. mun. de Lyon, BB. 64, f° 280; BB. 65, f° 16; BB. 66, f°s 20 et 26; BB. 67, f° 127 v°; BB. 74, f° 39; BB. 370; AA. 28, n° 58; L. Romier, *Jacques d'Albon de Saint-André*, p. 322). En décembre 1546, il avait pour lieutenant Nicolas Meslier (CC. 972, n° 27).

Meyting et Christophe Freihamer[1] insistèrent auprès de lui, lui représentant qu'il servirait à la fois, en acceptant, les intérêts de David Cleberger et ceux des cinq villes, ses héritières éventuelles, puisqu'il empêcherait le procureur du roi de nommer comme troisième tuteur un Français, à l'expiration du délai fixé.

Wolfgang, à la fin, se laissa convaincre, fut présenté au procureur du roi et au juge de Lyon, et prêta serment, comme tuteur, le 24 décembre 1546[2]. On lui communiqua le testament, un inventaire sommaire de la fortune et les comptes ; puis, en présence du notaire et des représentants des cinq villes héritières, l'argent et les joyaux furent mis, sous scellés[3], dans des caisses en fer. On liquida ensuite la succession et quand les legs eurent été payés et diverses créances touchées, Wolfgang pria sa belle-sœur de lui montrer les caisses où était enfermée la fortune de leur pupille ; il demanda aussi que chacun des tuteurs possédât une clé de ces caisses, puisque, aux termes du testament, ils ne devaient rien entreprendre que d'un commun accord.

Mais (dit Wolfgang) Pelonne refusa, sous le prétexte que son mari lui avait légué tous ses meubles et que les caisses, étant des meubles, lui appartenaient[4]. Elle ne voulut permettre ni que Wolfgang possédât une clé des caisses en question, ni qu'il en achetât d'autres, disant qu'elle n'aimait pas « dépendre de qui que ce soit[5] ». Devant l'insistance de son beau-frère lui faisant observer qu'ils auraient, plus tard, des comptes à rendre devant le Conseil de Berne et que les Bernois ne toléreraient pas cette façon d'agir, s'ils en étaient informés, elle promit à Wolfgang de lui « montrer la fortune de temps en temps[6] » ; puis elle lui signifia à la fin qu'on ne lui avait offert la tutelle que pour lui faire honneur et non point dans l'intention qu'il supposait.

[1] Ils représentent, au moins officieusement, les villes héritières ; Wolfgang Cleberger les appelle « herren von den steten » (lettre citée).

[2] Acte de cette prestation de serment aux Arch. d'Etat du Canton de Berne, Unnütze Papiere, t. LVI, nos 29 et 30.

[3] *Ibid.*, n° 35 : « ... die cleinoter... versiglet. »

[4] *Ibid.* : « ... gab zu antwurt, die kisten weer möbles und weer ir wan die mobilia weeren ir im testament alle geschafft. »

[5] *Ibid.* : « ... gab zu antwurt, si möcht nieh also unter der dinstbarkeit sein... »

[6] *Ibid.* : « ... si wolt mir zu zeiten die hab zeigen, so weer es genug. »

De guerre lasse, Wolfgang — qui ne voulait pas être un tuteur fictif[1] et jugeait Pelonne et son fils capables de puiser dans les caisses, si bien qu' « à la fin il n'y resterait rien du tout[2] » — convoqua le notaire, Pierre Dorlin, les représentants des cinq villes intéressées, et se rendit, avec eux, au logis de Pelonne pour exiger d'elle ou la remise des clés demandées, ou le versement d'une caution. La veuve de Jean Cleberger reçut fort mal cette sommation ; elle s'emporta, s'en prit à Jacques Jeger, qu'elle injuria, et déclara que pour tous les Allemands du monde elle ne dépenserait pas même « un pet d'âne[3] ».

Wolfgang protesta contre cette insolence et se retira ; le lendemain, il alla trouver le lieutenant du roi à Lyon[4] et l'avertit de ce qui se passait. Celui-ci répondit qu'il n'y pouvait rien, renvoya Wolfgang au juge de la ville, et, comme il revenait à la charge, lui conseilla de réunir les avocats des deux parties.

Voyant qu'un procès allait s'engager, sachant que deux compatriotes, dont les témoignages lui étaient indispensables, venaient de quitter Lyon, Wolfgang renonça à plaider et même à toucher son legs ; il reprit le chemin de Strasbourg où il était de retour avant le 14 juin 1547[5]. Il lui eût été trop difficile, dit-il, de se défendre contre les « robes longues » qui auraient eu en main la cause de sa belle-sœur ; elle eût fait aux gens de loi de riches cadeaux, et, bien tranquille « dans son jardin, eût taillé des flûtes » pour faire danser son adversaire[6]. Il n'était, d'ailleurs, ajoute-t-il, ni assez valide, ni assez riche, pour entreprendre, à son âge, de longs voyages à cheval. Pelonne ne manquerait pas de le dénoncer, comme protes-

[1] *Ibid.* : « ... ein bemalter vogt, und allein mit dem namen... »

[2] *Ibid.* : « ... in fine weer nichts meer da. »

[3] *Ibid.* : « ... sagt zulezt, sie geeb umb all theuzhen nicht ein essels furcz. »

[4] Alors Jean du Peyrat, lieutenant du roi et lieutenant général en la Sénéchaussée, qui mourut le 16 janvier 1550 (Arch. mun. de Lyon, CC. 283, f° 106 ; BB. 64, f° 257 ; BB. 65, f°s 16, 20 ; BB. 70, f° 185 v°).

[5] Arch. d'Etat du Canton de Berne, Unnütze Papiere, t. LVI, n° 33. Dans un billet sans date, adressé, de Strasbourg, au Conseil de Berne (*Ibid.*, t. LVI, n° 34), Wolfgang écrit qu'il y aura trois mois, le 28 juin, qu'il est parti, à cheval, de Lyon. Il quitta probablement Lyon à la fin de mars 1547.

[6] Arch. d'Etat du Canton de Berne, Unnütze Papiere, t. LVI, n° 35 : « ... mit den langen röcken, die auff der frauen seiten sindt, ist mir zu schweer zu rechten. Si schenket daffete leybröck aus, siczt im roer, schneydet pfeuffen irs gefallens. »

tant et ancien Frère d'un ordre religieux[1], et le cardinal et les prêtres de Lyon l'enverraient au bûcher, comme on l'avait fait, à Paris, pour le premier mari de Pelonne, tandis que celle-ci faisait amende honorable autour de l'église, un cierge à la main.

Wolfgang s'efforçait de mettre l'Avoyer de Berne en garde contre les affirmations de sa belle-sœur, femme rusée, avide d'argent et se contredisant à chaque instant, « comme toutes les femmes[2] ». Elle avait oublié les bienfaits dont l'avait comblée son second mari qui lui avait légué, à elle et à sa famille, plus de 30 000 francs[3]. Son fils, Etienne de La Forge, encore plus retors que sa mère, était trop jeune pour être tuteur puisqu'il n'avait que vingt-deux ans[4].

D'ailleurs, disait Wolfgang en terminant, les villes intéressées à la conservation de l'héritage n'avaient qu'à prendre l'affaire en main. Strasbourg avait déjà désigné des hommes de loi pour s'en occuper; Berne pourrait facilement se venger de l'insulte dont Pelonne avait gratifié tous les bons Allemands, en retenant, pour les frais du procès qui allait s'engager, les arrérages de la pension due par le Conseil à David Cleberger. Zurich, Saint-Gall et Augsbourg pourraient en faire autant de leur côté[5].

Tout en tenant compte du ressentiment que Wolfgang Cleberg devait avoir contre sa belle-sœur, on doit admettre les faits qu'il expose dans son long mémoire. Pelonne Bonzin connaissait le passé de son beau-frère, la méfiance que son mari avait témoignée à l'égard de ce dernier; en le proposant comme tuteur de son fils elle a justifié, sinon les accusations de Wolfgang, du moins l'intention qu'il lui prête de vouloir s'occuper, seule avec Etienne de La Forge et sans contrôle, de la tutelle de David Cleberger et de l'administration de sa fortune[6].

*
**

De retour à Strasbourg en juin 1547, Wolfgang Cleberger com-

[1] *Ibid.* : « Nach dem ich, vor zeiten, ein ordensman gewest... »

[2] *Ibid.* : « Sie ist ein listig weib, voller geltgeiczes, bleibt nicht auff eim propos, wie der weiber art ist. »

[3] Voir, plus haut, p. 102 et s.

[4] Lettre citée : « So ist... ir sun noch zu minderjerig zu eim fogt, allein 22 jar alt und doch daneben noch listiger dan die muter. »

[5] Voir l'inventaire publié plus loin, p. 115.

[6] Voir, plus loin, p. 117 et s.

muniquait au Conseil de Berne l'inventaire sommaire qu'Etienne de La Forge lui avait remis, le 16 février précédent, des biens composant, à cette date, l'héritage de David Cleberger[1]. Ce document (que nous traduisons) est ainsi conçu :

Estimation sommaire et inventaire des biens de David Cleberger, fils et héritier de feu Hans Cleberger, bourgeois de la ville de Berne. Anno Domini 1547, le 16 fevrier.

Lorsque j'ai demandé à mon cousin Etienne de La Forge une estimation de tous les biens qui appartenaient à David Cleberger, fils de feu mon frère, à la date du 16 février, anno Domini 1547, déduction faite de tout ce dont nous nous sommes dessaisis en vertu des dispositions du testament, ledit Etienne de la Forge m'a répondu et écrit de sa propre main que, tout déduit, sauf les frais des funérailles, la fortune, audit jour, s'élevait à 111,074 livres tournois, 10 schillings, 11 pfennigs, soit, en or, 49,366 couronnes, 6 sols, 10 deniers[2].

Lorsque, ensuite, je lui ai demandé un inventaire détaillé des biens, il m'a remis la liste suivante où se trouvent énumérés, très clairement, tous les articles qui constituent la fortune. Soit :

(1) La maison, dite St Ambroise[3], que la dame Appolonia Bouzina aura le droit d'habiter toute sa vie et qui vaut, en or, 2,601 (couronnes) 15,6.

(2) Item, la maison et le jardin d'Auxerre, près St Sébastien, situés contre la montagne, qui valent. . . . . 888 c., 17,9.

(3) Item, la maison de la rue de la Cloyson (des Escloisons) achetée au prix de . . . . 888 c., 17,9[4].

(4) Item, les immeubles à Genève, valant . . . . 3,194 c.

(5) Item, le château et seigneurie du Chatellard, terre engagée par le roi de France[5] pour. . . . . 5,632 c.

[1] Arch. d'Etat du Canton de Berne, Unnütze Papiere, t. LVI, n° 32. L'inventaire est de 1547, l'année commençant, en Allemagne, à la Noël.

[2] *Ibid.* : « ... nemlich Pfunde 111074, Schilling 19, Pfennif 11, Tur(noser Münze), duth Kronen 49366, s. 8, d. 10, in Golt. » La couronne valait donc 2 livres 5 sols, comme l'écu d'or sol (p. 106, note 3).

[3] Sur tous ces immeubles, voir, plus haut, pp. 53 et s.

[4] C'est probablement par erreur que cet immeuble a, dans l'inventaire, la même valeur que le précédent (cf., plus haut, p. 52, note 4, la nommée de J. Cleberger); le total des vingt-deux articles de l'inventaire est cependant exact à quelques sols près.

[5] Arch. d'État du Canton de Berne, Unnütze Papiere, t. LVI, n° 32 : « ... ein Pfandtschilling darauff dem König gelichen... » En vendant les seigneuries

(6) Item, la seigneurie de Villeneuve, autre terre engagée par Sa Majesté[1] pour . . . . 1,800 c

(7) Item, la seigneurie de Chavaygnieu (Chavagneux), bien propre, substitué et invendable[2], valant, en or. . . . . 4,000 c.

(8) Item, la maison avec petit jardin voisine de la maison d'Auxerre, près de St Sébastien, achetée de Michel Huberlein[3], hôte de l'Ours, au prix, sans les lods (?)[4], de. . . . . 353 c., 6,4.

(9) Item, le capital de l'obligation sur la Ville d'Augsbourg qui doit payer, chaque année, au jeune David Cleberger ou à ses descendants directs[5], 150 couronnes, soit. . . . . 3,000 c.

(10) Item, le capital de l'obligation sur la Ville de Berne qui doit payer, chaque année, au jeune David Cleberger ou à ses descendants directs, 150 couronnes, soit . . . . 3,000 c.

(11) Item, le capital de l'obligation sur la Ville de Zurich, qui doit payer, chaque année, à David Cleberger ou à ses descendants directs 70 couronnes, soit. . . . . 1,400 c.

(12) Item, le capital de l'obligation sur la Ville de Saint Gall qui doit payer, chaque année, au jeune David Cleberger ou à ses descendants directs, 50 couronnes, soit. . . . . 1,000 c.

(13) Item, le capital de l'obligation du sieur Hans Paumgartner[6] qui doit payer, au jeune David Cleberger ou à ses descendants directs, 25 couronnes, soit . . . . 500 c.

(14) Item, les joyaux, tels que : anneaux d'or avec rubis et diamants et chaînes, valant, au prix d'achat. . . . . 2,904 c., 10.

(15) Item (créance) sur Jan et Bénédikt, qui doivent encore, pour solde, au jeune David Cleberger. . . . . 50 c.

du Châtelard, le 5 novembre 1543, et de Villeneuve, en décembre suivant. François Ier s'était réservé sur elles un droit de rachat perpétuel (Guigue. *Mém. pour servir à l'hist. de Dombes par L. Aubret*, III, 280, 297).

[1] Arch. d'Etat du Canton de Berne, Unn. Papiere, t. LVI, n° 32 : « ... auch ein Pfandschilling K(öniglicher) M(ajestät) darauff gelichen... » Voir la note qui précède.

[2] *Ibid.* : « ein Eigentumb, substituirt und unverkeufflich... » : voir, plus haut, p. 56, et, plus loin, p. 120, note 6.

[3] Michel « Hieberlin », marchand allemand, tient le logis de l'Ours en février 1547 (Arch. hospit. de Lyon, Charité, B. 96, n° 11). De 1568 à 1571, Bastien et Paul Huberlin (Herbelin ou Heberlin), Allemands, sont établis à Lyon : Bastien est marchand et Paul, hôte de l'Ours (Arch. mun. de Lyon, CC. 146, f°s 15, 30 ; CC. 152, f°s 91, 111 v°. Le 15 octobre 1596, Sébastien « Hymberlin » est inhumé, à Notre-Dame de Confort, dans la « cave » des Allemands (Arch. dép. du Rhône, Jacobins, Inventaire Ramette, II, f° 138 v°).

[4] Arch. d'Etat du Canton de Berne, Unnütze Papiere, t. LVI, n° 32 : « ... on das Loy. »

[5] Voir, plus haut, pp. 57 et s.

[6] Plus haut, pp. 2, 31, 66, 67.

(16) Item, (créance) sur Francz et Barthélemy Dalbérius. C'est une mauvaise créance (provenant) d'une banqueroute par laquelle feu mon frère fut lésé de son vivant, montant à . . . . . 136 c., 12,2.

(17) Item, (créance) sur Blaise Volet, qui reste devoir. 7 c. et demi.

(18) Item, (créance) sur Claude Scholler[1], juge de Villeneuve, qui doit encore, pour solde . . . . 100 c.

(19) Item, le joyau et les diamants que Vincent de Saint-Donino[2] a remis à mon feu frère en nantissement, pour deux termes, valant (sans ?) les intérêts[3]. . . . . 4.082 c.

(20) Item, solde (de la créance) sur Sa Majesté le roi (de France), à propos de laquelle nous avons protesté que ce n'était pas avec nous, mais avec feu mon frère, que le roi avait, de son vivant, contracté cette dette, en vertu de laquelle le roi, jusqu'au remboursement, paiera, à chaque foire, un intérêt de 4 couronnes pour cent[4], en somme, 6,000 c.

(21) Item, (créance) sur Lucas de La Forge, qui redoit encore au jeune David Cleberger la somme totale, sans les intérêts, de . . 1,339 c.

(22) Item, dans la caisse, j'ai trouvé, en argent comptant, la somme de. 6,307 c.

Total de toutes les sommes énoncées ci-dessus et de toute la fortune de David Cleberger, selon la déclaration qui m'en a été faite, ledit jour, 16 février, anno Domini 1547 : 49.366 couronnes, 8.10. Quant aux intérêts produits jusqu'à aujourd'hui, ils seront calculés par le sieur Etienne de La Forge qui tient les livres. En somme, à la date marquée ci-dessus, la fortune, évaluée en or, s'élevait à . . . . 49,366 c., 8,10.

Wolff. Cleberger, bourgeois de Strasbourg, manu proprià.

(A l'Avoyer et au Conseil de la Ville de Berne[5].)

[1] Voir, plus haut, p. 105, note 2 et p. 118, note 6.

[2] Courtier lucquois, déjà cité (plus haut, p. 38, 51), qui, le 26 juillet 1544, se présente au Consulat lyonnais, avec Cleberger et le Florentin André « Cenamy », pour réclamer, au nom des marchands étrangers, le maintien des franchises des foires (Arch. mun. de Lyon, BB. 61, f° 355 v°; voir CC. 883, n° 19).

[3] Arch. d'Etat du Canton de Berne, Unnütze Papiere, t. LVI, n° 32 : « ... auff zween Zettel und Zil zu lösen, welches alles steet, an das Interesse... »

[4] Soit 16 pour 100 par an (*Ibid.*) : « Item Künglich M. sol noch per resta, darauff wir protestirt haben, das wir solch Schuld nicht gemacht, sunder mein Bruder seelich, in seim Leben im gelichen, davon eer seelich je ezliche Mess Kronen 4 per C. zu Schenckung, als lang rer sie braucht, reichet... » Voir, plus haut, p. 50, note 1.

[5] Arch. d'Etat du Canton de Berne, Unnütze Papiere, t. LVI, n° 32. Un inventaire des biens laissés par J. Cleberger est mentionné dans la liste des papiers de la famille Cleberger (Arch. hospit. de Lyon, Charité, B. 168, f° 174 v°). Voir, plus haut, la lettre de P. Tucher du 29 novembre 1546 (p. 109).

Si l'on ajoute à ces 49.366 couronnes (représentant 111.074 livres tournois) le montant des legs faits par Jean Cleberger et calculés plus haut d'après le testament (soit 40.386 livres tournois), plus la valeur (approximative) des terres, meubles et joyaux attribués à Pelonne Bonzin, on peut fixer entre 150 et 160.000 livres la valeur des biens que le Bon Allemand avait «aquis moyennant la grâce de Dieu» et qui ne lui étaient pas « provenuz de ses feuz père et mère ne aultres parens [1] ».

*
* *

Nous ignorons comment fut réglée la question de la tutelle de David Cleberger, après que son oncle Wolfgang eut quitté Lyon en 1547, et déclaré à l'Avoyer de Berne les bonnes raisons qu'il avait de n'y pas revenir. Pendant assez longtemps, les cinq villes intéressées à la conservation de l'héritage de Jean Cleberger se bornèrent à correspondre les unes avec les autres pour se consulter et se communiquer des pièces [2]. Toutes désiraient vivement que Wolfgang, conservant la tutelle de son neveu, fût à même de contrôler la gestion de sa fortune. Allemand et citoyen de Strasbourg, il ferait respecter les droits éventuels de ses compatriotes ; s'il renonçait à la tutelle, il serait probablement remplacé par un tuteur français [3].

Wolfgang était sollicité dans ce sens par le Conseil de Berne qui, chargé par le testament du règlement de la tutelle à la majorité de David Cleberger, était, par ce fait, désigné pour prendre l'affaire en main [4].

Deux ans s'écoulèrent en pourparlers, après la querelle survenue à Lyon, en 1547, entre Wolfgang et sa belle-sœur. En juin 1549, le bruit courait à Berne, qu'Etienne de La Forge serait déchargé de la tutelle de son frère utérin [5] : Wolfgang ne s'était pas décidé à retourner en France, puisque, le 4 octobre 1549, une citation judiciaire lui

[1] Voir plus haut, p. 100.

[2] Arch. d'Etat du Canton de Berne, Unnütze Papiere, t. LVI, nos 31, 36, 37, 44 ; Teusche Missivenbücher, Z, fos 668 à 671, 681, 718, 719, AA, fos 358, 412 ; Gedruckte Sammlung der eidgenössischen Abscheide, t. IV, fos 839, 895, 919, 934.

[3] Arch. d'Etat du Canton de Berne, Unnütze Papiere, t. LVI, nos 35 et 44.

[4] *Ibid.*, Teutsche Missivenbücher, Z, fo 613 ; Unnütze Papiere, t. LVI, nos 43, 44.

[5] *Ibid.*, Unnütze Papiere, t. LVI, no 38.

était adressée pour le sommer de comparaître, le 10 janvier suivant, devant le tribunal de Lyon [1] ; en décembre, Blaise Volet, ami et légataire de J. Cleberger, demandait, au nom de Pelonne Bonzin, que Wolfgang se justifiât de la négligence qu'il mettait à s'acquitter de ses fonctions de tuteur [2].

Le 19 février 1550, l'Avoyer et le Conseil de Berne, considérant qu'ils ont été chargés de l'examen des comptes de tutelle par J. Cleberger et « voyans qu'à sondict testament et dernière voulenté l'on ne veult donner lieu et satisfaire, singulièrement touchant les tuteurs », accordaient pleins pouvoirs à Claude Mey [3], membre du Conseil, pour « agir, quereller, demander et prétendre tout ce qui, à l'observation et satisfaction dudit testament, sera nécessaire [4] ».

Deux mois plus tard, le Conseil de Strasbourg demandait au Conseil de Berne d'agir promptement et de prendre une décision, parce que, disait-il, « au cas d'un plus long retard, nous ne pourrions plus détourner Wolfgang Cleberger de son attention arrêtée » et l'empêcher de renoncer à la tutelle de son neveu. Cette renonciation « pourrait facilement causer beaucoup de dommage à vous (la Ville de Berne) et aux autres villes héritières [5] ».

Une lettre adressée par Wolfgang Cleberger au Conseil de Berne, le 10 juin 1550, pour expliquer sa conduite, est le dernier document connu sur ce long conflit [6]. Les villes suisses et allemandes renoncèrent vraisemblablement à exercer en France, sur la gestion de la fortune de Cleberger, un contrôle qu'on leur rendait

[1] *Ibid.*, Unnütze Papiere, t. LVI, n° 39.

[2] *Ibid.*, Unnütze Papiere, t. LVI, n° 40.

[3] Claude « May », bourgeois de Berne établi à Lyon, prête au Consulat lyonnais l'argent nécessaire pour continuer les travaux des fortifications, et est remboursé par mandement du 30 décembre 1554 (Arch. mun. de Lyon, BB. 63, f° 99). En 1536, Blasio Mey « et compaignie » avaient déjà prêté de l'argent au Consulat (CC. 883, n° 13).

[4] Arch. d'Etat du Canton de Berne, Unteres Spruchbuch, P. f° 94 v°.

[5] *Ibid.*, Unnütze Papiere, t. LVI, n° 44.

[6] *Ibid.*, Unnütze Papiere, t. LVI, n°s 41 et 42. D'après L. Aubret, un dénombrement fut donné, en 1551, par Pelonne Bonzin, Claude Vincent dit Le Gourd et Claude Cholier, tous trois « tuteurs » de David Cleberger (M. C. Guigue, *Mém. pour l'hist. de Dombes par Louis Aubret*, III, 269). Claude Vincent était le gendre de Pelonne Bonzin (plus haut, p. 72, note 6). Claude Cholier était vraisemblablement le juge de la terre de Villeneuve cité, plus haut, dans le testament de Jean Cleberger et dans l'inventaire de sa succession (p. 105, 116, cf. Guigue, *Topog. hist. de l'Ain*, v° Ars).

impossible. En tout cas, elles continuèrent à servir à David Cleberger les arrérages des pensions constituées par son père[1]. David paraît avoir perdu ou dilapidé en grande partie l'héritage paternel[2], et les cinq villes héritières qui devaient le recueillir après l'extinction de sa descendante directe ne bénéficièrent pas de la clause du testament portant substitution en leur faveur[3].

Pelonne Bonzin et Etienne de La Forge administrèrent donc à leur gré la fortune de leur pupille, au moins pendant les quatre années qui suivirent la mort du Bon Allemand[4], mais l'on sait fort peu de chose sur leur gestion. En 1547, Pelonne prêta au Consulat lyonnais 4.192 livres à 2 pour 100 d'intérêt par foire, c'est-à-dire 8 pour 100 par an ; elle plaçait peut-être ainsi une partie de sa fortune personnelle[5].

Plus tard, et conformément aux prescriptions du testament, les deniers comptants de la succession de Cleberger furent employés à l'acquisition de diverses terres, celles de Chaillouvres (25 mai 1551[6]),

[1] Voir, plus loin, chap. VII.

[2] *Ibid.*

[3] *Ibid.*

[4] *Ibid.* En novembre 1559, Pelonne Bonzin, ayant la « garde noble » de son fils David, soutenait en cette qualité un procès à Paris (Arch. Nationales, X[1a] 1592, f° 33 v°).

[5] Arch. mun. de Lyon, BB. 68, f° 104 (12 juin 1548).

[6] Chaillouvres, — que nous avons confondu (plus haut, p. 73, note 1) avec « Chaliouvre », commune de Bouligneux, — était une seigneurie en toute justice, avec château fort, sur la commune de Chancins (Ain); Pelonne Bonzin acquit Chaillouvres, le 21 mai 1551, de Guillaume Fornier (ou Pierre Fournier?) ; le 13 avril 1552, elle fit aveu et dénombrement pour ce domaine qu'elle donna, quelques années avant sa mort, à Etienne de La Forge. D'après M. C. Guigue, qui indique cette donation, Chaillouvres passa d'Etienne de La Forge à sa sœur Mathurine, puis à Jeanne Le Gourd, fille de cette dernière, femme de François de Joly, seigneur de Choin, bailli de Bresse (Guigue, *Topog. hist. de l'Ain* et *Mém. p. l'hist. de Dombes par L. Aubret*, III, 269 ; *l'Homme de la Roche ou Calendrier hist.*, p. 1827, p. 46 ; J. Baux, *Nobiliaire du dép. de l'Ain*, p. 199). En tout cas, Pelonne Bonzin se dit dame de Chaillouvres en 1557 et 1559 (Arch. mun. de Lyon, CC. 1043, n° 33 ; CC. 1065, n° 40) ; et Etienne de La Forge est qualifié seigneur du même lieu en 1554 et, le 26 août 1563, lorsqu'il teste, à Genève, en faveur de son frère utérin David Cleberger (*Ibid.*, BB. 361, n° 1, Arch. hospit. de Lyon, Charité, B. 168, f° 135 v° ; Arch. de Genève, Minutes de J. Ragueau notaire, vol. p. 1562-1564, f° 1169 ; Heyer, *op. cit.*, p. 443). Etienne de La Forge vivait en juin 1567 (Guigue, *Mém. p. l'hist. de Dombes par L. Aubret*, III, 339), voir Valentin-Smith et Guigue, *Biblioth. Dumbensis*, p. 480-481.

de Montmerle (12 août 1554[1]), la baronnie de Saint-Trivier (11 septembre 1554[2]), la seigneurie de Gravains (1564[3]). En 1551, Pelonne Bonzin avait donné dénombrement, en qualité de tutrice de son fils, pour la seigneurie de Mogneneins, la moitié du péage de Genouilleux et diverses rentes ; d'après un autre dénombrement, l'héritier de Jean Cleberger possédait aussi, en 1564, la terre de Béreins[4].

Divers auteurs citent quatorze seigneuries qui auraient été acquises pour David Cleberger encore mineur[5], mais la liste qu'ils donnent est certainement inexacte, puisqu'elle comprend les domaines de Chavagneux et de Champ déjà possédés par Jean Cleberger[6].

On verra plus loin que Pelonne éleva fort mal son fils David ;

[1] Seigneurie acquise par Pelonne, pour 4.230 livres, de Claude de Semur, comtesse de Pont-de-Vaux (Guigue, *Mém. pour l'hist. de Dombes par L. Aubret*, III, 335).

[2] La baronnie de Saint-Trivier (Saint-Trivier-sur-Moignans, Ain) fut acquise par Pelonne Bonzin, le 19 septembre 1554, d'Anne de Lugny, femme de Philibert de La Chambre, seigneur de Montfort, au prix de 32.000 livres, pardevant Pierre Noyer, notaire (Arch. hospit. de Lyon, Charité, Invent. des titres et papiers de Saint-Trivier, 1742, I, 19 ; M. C. Guigue, *Topogr. hist. de l'Ain*, p. 367 ; voir, plus loin, chap. VII.

[3] Gravains (commune de Villeneuve, Ain) terre vendue à David Cleberger en 1564 (Guigue, *Topog. hist. de l'Ain* ; Bréghot du Lut, *Mélanges*, p. 234).

[4] Valentin-Smith et M. C. Guigue, *Bibliotheca Dumbensis*, I, 635 ; Guigue, *Mém. pour l'hist. de Dombes par L. Aubret*, III, 269, 291. — Mogneneins, commune du canton de Thoissey (Ain) ; Genouilleux, commune du canton de Trévoux (Ain). Voir aussi l'aveu donné par Pelonne en avril 1552 (comme tutrice ?) pour Chaillouvres, des rentes sur Fleurieu, paroisse de Mogneneins et la rente de Maillat à Valeins (Guigue, *op. cit.*, III, 270).

[5] Le *Précis histor. sur J. Cleberger*, p. 7, cite Saint-Trivier, Chavagneux, Mogneneins, la Bessée, Gravains, la Motte-Ades, Berains (Bereins, hameau de Saint-Trivier-sur-Moignans ?) Monts, Challiouvres, Banains (Baneins dans le canton de Saint-Triviers-sur-Moignans ?), Riottiers, la Poype, Russins et Champ ; l'auteur renvoie aux Archives de la Charité, armoire 14, boite 492 (?) Cf. *l'Homme de la Roche* ou *Calendrier hist.*, p. 1827, p. 47 ; Th. Heyer, *loc. cit.*, p. 427, etc. Cette liste a été sans doute empruntée à Guichenon qui avait cité, dans le même ordre, les mêmes seigneuries sauf Russins, en écrivant « Banains en Maconnais » et « La Poype de Banains » (*Hist. de la Souveraineté de Dombes*, 1874, II, 140-141). David Cleberger se disait seigneur de Montagneux ou Montagny en 1559 (communiqué par M. F. Frécon), peut-être Montagneux, hameau de Saint-Trivier. Voir Guigue, *Topog. hist.*, v° Montagneux, Montagny, Montaney. Voir, plus loin, chap. VII.

[6] Voir, plus haut, p. 54, 55, 56. Charlotte de Belletruche, veuve de noble Jean de La Porte, donne dénombrement, en 1551, pour la moitié de la terre de Chavagneux que son mari avait partagée avec noble Antoine de La Porte, son frère (Guigue, *Mém. pour l'hist. de Dombes par L. Aubret*, III, 335).

elle fit preuve à son égard d'une faiblesse déplorable et ne sut pas l'empêcher de vivre dans l'oisiveté et la dissipation[1]. Elle mourut en 1562 ou 1563[2]. Par un premier testament, en date du 25 avril 1549, elle avait institué David Cleberger son héritier universel[3]; elle testa de nouveau, les 11 août 1555 et 20 août 1562, désignant pour être ses héritiers universels : en 1555, son fils, Etienne de La Forge[4], puis en 1562, ses deux fils, Etienne de La Forge et David Cleberger[5].

David atteignit sa majorité (et sans doute sa vingt-cinquième année) en octobre 1565[6]; le chapitre qui suit est consacré à ce fils unique du Bon Allemand et à sa descendance.

[1] Voir, plus loin, chap. VII.

[2] Voir, plus haut, p. 73 et notes. La terre de Chaillouvres, pour laquelle Pelonne donnait dénombrement en avril 1552, est reconnue, le 23 août 1563, par Etienne de La Forge (Guigue, *Mém. pour l'hist. de Dombes par L. Aubret*, III, p. 269-270).

[3] Arch. de la Chambre des notaires de Lyon, Minutes P. Dorlin, Testaments de 1544 à 1546, f°s 332-335 v°.

[4] Arch. hospit. de Lyon, Charité, B. 168, f° 135 v° (Pierre Dorlin, notaire).

[5] *Ibid.*, et Inventaires des titres de la baronnie de Saint-Trivier, 1742, I, p. 31.

[6] Il le déclare du moins, le 7 février 1566, en revendant la seigneurie de Montmerle à Louis de Bourbon-Montpensier, souverain de Dombes (Guigue, *Mém. pour l'hist. de Dombes par L. Aubret*, III, 335). D'autre part, il aurait fait aveu et dénombrement, en 1564, pour la terre de Béreins et acquis, la même année, la terre de Gravains (Valentin-Smith et Guigue, *Biblioth. Dumbensis*, I, 635; plus haut, p. 101).

VII

DAVID CLEBERGER ET SA DESCENDANCE

De son mariage avec Pelonne Bonzin en 1536[1], Jean Cleberger n'eut qu'un fils, David, qui prit la particule et s'appela « David de Cléberg[2] ». Ehrenberg le fait naître en 1538[3]; le 19 janvier 1546, Jean Cleberger, s'excusant de ne pouvoir remplir les fonctions de conseiller de Ville, expose qu'il a « ung jeune filz de cinq ou six ans qui ne peult se lever qui ne le relièvе et ne peult travailler ». D'après cette déclaration de son père, David serait né entre 1539 et 1541 et son enfance aurait été maladive[4]. De 1546 à 1549, il avait pour « magister » J.-F. Chuffel[5].

[1] Voir, plus haut, p. 69.

[2] Documents cités au cours de ce paragraphe. Le sceau de David Cleberger, conservé à Lyon, aux archives de la Charité, porte la légende « DA. DE. CLEBERG. D. ET. BARO. S. TRIVE. CHAVAG. MOIGNS. ». Jean Cleberger avait été anobli par son échevinage et son fils avait droit à la particule. D'après le *Précis historique sur J. Cleberger* (p. 12), David modifia son nom parce qu'il avait été fait baron, et « qu'en allemand Cleberg est plus distingué que Cleberger ».

[3] R. Ehrenberg, *Hans Kleberg*, p. 20, *Das Zeitalter der Fugger*, II, 99; *Précis historique*, p. 6; Th. Heyer, J. Cleberger, ap. *Mém. Soc. d'Hist. et d'Archéol. de Genève*, IX, 423.

[4] Arch. municip. de Lyon, BB. 61, fº 11 vº. Lorsqu'il passe, le 9 juin 1538, avec la ville de Berne, un contrat de constitution de rente, Jean Cleberger paraît ne pas avoir alors d'héritier direct (voir, plus haut, p. 57). David Cleberger atteignit sa majorité en octobre 1565, et, comme il fut probablement majeur à 25 ans, il devait être né en 1540 (v. plus loin, p. 127); en 1562, il déclare au Consistoire de Genève qu'il est natif de Lyon (A. Cramer, Extraits des reg. du Consistoire de Genève, p. 121-122, ap. Heyer, *op. cit.* p. 441).

[5] Testament de J. Cleberger. Arch. de la Chambre des Notaires de Lyon, Minutes Dorlin, Testaments de 1544 à 1556, fº 170 vº. Jean Cleberger laisse 20 écus d'or à ce magister, « afin qu'il soit plus curieux monstrer et servir sond. fils ». Pelonne Bonzin, dans son testament du 25 avril 1549, fait également un legs à « Jean Chuffet » qui est encore, à cette date, précepteur du jeune David (*Ibid.*, fºs 332-335 vº). Voir, plus haut, p. 105, note 1.

Jean Cleberger mourut en septembre 1546, laissant à ce fils unique, son héritier universel, une fortune évaluée à 111.000 livres environ, déduction faite de tous frais et legs. L'héritage comprenait, avec des immeubles à Lyon et à Genève, les terres du Châtelard, de Chavagneux et de Villeneuve en Dombes, un revenu d'un millier de livres, en rentes sur des marchands allemands ou des villes de Suisse et d'Allemagne, 29.908 livres en joyaux et en argent comptant, et diverses créances représentant 17.722 livres[1].

Aux termes du testament, le jeune David devait avoir pour tuteurs : sa mère, son frère utérin, Etienne de La Forge, et le marchand Georges Weikman, d'Ulm, « grant et ancien amy » de Jean Cleberger. David resterait en tutelle jusqu'à vingt-cinq ans et ses tuteurs ne pourraient vendre aucun des biens faisant partie de la succession. Les tuteurs de David le feraient « endoctriner en bonnes lettres latines et bonnes meurs » jusqu'à quatorze ans, et ensuite « estudier es loix et droitz civil et canon » jusqu'à vingt-cinq ans, « ez universitez » que bon leur semblerait, « réservés ès universitez d'Ytalie et d'Espaigne ». « Tous et chacun les deniers comptans de la succession et les sommes provenant des créances à recouvrer, seraient employés, « le plustôt », « en achapt de terres et seigneuries ou autres biens et fondz de terre[2] ».

On a vu plus haut ce qu'il advint de la tutelle de David Cleberger. En fait, l'enfant fut élevé par sa mère et par son frère utérin, Etienne de La Forge, qui, à ce qu'il semble, disposèrent à leur gré de l'héritage de leur pupille[3]. Suivant les prescriptions du testament paternel, diverses seigneuries furent acquises pour le compte du jeune David[4] et les dernières volontés de son père paraissent avoir été suivies dans la mesure du possible en ce qui concernait son éducation.

[1] Voir, plus haut, p. 114 et s.

[2] Test. de J. Cleberger, loc. cit., p. 172-173 ; E. Pariset, *Biographie de J. Cleberger*, p. 69-71.

[3] Voir, plus haut, p. 112 et s., 119. De 1550 à 1553, divers cens sont réclamés à l'héritier de J. Cleberger pour les biens qu'il possède à Genève ; voir, ap. Th. Heyer, *loc. cit.*, p. 440-441, les lettres écrites par Pelonne Bonzin, en juillet et septembre 1553 (Arch. de Genève, Regist. du Conseil, vol. pour 1550-51, f° 133, vol. pour 1553, II, 114 v° ; Registre des particuliers, vol. de 1553-54, f° 115 v° ; Portefeuille des pièces historiques, n° 1541).

[4] Voir, plus haut, p. 119 et s.

*
* *

Vers sa vingtième année, David, accompagné de son précepteur — alors Antoine Chéron, de la Fère-en-Tardenois — se rendit à Zurich où ils furent inscrits ensemble, le 23 janvier 1559, sur le matricule de l'Académie[1]. Ils prirent logement chez un pasteur de la ville, Rodolphe Gwalther, gendre de Zwingle. Mais, trois mois plus tard, ils quittaient Zurich, « peut-être à cause de quelque frasque du jeune homme qui en avait l'habitude » : en juin, après des arrêts à Bâle et à Genève, ils revenaient à Lyon où Antoine Chéron était heureux de remettre son élève à sa mère. Dans une lettre, où il raconte ce retour au pasteur Gwalther, Chéron parle de Pelonne Bonzin, de ses « cheveux blancs », de sa faiblesse à l'égard de son fils et de l'intention qu'elle avait alors d'envoyer David en Angleterre, par la Flandre et la Hollande, « pour qu'il ne se corrompît pas davantage à la maison dans les plaisirs et l'oisiveté ».

Chéron, sur la demande de Pelonne, passa quelques mois à Lyon, plutôt comme ami et conseiller de la mère que comme précepteur du jeune homme, puis il alla, pour son compte, étudier à Genève pendant un an. En repassant par Lyon, au printemps de 1562, il fit une visite d'adieu à Pelonne Bonzin : celle-ci lui apprit que David venait de séjourner à Venise, où, en cinq mois, il avait gaspillé 1.700 couronnes. Chéron, déplorant la trop grande indulgence dont on a usé envers son ancien élève, écrit à ce propos à Gwalther que, lorsqu'on lui parlera de David, il dira « nettement ce qu'il en est » : « qu'il y a lieu de baisser les yeux à terre[2] ».

La même année (1562), à la suite, sans doute, de la prise de Lyon par les protestants et de la guerre civile qui suivit, David allait s'établir à Genève, avec Etienne de La Forge[3]. Le 19 no-

[1] Arch. de Zurich, Album in Tigurinâ Scholâ studentium (ap. A. Bernus, David de Kleberg, in *Bull. de la Soc. de l'hist. du Protestantisme français*, 1890, p. 387 ; Album Studiosorum, de l'Université de Zurich, publié par Meyer de Knonau, dans Zürcher Taschenbuch, p. 1883 ; *Mém. des cinquante premières années de la Soc. d'hist. et d'Archéol. de Genève*, p. 231) ; N. Weiss, Le Réformateur Meygret, ap. *Bull. de la Soc. de l'hist. du Protestantisme fr.*, 1890, p. 267.

[2] A. Bernus, David de Kleberg, *loc. cit.*, p. 387 ; l'auteur analyse la correspondance d'Antoine Chéron avec Rodolphe Gwalther, de 1559 à 1562.

[3] Le Conseil de Genève autorise, le 23 novembre 1562, Etienne de La Forge à demeurer dans la ville jusqu'à ce qu'il puisse retourner dans son pays. (Arch

vembre, le Consistoire de Genève les signalait tous deux comme n'étant « ny papistes ni évangélistes, mais plustot atthaïstes (athées) », et décidait de les faire interroger « sur leur foi[1] ». David « de Clébergue » ayant déclaré, le lendemain, qu'il voulait embrasser la religion réformée, fut autorisé à résider à Genève[2].

Il y fut parrain, le 22 novembre 1562, à la Madeleine, d'un enfant du baron des Adrets, à qui sa femme, Claude de Gumin, venait de donner deux jumeaux, un fils et une fille. La fille, nommée Esther, fut tenue sur les fonts par David Cleberger; le garçon, appelé David, par Calvin[3].

C'est vraisemblablement vers cette époque que David épousa Suzanne de Gumin, belle-sœur du baron des Adrets. Le 12 janvier 1563, Calvin, annonçant au Conseil de Genève que le baron avait trahi la cause de la Réforme, proposait que l'on mandât « Clébergue », et qu'on l'engageât à quitter la ville, puisqu'il voulait dernièrement suivre son « beau-frère[4] ».

de Genève, Reg. du Conseil, vol. de 1562, f° 156, ap. Th. Heyer, *loc. cit.*, p. 441); voir la note qui suit.

[1] A Cramer, Notes extraites des Reg. du Consistoire, ap. Heyer, *loc. cit.*, p. 441-442. Le Consistoire signale la présence à Genève de « beaucoup d'Allemands qui sont venus tant de Lyon que d'aultre part », « et notamment Clébergue et ung sien parent, qui ne semblent avoir ni foy ni loy et nulle religion ».

[2] *Ibid.* « Noble David de Clebergue, natif de Lyon », déclare que, n'ayant pas « faict encore profession de la religion chrestienne... il veult se désister de suyvre doresnavant l'idollatrie, protestant de suyvre la vraye réforme de l'Evangile icy preschée et annoncée ». Les 4 et 5 février 1563, David est autorisé à « aller et venir dans la ville comme passant », jusqu'à ce qu'il ait obtenu une permission « pour y résider et loger, pour y tenir ménage ». (Arch. de Genève, Reg. du Conseil, vol. pour 1562, f°s 194 v°, 195 v°, ap Heyer, *loc. cit.*, p. 442).

[3] Arch. de Genève, Reg. paroissiaux de la Madeleine, Baptêmes, 22 nov. 1562, ap. Heyer, *loc. cit.*, p. 442 ; N. Weiss, *op. cit.*, *loc. cit.*, p. 268.

[4] Arch. de Genève, Reg. du Conseil, vol. p. 1562, f° 184, 12 janv. 1563, ap. Heyer, *loc. cit.*, p. 442 ; A. Bernus, David de Kleberg, *loc. cit.*, p. 387. D'après Guichenon, le contrat de mariage de David et de Suzanne de Gumin serait du 7 août 1572 (*Hist. de la Souv. de Dombes*, 1874, II, 140-141). Ce contrat est mentionné, sans date, aux Arch. de la Charité de Lyon (BB. 168, f° 134). En tout cas le mariage est antérieur au 19 décembre 1565 (v. plus loin p. 126). Le père de Claude et de Suzanne était Antoine de Gumin, seigneur de Romanèche en Dauphiné (Guichenon, *loc. cit.*) ; ce personnage reçoit du Consulat lyonnais, le 27 mars 1532, une somme de 52 livres, pour avoir contrôlé et fait passer les muletiers venant du Piémont par le Dauphiné (Arch. mun. Lyon, CC. 821, n°s 25 et 26).

En 1563, David vendit une maison qu'il possédait, à Genève, sur la rive gauche du Rhône et qui portait pour enseigne « par cy devant le Lyon d'or, et à présent... l'Escu de Genève ». L'acquéreur retint à David, sur le prix d'achat, diverses sommes qu'il lui avait avancées, et notamment 208 l. 12 sols « pour des dépenses de bouche à diverses foys, depuis le mois de septembre 1562[1] ».

Cet embarras d'argent n'était pas seulement momentané. C'est évidemment David Cleberger qui vend, en 1564, à Willibald Imhof, de Nuremberg[2], le portrait de son père par Albert Dürer; la vente a lieu par l'intermédiaire de Jean Rieger, marchand allemand établi à Lyon, à qui W. Imhof offre, pour se reconnaitre, une coupe en argent[3].

En 1565, un créancier impayé poursuit, à Genève, la vente du tènement que le jeune Cleberger possédait à Saint-Gervais[4]. La vente a lieu, bien que David ait sollicité un délai[5] et que sa femme ait envoyé, le 19 décembre, au Conseil de Genève une lettre où elle menaçait de « faire parler par aultres[6] ».

L'ancien étudiant de Zurich et de Venise avait-il continué les prodigalités de son adolescence? Ses revenus se trouvaient-ils amoindris par suite de la crise financière qui, depuis 1557, éprouvait si durement les marchands et banquiers allemands[7]? La pre-

[1] Minutes de J. Ragueau, notaire à Genève, Registre de 1562-1564, f° 665 ap. Heyer: *loc. cit.*, p. 443. La même année, David Cleberger a des discussions, à Genève, avec ses voisins, à propos de son tènement de Saint-Gervais (Arch. de Genève, Reg. des particuliers, vol. de 1562-1564 *passim.*, ap. Heyer, *loc. cit.*, p. 442).

[2] Un fils de Hans Imhof et de Félicité Pirkeimer, la première femme de Jean Cleberger; voir la note qui suit.

[3] A. d'Eye, *Dürer*, Suppl. p. 352; M. Tausing, A. *Dürer*, trad. de G. Gruyer, p. 484. Sur Jean Rieger, légataire du Bon Allemand, voir, plus haut, p. 105, n. 4.

[4] Arch. de Genève, Regist. du Conseil, vol. pour 1565, f° 101 (Heyer, *loc. cit.*, p. 443).

[5] Arch. de Genève, même registre, f° 122. David Cleberger demande qu'on lui accorde un délai « en ayant souvenance des gratuités faites par feu son père »; le Conseil lui répond qu'il est trop tard, mais que, d'après les lois de la République, il a six mois pour racheter son immeuble (Heyer, *loc. cit.*, p. 443).

[6] Arch. de Genève, Pièces historiques, n° 1806 (Heyer, *loc. cit.*, p. 443).

[7] R. Ehrenberg, *Das Zeitalter*, I, 192, 225; Castelot, Les bourses financières, ap. *Journal des Economistes*, mars 1898, p. 334-335. On voit qu'en mars 1563 J. Ragueau, notaire à Genève, reçoit pour David Cleberger, de la seigneurie

mière de ces hypothèses paraît la plus vraisemblable : en tout cas, si le fils de Jean Cleberger connut des moments de gêne, l'héritage qu'il avait recueilli ne disparut pas tout entier et il est certain que David ne fut pas ruiné, comme le suppose Ehrenberg, par une mainmise du roi de France sur la fortune de son père[1].

*
* *

David Cleberger atteignit sa majorité en octobre 1565[2] ; en 1566, il revendit au duc de Montpensier, prince de Dombes, la seigneurie de Montmerle le 7 février, puis, le 5 juin, les seigneuries du Châtelard et de Villeneuve, en stipulant que, jusqu'au remboursement du prix d'achat de ces deux terres, il recevrait, sur leurs revenus, une rente annuelle de 1.380 livres[3].

Il fut présent, à Trévoux, le 4 octobre 1567, à l'assemblée des Etats de Dombes, et, le 12 du même mois, à la réunion du ban et arrière-ban de la principauté. Il possédait alors, en Dombes, la baronnie de Saint-Trivier, Montagny, la rente de Saint-Lagier à Mogneneins et la rente de la Bessée[4]. Plus tard, à ce qu'il semble[5], il fait aveu pour Saint-Trivier, la Poype et la Motte-de-Gravains, les châteaux et maisons fortes de Béreins, Chaillouvres et Francheleins, la moitié de la seigneurie de Chavagneux, la terre et seigneurie de Mogneneins, avec des rentes nobles sur les paroisses de Mogneneins, Fleurieux, Peysieux, Genouilleux et paroisses circonvoisines, la rente de la Bessée et celle dite de Tavernost, au village de Fleurieux[6].

d'Augsbourg, une somme de 200 florins (minutes de J. Ragueau, Registre pour 1562-1564, f° 660, ap. Heyer, *loc. cit.*, p. 443) ; en 1573, la Ville de Berne sert toujours à David Cleberger la rente constituée par son père (Arch. de Berne, Welsche Missivenb., F. 44).

[1] R. Ehrenberg, *H. Kleberg*, p. 37. En 1553, Henri II devait à David Cleberger 5.000 écus, dont il lui servait l'intérêt au taux de 12 o/o par an ; cette somme représentait sans doute le solde non remboursé du prêt fait par Jean Cleberger à François Ier en 1543 (Arch. de Nuremberg, Papiers de Paul Behaim Ier, ap. R. Ehrenberg, *Das Zeitalter*, II, 99 ; voir, plus haut, p. 109, 119.

[2] M. C. Guigue, *Mém. pour servir à l'hist. de Dombes, par Louis Aubret*, III, 335.

[3] *Ibid* : III, 335, 339, 494 ; L. Galle et G. Guigue, *Hist. du Beaujolais, Mém. de Louvet*, II, 135.

[4] Valentin Smith et M. C. Guigue, *Bibliotheca Dumbensis*, I, 480, 481, 483.

[5] L'aveu est mentionné, par Louvet, à la date du 18 août, sans indication de l'année ; voir la note qui suit.

[6] Galle et Guigue, *Hist. du Beaujolais, Mém. de Louvet*, II, 143. Un dénom-

Vers 1572, il acquiert la seigneurie de Riottiers[1].

A Lyon, il possède encore, en 1571-1572, deux maisons au pennonnage de Jean Volemyn et une maison au pennonnage Teste : en 1581, au pennonnage Buisson, une maison qu'il habite[2]. En 1587, il donnera à sa fille Suzanne une dot de 4.000 écus d'or[3]; la même année, il soutiendra un procès relatif à la justice de Mons[4]. Enfin, jusqu'à sa mort, il conservera, avec la baronnie de Saint-Trivier, les domaines de Champ et de Chavagneux[5].

Pourtant, bien qu'il jouisse des revenus de ces terres, rentes ou immeubles, on le trouve fréquemment en butte à des poursuites de créanciers.

En 1573, un sieur Pierre Cordier, de Genève, qui lui a fourni des arquebuses, veut faire saisir les sommes qui lui sont dues par la Ville de Berne, et, le 19 décembre, le Conseil de Berne doit inviter « Cleberg » à payer cette dette[6]. En 1577, le baron de Saint-Trivier en est réduit à s'adresser au Conseil de Berne et à solliciter un prêt de 2.000 à 3.000 écus; les Bernois lui répondent qu'ils l'obligeraient volontiers, en souvenir de son père, mais qu'ils sont mal-

brement, donné par Pelonne Bonzin en avril 1552, concerne Chaillouvres, des rentes à Fleurieux, paroisse de Mogneneins, et la rente de Maillat, à Valeins. — Montagneux et Béreins hameaux de Saint-Trivier-sur-Moignans : Francheleins commune du canton de Saint-Trivier : Fleurieux, hameau de Mogneneins, canton de Thoissey : Peysieux et Genouilleux, communes du même canton ; Gravains, hameau de Villeneuve, canton de Saint-Trivier. (Guigue. *Topog. hist. de l'Ain.*) Cf., aux Archives de la Charité, à Lyon (Dossier des bienfaiteurs), l'énumération, d'après un exemplaire de l'*Hist. de la Souveraineté de Dombes*, de Guichenon, annoté par Aubret, des seigneuries possédées par D. Cleberger.

[1] Galle et Guigue, *Hist. du Beaujolais, Mém. de Louvet*, loc. cit.

[2] Arch. mun. de Lyon, CC. 151, f° 287 : CC. 152, f° 134 v° : CC. 153, f° 120 v° : CC. 275, f° 192 v°.

[3] Arch. hospitalières de Lyon, Charité, B. 168, f° 34.

[4] M. C. Guigue, *Mém. pour l'hist. de Dombes, par L. Aubret*, III, 411.

[5] Arch. hospit. de Lyon, Charité, B. 168, f° 169 v° : Arch. de la Chambre des Notaires de Lyon, Minutes de Pierre Chapelu, liasse pour 1593, n° 75. Il faut encore porter à l'actif de David Cleberger une partie au moins des biens de sa mère, morte en 1562 ou 1563 (voir, plus haut, p. 73, 121) et de ceux de son frère utérin, Etienne de la Forge, mort après le 5 juin 1567 (plus haut, p. 119, n. 6, et Arch. mun. de Lyon, CC. 1136, n°s 7 et 45). Il acquit ainsi des droits sur la seigneurie d'Ars, la grange Machard, les « grandes maisons » et moulins de Sainte-Euphémie (M. C. Guigue, *Notice généal. sur la famille Garnier des Garets*, p. 7-8).

[6] Arch. de Berne, Welsche Missivenbücher, F, p. 44.

heureusement dans l'impossibilité de le faire[1]. L'année suivante, en juillet 1578, c'est le chapitre de Saint-Paul de Lyon qui réclame à Cleberg des cens dus par lui, depuis sept ans, sur la partie du domaine de Champ qui dépend de la directe de Saint-Paul ; un procès s'engage à ce sujet[2].

En 1579, « noble David de Cléberge » était simple « homme d'armes » dans la compagnie de M. de Maugiron, capitaine de 50 lances des ordonnances de France, et, le 12 novembre, le Consulat lyonnais, sur sa demande, le déclarait exempt des droits d'entrée sur le vin et de la taxe du barrage du Pont du Rhône[3].

Le fils unique du Bon Allemand semble donc avoir été, jusqu'à son âge mûr, d'abord un prodigue, plus tard un déplorable administrateur de la fortune amassée par son père. Il mourut en 1592 et fut inhumé à Lyon, le 9 novembre, dans l'église du couvent de Notre-Dame de Confort, où se trouvait le tombeau de Jean Cleberger[4].

*
* *

Sa femme, Suzanne de Gumin, « dame de Romanesche et de Champ, veuve de David de Cléberg, en son vivant écuyer, seigneur et baron de Saint-Trivier et de Chavaignieu », testa, à Lyon, dans la salle du couvent des Célestins, le 18 octobre 1593. Son testament nomme les quatre enfants qu'elle avait eus de David de Cléberg à des dates que nous n'avons pas retrouvées : deux fils, Louis ou Louis-Claude, l'aîné, et Claude ; deux filles, Marie, l'aînée, et Suzanne.

Si l'on en croit son testament, Suzanne de Gumin n'avait pas eu à se louer de tous ses enfants. Elle lègue 500 écus d'or, à 60 sols l'écu, à sa fille Suzanne, institue Claude, son fils puîné, son héritier universel et déshérite ses deux aînés : sa fille Marie, pour trois raisons : « la première pour avoir habandonné et prostitué son honneur, chasteté et virginité ; la seconde pour l'avoir battu et dit injures ; la

[1] Arch. de Berne, Welsche Missivenbücher, G, f° 61.

[2] Arch. dép. du Rhône, Saint-Paul. Obéance de Saint-Sacerdos, liasse 3. Le 30 août 1585, les chanoines font saisir les sommes dues à David Cleberger par son fermier.

[3] Arch. mun. de Lyon, BB. 103, f° 242.

[4] Arch. dép. du Rhône, Jacobins, Inventaire Ramette, III, 1re partie, f° 138. Le 5 décembre 1592, les papiers du défunt furent inventoriés (Arch. hospit. de Lyon, Charité, B, 168, f°s 170, 170 v°, 175 v°).

troysième et dernière pour l'avoir playdé et osté son bien par disputes, procès et chicaneries de la preuve de la lune ». La testatrice déshérite pareillement son fils aîné, Louis ou Louis-Claude « pour plusieurs raysons et causes d'ingratitudes » ; il lui a dressé ou fait dresser « des embusches, tant contre ses biens pour les luy oster, que contre sa personne », lui a « reffuzé habitz de duel (deuil) pour l'habiller », après le décès de son mari, et l'a « laissé de sa personne en nécessité[1] ».

« Mme de Saint-Trivier » vivait encore, en mai 1594, lorsque le Consulat lyonnais fit faire, dans la ville, une « visite » de l'artillerie ; elle habitait, au pennonnage Lièvre, une maison située « vers la Coste Saint-Sébastien », qui devait être la maison d'Auxerre[2]. Elle déclara aux commissaires de la visite que son feu mari possédait quelques pièces d'artillerie, mais que, de Chavagneux où elles se trouvaient, ces pièces avaient été conduites à Thoissey[3].

La veuve de David de Cléberg mourut peu de temps après, entre mai 1594 et le 6 septembre 1595[4].

*
* *

Les deux fils de David de Cléberg décédèrent sans postérité. Il est souvent difficile de les distinguer l'un de l'autre, en raison de la similitude de leurs prénoms[5]. Claude de Cléberg, le puîné, écuyer, baron et seigneur de la moitié de Saint-Trivier[6], fut l'héritier universel de sa mère. Il testa à Lyon, le 8 juillet 1594, au couvent des Carmes et déclara vouloir être enseveli dans l'église du lieu où il

[1] Arch. de la Chambre des Notaires de Lyon. Minutes de Claude Chapelu, liasse de 1593, nº 75 ; Arch. hospit. de Lyon. Charité, B. 168, fos 135 vº, 136.

[2] Voir, plus haut, p. 54, 115.

[3] Arch. mun. de Lyon, EE. Chappe IV, 198d, 136, non paginé. En 1597, la maison « près la coste Saint-Sébastien » est gardée par un serviteur et un jardinier (EE. Chappe IV, 198d, 134).

[4] Arch. hospit. de Lyon, Charité, B. 168, fº 170 vº (accord entre ses héritiers, du 6 sept. 1595). En 1594, Suzanne de Gumin était dame « de Romanesche, de Chambost et de Champt » (v., plus loin, le testament de son fils Claude).

[5] Voir, plus haut, le testament de Suzanne de Gumin. Un arrêt du Parlement de Dombes les nomme, en 1593, Claude-Louis et Louis-Claude (Arch. hospit. de Lyon, Charité, B. 168, fº 170 vº).

[6] David Cleberger avait laissé la baronnie de Saint-Trivier à ses deux fils (Arch. hospit. de Lyon, Charité, Inventaire des titres et papiers de la baronnie de Saint-Trivier en 1742, t. I, p. 19).

viendrait à décéder[1]. Il vivait le 2 août 1598[2], et mourut avant le 30 décembre 1600[3].

Louis, Louis-Claude ou Claude-Louis, son frère aîné, coseigneur, puis seigneur et baron de Saint-Trivier à la mort de Claude, seigneur de Chavagneux et de Romanèche, fut prieur commandataire de Saint-Trivier[4]; il devait être au moins clerc[5]. Il céda aux Minimes de Lyon, le 14 octobre 1602, ce petit prieuré qui se trouvait dans l'enceinte du château de Saint-Trivier[6]. Il avait testé le 16 janvier 1596, et choisi pour sa sépulture le tombeau de son père, dans l'église de Notre-Dame de Confort[7]. Il y fut inhumé, le 13 mai 1604[8]; avec lui s'éteignaient la descendance mâle et le nom de Jean Cleberger.

Les deux filles de David de Cléberg et de Suzanne de Gumin furent toutes deux mariées; une seule eut des enfants. Marie, l'aînée,

[1] Arch. de la Chambre des Notaires de Lyon. Minutes de Floris Dumont, liasse pour 1593-1595, à la date indiquée.

[2] Arch. hospit. de Lyon, Charité, B. 168, f°s 171, 171 v°.

[3] Arch. hospit. de Lyon, Charité, B. 168, f°s 172 v°, 173.

[4] Arch. hospit. de Lyon, Charité, B. 168, f°s 158 v°, 159 ; Guichenon, *Hist. de la Souveraineté de Dombes*, 1874, II, 141.

[5] La Teyssonnière (*Recherches hist. sur le dép. de l'Ain*, 1844, V, p. 201-202) dit que le second fils de David Cleberger fut « prêtre ». Cf. *l'Homme de la Roche (Calendrier p. 1827)*, p. 48 ; Th. Heyer, *op. cit., loc cit.*, p. 427.

[6] Arch dép. du Rhône, Minimes, Inventaire, f° 106 v° ; Arch. hospit. de Lyon, Charité, B. 168, f°s 158 v°, 159 ; Guichenon, *op. cit., loc. cit.* ; M. C. Guigue, *Topogr. hist. du dép. de l'Ain*. — Ce prieuré, de l'Ordre de Saint-Benoit, dont Pierre de Maise était titulaire en 1564, dépendait de l'abbaye de la Chaise-Dieu. Nicolas de Neuville, abbé de la Chaise-Dieu, obligea, en 1603 (?), « Louis de Cléberg » à reconnaître son droit de collation et de visite sur le prieuré de Saint-Trivier (M. C. Guigue, *Mém. de L. Aubret*, III, 458, 464) ; voir, *ibid.*, III, 463, 469 ; Valentin-Smith et M. C. Guigue, *Biblioth. Dumbensis*, I, 504 ; L. Galle et G. Guigue, *Hist. du Beaujolais*, *Mém. de Louvet*, II, 143. La cession du prieuré aux Minimes fut l'occasion de contestations et de procédures (*Biblioth. Dumbensis, loc. cit.*).

[7] Arch. dép. du Rhône, Jacobins, Invent. Ramette, II, 1re partie, f° 73, III, 1re partie, f° 138 v° (il est appelé Claude). Son testament ordonne la fondation d'une messe en l'église des Minimes de Lyon et divers legs à des couvents ; il fut complété par un codicille, en mai 1604 (Arch. hospit. de Lyon, Charité, B. 168, f°s 135 v°, 136, 159, 173, 175 : E. 1492, f° 91 : Invent. des titres de Saint-Trivier, 1742, I, p. 39).

[8] Arch. dép. du Rhône, Jacobins, Invent. Ramette, III, 1re partie, f° 138 v°. Son corps, d'abord porté à Saint-Pierre de Lyon, fut réclamé, le 10 mai 1604, par le prieur des Jacobins, qui avait déjà inhumé les « entrailles » du défunt dans l'église de son couvent (*ibid.*, II, 1re partie, f°s 73, 73 v° : voir Arch. hospit. de Lyon, B. 168, f° 175).

TABLEAU GÉNÉALOGIQUE DE LA FAMILLE CLEBERGER

Hans Kleberg,
† 1519,
épouse Agathe Zeidler.

Wolfgang Kleberg (l'aîné ?) religieux, puis défroqué, bourgeois de Strasbourg en 1550.	Hans Kleberg, dit Jean Cleberger, surnommé le Bon Allemand, né à Nuremberg, en 1485 ou 1486, † à Lyon en septemb. 1546, marchand et banquier. Il épouse : 1° à Nuremberg, en 1528, Félicité Pirkeimer († 1530), veuve de Hans Imhof ; 2° en 1536, Pelonne Bonzin († vers 1563), veuve d'Etienne de La Forge, d'où :

David de Cléberg,
né à Lyon vers 1540, † en novembre 1592,
homme d'armes dans la compagnie
d'ordonnance de M. de Maugiron.
Epouse, vers 1563, Suzanne de Gumin.

Louise-Claude de Cléberg, † en mai 1604. Prieur commendataire de Saint-Trivier. Sans postérité.	Claude de Cléberg, † 1598-1600, baron de Saint-Trivier. Sans postérité.	Marie de Cléberg, † 1612. Epouse, en 1604, Théodore de Chalon, seigneur de Molacis. Sans postérité.	Suzanne de Cléberg, † 1630-1635. Epouse : 1° en 1587, Pierre de Balmes, avocat en la Sénéchaussée de Lyon, († avant 1596) ; 2° en 1604, Jean de Sajot, seigneur de Chambon, gentilhomme ordinaire du roi. Du premier lit :

Louise de Balmes, née à Lyon le 6 janvier 1588.	Pierre de Balmes, † avant le 10 mai 1604.	Emmanuel de Balmes, † vers 1618.

acheta de son frère Louis, le 20 mars 1601, la baronnie de Saint-Trivier[1]. Elle épousa, suivant contrat du 12 juin 1604, Théodore de Chalon, seigneur de Molacis ou Malacis[2]. Elle testa, le 10 février 1610[3], et mourut sans postérité, en 1612[4], à la suite, semble-t-il, des mauvais traitements que lui avait fait subir son mari[5].

Sa sœur, Suzanne de Cléberg, épousa, suivant contrat du 11 mars 1587, Pierre de Balmes, docteur en droit, avocat en la Sénéchaussée et Siège présidial de Lyon, qui mourut avant le 16 janvier 1596[6]. Elle se remaria, suivant contrat du 2 février 1604, avec Jean de Sajot (Sageot ou Sayot), seigneur de Chambon ou Chambaud, gentilhomme ordinaire de la Chambre du roi[7]. En 1613, le 9 février, le cardinal de Joyeuse, tuteur de la duchesse de Montpensier, souveraine de Dombes, racheta à Suzanne de Cléberg, pour 22.356 livres 5 sols, la rente de 1.380 livres constituée en faveur de son père sur les seigneuries du Châtelard et de Villeneuve[8].

Suzanne de Cléberg et son mari, Jean de Sajot, fondèrent, le 12 août 1622, une grand'messe à l'autel de Notre-Dame de Bonnes-Nouvelles, dans l'église des Célestins de Lyon[9]; le 18 février 1623, ils instituèrent, dans l'église du Collège de la Trinité de Lyon, une chapelle dédiée à saint Ignace[10].

[1] Arch. hospit. de Lyon, Charité, B. 168, f° 145 et Invent. des titres de Saint-Trivier, 1742, I, p. 19 et 37.

[2] *Ibid.*, B. 168, f°s 134 et s et Inventaire des titres, I, p. 19; Guichenon, *Hist. de la Souveraineté de Dombes*, II, 141.

[3] Arch. hospit. de Lyon, Charité, B. 168, f° 136 v°. Théodore de Chalon qui, par contrat de mariage, avait reçu de sa femme la baronnie de Saint-Trivier, la légua, puis la vendit 52.000 livres, en 1625, à Jacques Moyron (1575-1656), avocat en la Sénéchaussée et Siège présidial de Lyon, avocat et procureur général de la Ville de Lyon en 1604 (*Ibid.*, f°s 52, 63, 65, 137, 146; *Rev. d'Hist. de Lyon*, 1908, p. 312). Par testament du 2 octobre 1651, Moyron laissa à l'Aumône générale de Lyon la baronnie de Saint-Trivier et la plus grande partie de sa fortune (Arch. hospit. de Lyon, Charité, B. 168, f° 137).

[4] *Ibid.*, f° 175 (inventaire de ses biens après décès, en 1612).

[5] *Ibid.*, f° 145 et Invent. des titres de Saint-Trivier, 1742, I, p. 19.

[6] Arch. hospit. de Lyon, Charité, B. 168, f°s 134, 136, 136 v°.

[7] Arch. hospit. de Lyon, B. 171, f° 126; Guichenon, *Hist. de la Souveraineté de Dombes*, 1874, II, 141. Jean de Sajot testa le 18 décembre 1629 (Arch. hospit. de Lyon, Charité, B. 168, f° 147; B. 171, f° 125 v°).

[8] M. C. Guigue, *Mém. de L. Aubret*, III, 494; L. Galle et G. Guigue, *Hist. du Beaujolais*, *Mém. de Louvet*, II, 127.

[9] Arch. dép. du Rhône, Célestins, chap. 11, n° 18.

[10] Plus tard la chapelle de la Sainte-Famille (*Inventaire général des richesses d'Art, Province, Monuments religieux*, III, 371).

Suzanne, qui vivait encore en 1630[1] et mourut avant le 4 septembre 1635[2], avait eu, de son premier mari, au moins trois enfants : Louise de Balmes, née à Lyon, le 6 janvier 1588, baptisée, dans l'église de Sainte-Croix, le 29 juin suivant[3], dont la vie nous est inconnue ; Pierre de Balmes, mort à douze ans, avant le 10 mai 1604[4] ; et Emmanuel de Balmes, qui mourut vers 1618[5].

[1] Arch. dép. du Rhône, Jacobins, Invent. Ramette, II, 2e partie, f° 73 v°.
[2] Arch. dép. du Rhône, Célestins, chap. II, n° 19.
[3] Arch. mun. de Lyon, Etat civil, 384, n° 2018.
[4] Arch. hospit. de Lyon, Charité, B. 168, f° 136 ; Arch. dép. du Rhône, Jacobins, Invent. Ramette, II, 2e partie, f° 73, 73 v°.
[5] Un legs qu'il a fait à l'Aumône générale de Lyon est remis aux recteurs le 1er avril 1618 (Arch. hospit. de Lyon, Charité, B. 171, f° 125 v°).

VIII

LES PORTRAITS DE J. CLEBERGER

On connaît actuellement quatre portraits anciens de J. Cleberger : deux médailles, une peinture et une pierre gravée, dont voici la description.

I. Médaille coulée, de 4 centimètres de diamètre[1].

Droit. — Le buste de J. Cleberger, de profil à gauche ; autour, la légende : IOAN(nes) · KLEBERGER · NVRMB(ergensis) · AN(no) · AET(atis) · S(uae) · XL · SVB · POT(entissimo) · MONA(rcho) · KA-ROLO · V · AN(no) · IMP(erii) · S(ui) · VI ·

Revers. — Un trophée d'armes, sur lequel sont figurées deux fois (sur le cimier d'un casque et dans l'ovale d'un bouclier) les armes parlantes de Cleberger : trois feuilles de trèfle *(Klee)* sur une montagne *(Berg)*. Autour du trophée, la légende : NON · IN · ARMIS · ET · EQUIS · SED · IN · VIRTUTE · DEI · NOSTRI · (la marque commerciale de Jean Cleberger) · (le signe zodiacal du Lion).

Charles-Quint ayant été élu empereur le 28 juin 1519 et couronné le 23 octobre 1520, cette médaille a donc été modelée entre 1524 et 1526, probablement en 1526[2]. La légende du revers paraît être une

[1] Exemplaires (ou moulages en métal) dans les Musées de Berlin, Vienne et Nuremberg (voir Fr. Lenormant, *Monnaies et médailles*, p. 265 et s. ; Nouveaux doc. sur J. K., ap. *Rev. du Lyonnais* 1843, I, 324 ; R. Ehrenberg, *H. Kleberg*, p. 11-12 ; L. Charvet, *Médailles et jetons de la Ville de Lyon*, nos 197 et 198 ; Pariset, *Biographie*, p. 2, 3, 39 ; *Rev. d'Hist. de Lyon*, 1913, 368, n. 1). Un exemplaire du Musée de Nuremberg provient de la collection Imhof. — Cette médaille est reproduite, ci-après, d'après un moulage en plâtre de l'exemplaire du Musée de Berlin, moulage qu'a bien voulu nous communiquer M. le professeur J. Menadier, directeur du Cabinet des Médailles au Musée Royal.

[2] La médaille décrite ci-après et le portrait de Cleberger par A. Dürer, datés l'un et l'autre de « 1526 », représentent aussi J. Cleberger dans la XL.e année de son âge.

paraphrase du Psaume XIX (verset 8) : « Hi in curribus et hi in equis, nos autem in nomine Dei nostri invocabimus[1] ».

Nous avons reproduit plus haut la marque commerciale de Jean Cleberger[2]. Le signe du Lion, qui suit, « cinquième maison du Soleil ». doit faire allusion soit à quelque horoscope de Cleberger, soit à sa naissance sous ce signe[3].

M. le D[r] Th. Hampe, le très distingué conservateur du Musée Germanique de Nuremberg, attribue cette médaille au Maître de

I. Médaille de Jean Cleberger par le Maître de 1525-1526.
(Musée Royal, à Berlin.)

1525-1526, artiste qu'on identifie très vraisemblablement avec le graveur nurembergeois Ludwig Krug[4].

II. Médaille coulée. de 28 millimètres de diamètre environ[5].

Droit. — Le buste de Cleberger, de profil à gauche ; autour, la

[1] Voir le fameux cantique de Luther : « Une solide forteresse est notre Dieu ! » (Lavisse et Rambaud. *Hist. gén.*, IV, 412).

[2] Voir *Rev. d'Hist. de Lyon*. 1912, p. 27, et, aux Arch. mun. de Lyon, les marques que les marchands étrangers faisaient encore enregistrer, au XVIIe par le Consulat (BB. 197, f° 36), notamment celle du Florentin Néry Capponi, en 1492 (CC. 519, n° 56) ; un reçu de l'Allemand Florimond Urtel, en 1533, portant sa marque après sa signature (CC. 765, n° 150), etc.

[3] R. Erhenberg, *H. Kleberg*, p. 10 ; Pariset, *Biographie*, p. 4.

[4] D'après les renseignements qu'a bien voulu nous fournir M. le D[r] Th. Hampe. M. Gebert, cité par Pariset (*Biographie*, p. 3) estime que ces médailles sont d'origine française ou italienne ; cf., contra, F. Lenormant, *op. cit.*, *loc. cit.*

[5] Voir page 124, note 1. Exemplaires dans les mêmes Musées ; la reproduction ci-dessus, d'après un moulage de l'exemplaire du Musée de Berlin. Un autre exemplaire de cette médaille est signalé, en 1842, dans la collection viennoise du comte Franz von Eltz, major-général et chambellan de l'archiduc Charles (Nouv. doc. sur J. K., ap. *Rev. du Lyonnais*, 1843, I, p. 325-326).

légende : IOAN(nes) · KLEBERGER · NVRMB(ergensis) · AN(no) · AET(atis) · S(uae) · XL · (la marque de Cleberger) · MDXXVI ·

Revers. — Une ligne horizontale le partage en deux compartiments égaux. En haut : · MELIOR · || EST SAPIENTIA · || QUAM · ARMA · BELLICA[1] · || (la marque de Cleberger) · VIIII ·[2] (le signe du Lion). Dans le compartiment du bas : au milieu une cuirasse cachant une épée et une hache d'armes en sautoir, dont on ne voit que la poignée et le fer ; à droite sur un casque, et à gauche

II. Médaille de Jean Cleberger (1526).
(Musée Royal, à Berlin.)

sur un bouclier, les armes parlantes de Cleberger, figurées comme sur la médaille précédente.

III. Portrait de J. Cleberger, peint par Albert Dürer sur une planche circulaire en bois de tilleul, de 0 m. 37 de diamètre[3]. La tête de J. Cleberger s'enlève sur un fond de marbre vert, entourée de la légende : E(ffigies) · IOANI(s) · KLEBERGERS · NORICI · AN(no) · AETA(tis) · SVAE · XXXX · (la marque de J. Cleberger). — Dans les coins de l'encadrement, peint en gris : en haut, à droite, le monogramme d'Albert Dürer, surmonté de la date 1526 ; à gauche le signe zodiacal du Lion entouré de six étoiles figurant peut-être la constellation du Lion (?) ; — en bas : à droite, un casque dont le timbre et le cimier représentent un homme barbu, tenant dans chaque

[1] *Ecclésiaste*, chap. IX, verset 18.

[2] Chapitre IX de l'*Ecclésiaste?* (voir la note qui précède).

[3] Peinture reproduite ci-après, d'après l'original du Musée de Vienne, et, plus haut (*même Revue*, 1912, p. 7), d'après la copie faite à Vienne, en 1842 et jadis exposée au Musée de Lyon. Cette copie porte, sur la bordure du tableau : « Portrait copié sur le tableau d'Albert Dürer au Musée du Belvéder à Vienne en Autriche et donné à la Ville par M. Darmès, notaire » (E.-C. Martin-Daussigny, *Notice des tableaux... du Musée de Lyon*, 1877, p. 68-69).

main trois feuilles de trèfle ; à gauche, les armoiries de J. Cleberger : de gueules à une montagne de trois coupeaux d'or, sommée de trois trèfles tigés de sinople[1].

Ce portrait, qui se trouvait, en 1564, à Lyon, dans la famille de J. Cleberger, fut alors vendu (sans doute par son fils, après la mort

III. Portrait de Jean Cleberger, peint par Albert Dürer (1526).
(Galerie Impériale, à Vienne.)

de Pelonne Bonzin), à Willibald Imhof (fils de Hans et de Félicité Pirkeimer), beau-fils de Jean Cleberger[2] ; Jean Rieger, marchand allemand établi à Lyon, ami et légataire de Jean Cleberger[3], servit d'intermédiaire à l'acquéreur et reçut, à ce titre, de Willibald Imhof, une coupe d'argent[4].

[1] R. Ehrenberg, *H. Kleberg*, p. 10 ; *Catal. de la Galerie Impériale de Vienne*, 1907, p. 334.

[2] *Ibid.;* A. d'Eye, *Dürer*, suppl., p. 532, d'après le livre de comptes de Willibald Imhof ; M. Thausing, *Albert Dürer, sa vie et ses œuvres*, trad. de G. Gruyer, p. 484.

[3] Testament de J. Cleberger (Minutes Dorlin, f° 171 ; E. Pariset, *Biographie*, p. 68) ; *Rev. d'Hist. de Lyon*, 1913, p. 370.

[4] A. d'Eye et Thausing, *op. cit., loc. cit.;* v. ci-dessus, note 2.

En 1588, l'empereur Rodolphe II voulut acquérir quelques-uns des tableaux ayant appartenu à Willibald Imhof, et la veuve d'Imhof lui envoya, avec sept peintures qu'il désignait, une liste des œuvres d'Albert Dürer qu'elle possédait ; le n° 12 de cette liste est le « Portrait de Kleeberger, à l'huile[1] ».

Ce tableau figure aujourd'hui dans la galerie Impériale de Vienne sous le n° 1448[2]. L'homme dont Dürer a reproduit les traits dans cette œuvre, d'un réalisme si vivant, était énergique et tenace. Sa physionomie tendue et son regard fixe révèlent un esprit absorbé par de violents soucis. Le peintre n'a-t-il pas exagéré le caractère de ce visage en donnant à Cleberger cet aspect dur et mauvais? Doit-on, comme on l'a fait, juger l'homme d'après cette peinture[3]?

IV. — Médaillon de Jean Cleberger. (Musée Royal, à Berlin.)

IV. Un dernier portrait de J. Cleberger, conservé au Musée royal de Berlin, est un moule en creux (ovale de 36 millimètres de hauteur, environ), gravé dans un bloc de pierre de Kelheimer[4]. Ce moule fut trouvé, vers 1885, chez un petit antiquaire de Paris, par le Dr Ermann qui l'offrit au Musée de Berlin. Il présente, à droite et à gauche du profil, deux entailles dont on ne s'explique pas l'utilité ; peut-être ont-elles été faites après coup[5].

Jean Cleberger paraît plus âgé sur ce portrait que sur les précédents; son profil s'est empâté, l'expression, toujours énergique, n'a plus la contraction pénible qu'on remarque dans la peinture d'Albert

[1] Ch. Ephrussi, *Albert Dürer et ses dessins*, p. 357-358, 360 et s. (lettres de Willibald Imhof fils à H. Hofmann, du 5 octobre 1588; de la veuve de Willibald Imhof à l'Empereur, du 30 décembre 1588.)

[2] *Catal. de la Galerie Impériale de Vienne*, 1907, p. 334.

[3] « Cet homme (dit Ehrenberg à propos de ce portrait) pouvait bien être chargé de fautes terribles » (*H. Kleberg*, p. 21[illegible]. »

[4] Nous le reproduisons d'après un moulage qu'a bien voulu nous offrir M. J. Menadier, directeur du Cabinet des Médailles au Musée Royal de Berlin. Le Musée de Nuremberg possède un médaillon en plomb, fondu dans ce moule (A. von Sallet, Die Erwerbungen des königl. Münzkabinets... ap. *Zeitschrift für Numismatik*, t. XIV, 1887, p. 23).

[5] *Ibid.*, p. 23 et s.

Dürer[1]. M. Alfred von Sallet, conservateur du Cabinet des Médailles au Musée de Berlin, a vu dans cette œuvre un travail allemand : il l'a attribuée à un artiste nurembergeois anonyme, contemporain de Jean Cleberger[2].

Nous n'énumérerons pas les nombreux portraits modernes et fantaisistes qui ont été faits du Bon Allemand[3] ; mais, à propos de son iconographie historique, il faut mentionner un médaillon rond, en bronze, trouvé, dit-on, à Lyon, en juin 1820. Il aurait été découvert, sur la roche de Bourgneuf, par un ouvrier qui creusait le sol pour fonder le piédestal d'une nouvelle statue de J. Cleberger[4].

Ce médaillon, qui a été souvent reproduit, représentait, en buste, un jeune seigneur de 30 à 40 ans, portant moustaches et barbe ; le costume était de l'époque de Charles IX ou de Henri III[5]. Vendu à M. Barre, pharmacien et collectionneur lyonnais, ce médaillon figura, en 1827, dans une exposition de charité à l'Hôtel de Ville de Lyon ; le catalogue portait « Jean Fléberg ou Cléberg, dit l'Homme de la Roche, trouvé dans la base de la vieille statue de bois érigée à Bourg-neuf (à M. Barre[6]) ».

Cette effigie de Jean Cleberger devint ensuite celle de son fils David[7], ce qui était plus vraisemblable — et passa dans la collection de M. Bellet de Tavernost, qui mourut à Lyon en 1859 et dont les monnaies et médailles furent vendues, à Paris, en 1870. Le catalogue de cette vente ne mentionne pas le soi-disant portrait de Jean Cleberger ou de son fils, et l'on ignore ce qu'est devenu ce

[1] R. Ehrenberg, *H. Kleberg*, p. 11.

[2] A. von Sallet, *op. cit.*, p. 24.

[3] Voir M. Audin, *Bibliographie iconogr. du Lyonnais*, t. Ier, Portraits, p. 62.

[4] *Archives hist. et stat. du Rhône*, V, 359 ; Bréghot du Lut, *Mélanges hist.*, p. 248 ; *Précis historique*, p. 11.

[5] Voir *Précis historique*, frontispice (diamètre de la reproduction 39 millimètres) ; Duplain et Giraud, *Saint-Paul de Lyon*, p. 44. D'après le *Précis hist.* (p. 11-12), ce portrait de Jean Cleberger est un « écusson de ses armes qui, après sa mort, a été déposé dans le piédestal de la statue lors de son édification ». La tête « présente une saillie de 9 millimètres » ; le médaillon devait faire partie « d'un collier ».

[6] *Arch. hist. et stat. du Rhône*, V, 359 ; *Précis hist.*, p. 11 ; *Notice des tableaux... exposés à l'Hôtel de Ville de Lyon, le 11 janvier 1827*, p. 23. Sur la collection Barre, voir J.-B. Giraud, *Notes sur les origines des Musées archéologiques*, ap. *Rev. d'Hist. de Lyon*, 1906, p. 19.

[7] Voir Duplain et Giraud, *Saint-Paul de Lyon*, p. 44.

médaillon[1]. Il n'en existe pas de description détaillée et les circonstances de sa découverte restent mystérieuses ; on a même supposé une mystification[2].

***

Les armes parlantes de Jean Cleberger figurées sur ses deux médailles et sur la peinture d'Albert Dürer étaient aussi gravées sur un cachet. On les voit sur une lettre de lui, datée du 6 juin 1533 et conservée à l'Hôtel de Ville de Genève[3].

D'où venaient à Jean Cleberger ces armoiries ? Ses parents étaient de condition modeste et les familles patriciennes de Nuremberg le méprisaient lui-même à raison de son origine plébéienne. Pourtant un inventaire des titres concernant « les affaires particulières de la famille Cléberg » mentionne des lettres de l'Empereur Maximilien, données le 30 mars 1500 (vieux style) et accordant à Jean Cleberger (le père) des armoiries « de la manière qu'elles y sont dépeintes[4] ». Cette pièce, qui était accompagnée de sa traduction en français, n'existe plus et paraît bien suspecte. D'après E. Pariset, ce « décret impérial » donnait à la famille Cleberger « l'autorisation indispensable de se servir des armoiries qu'elle avait choisies[5] ».

Sceau de David Cleberger.
(Archives de la Charité, à Lyon.)

[1] *Précis hist.*, p. 11 ; *Catal. de la coll. de feu M. Bellet de Tavernost de Lyon*, Paris, 1870.

[2] Voir Baron Raverat, *L'Homme de la Roche*, p. 22.

[3] Arch. de la Ville de Genève, Hôtel de Ville. Portefeuille des pièces historiques, n° 1.081 ; Th. Heyer, *op. cit.*, p. 435. Les cachets scellant les lettres de J. Cleberger conservées à l'Hôtel de Ville de Genève ont été décrits par Th. Heyer, en 1855 ; aujourd'hui ces empreintes (sur cire, entre deux feuillets de papier) sont à peu près indistinctes.

[4] Arch. hospit. de Lyon, Charité, B. 168, f° 169.

[5] Pariset, *Biographie*, p. 6.

Le dessinateur et graveur nurembergeois Jean Siebmacher, qui mourut à Nuremberg en 1611 [1], a publié, en 1596, un armorial allemand où ne figure pas le nom de Cleberger [2]. Mais, au XVIIIe siècle, une nouvelle édition de l'ouvrage de Siebmacher attribue aux « Kleeberger », bourgeois de Nuremberg, des armoiries différentes de celles mentionnées précédemment : ... de... au mont de... sommé de deux amours affrontés, tenant un arc bandé, et surmontés de deux feuilles de trèfle. Le cimier est un ange tenant une palme [3].

David de Kléberg portait les mêmes armoiries que son père : la montagne de trois coupeaux sommée de trois trèfles tigés [4].

[1] Voir A. Andresen, *Der deutsche Peintre-graveur*, II, p. 281, 295 et s.; Bartsch, *Le peintre-graveur*, IX, 595.

[2] J. Siebmacher, *Wappen Buchlein*, *New-Wappenbuch* (1605-1609) et éditions successives jusqu'en 1854 (v. A. Andresen, *op. cit.*, p. 295 et s.). Les éditions des XVIe et XVIIe siècles ne mentionnent pas de « Kleeberger » à Nuremberg.

[3] J. Siebmacher, *Wappenbuch*, Bürgerlicher Wappen, t. V, 1re partie, p. 10 (commun. de M. Karl Kleeberger, professeur à Ludwigshafen-am-Rhein). M. K. Kleeberger, dont la famille, établie dans le Palatinat au XVIIIe siècle, possède traditionnellement ces armoiries, descend d'un Ludwig Kleeberger, né vers 1700, garde général des Forêts de la principauté de Leiningen (voir K. Kleeberger, Harzthal, ap. *Pfälzische Geschichtsblätter*, 1909, nos d'avril et de mai).

[4] D'après son cachet (cuivre gravé, diamètre 34 millimètres) conservé, à Lyon, aux Archives de la Charité, dans un petit coffret provenant de la succession de Jacques Moyron (v. A. Croze, la Salle des Archives à l'Hospice de la Charité, ap. *Rev. d'Hist. de Lyon*, 1911, p. 203; plus haut, p. 130). Sur ce cachet, souvent reproduit (*Précis hist.*, frontispice; Duplain et Giraud, *Saint-Paul*, p. 44), le heaume a pour cimier un personnage tenant dans chaque main trois feuilles de trèfle. Le portrait peint par Albert Dürer figure, sur champ de gueules, un mont d'or, sommé de trois trèfles tigés de sinople (plus haut, p. 127); A. Steyert (*Armorial du Lyonnais*) donne : « de gueules au mont de trois pointes d'où sortent trois trèfles tigés, le tout d'or ».

IX

LA STATUE DE « L'HOMME DE LA ROCHE »

LA LÉGENDE DE J. CLEBERGER

Une ligne imaginaire dirigée du haut de la basilique de Fourvière sur le dôme des Chartreux, par dessus la vallée de la Saône, représente, à quelques degrés près, la direction du Nord. Un profil de la colline de Fourvière suivant cette ligne montre d'abord, en partant du sommet, une pente raide mais praticable aux piétons, puis un étroit replat d'où se détachent les « rochers de Thune [1] », éperon rocheux haut d'une cinquantaine de mètres, descendant presque à pic sur la rivière dont il n'est séparé aujourd'hui que par la largeur du quai [2].

Cet éperon rocheux s'appelait déjà « la Roche » au XVIe siècle [3];

[1] Sur les rochers de Thunes et les tènements du Grand et du Petit Thunes, au dessus de la porte de Confort qui barrait la rue du même nom (aujourd'hui la montée des Carmes), voir Arch. dép. du Rhône, Carmes Déchaussés, tiroir A, n°s 5, 8, 9 : Arch. mun. de Lyon, CC. 22, f°. 230 : CC. 150, f° 80; *Mém. de la Soc. Litt. de Lyon*, XIII, 1876, p. 483-501 : A. Steyert, *Changements de noms de rues*, p. 93 : *Plan scénographique* et plans postérieurs.

[2] Le quai Pierre-Scize actuel, créé en vertu d'un arrêté de l'an II ordonnant la démolition des maisons de la rue de Bourgneuf construites entre cette rue et la Saône (*Plan scénographique de la ville de Lyon* : Cochard, *Descript. hist. de la ville de Lyon*, p. 225, etc.).

[3] Voir notamment Arch. mun. de Lyon, EE. Chappe IV, 198^4, 134 : BB. 13, f°s 29 et s. ; Thalès Bernard, *Voyage de la vieille France*, 1612-1616, p. 265 ; Voyage d'A. Gölnitz, 1630-31, ap. *Mém. Soc. Litt. de Lyon*, 1871, p. 402 : *Calendrier hist. de la ville de Lyon pour 1740*, p. 66, etc. — Sur l'autre rive de la Saône, en aval de la roche de Bourgneuf, et sur l'emplacement compris entre le quai Saint-Vincent actuel et les Chartreux, se trouvaient le tènement, la porte et le boulevard de la Roche (*Plan scénographique*). Ce tènement de la Roche (rive gauche) appartenait, dans la première moitié du XVIe siècle à François Varinier qu'on appelait « M. de la Roche », puis à François du Périer

il servait d'appui à la porte fortifiée de Bourgneuf qui barrait la rue de ce nom entre la montagne et la Saône[1]. Sur le sommet de « la Roche » ou dans ses anfractuosités, une série de documents, que nous allons énumérer, mentionnent, depuis 1594, l'existence d'une statue dont on ignore, en réalité, l'origine, mais qui, d'après de nombreux auteurs, aurait été élevée à Jean Cleberger vers le milieu du XVIe siècle ; l'histoire de cette statue est celle de la légende du Bon Allemand et des traditions lyonnaises qui le concernent.

1594. — En 1594, quarante-huit ans après la mort de Cleberger, le notaire lyonnais Benoît du Troncy[2], publiait, sous le pseudonyme de Bredin le Cocu, un petit volume intitulé : « FORMULAIRE FORT RÉCRÉATIF DE TOUS CONTRACTZ » où il s'était amusé à parodier les actes que dressent professionnellement les notaires. Une « donation à cause de mort » était ainsi rédigée :

« Fut présent noble Fierabras le furieux, seigneur de la Roche soubz Tunes », lequel mentionne d'abord « la charge volontaire qu'il a prise, pour la conservation de sa patrie, d'estre sur piedz, iour et nuict, en tous temps en sentinelle, l'halebarde au poingt, exposé à tous vents et à toute iniure de temps » : puis lègue à un voisin, qu'il appelle « Guillot le Songeur », « toutes les pierres qui seront ruées audit donateur par les petits enfans, tant et si longuement qui *(sic)* sera en sentinelle, et qui se trouveront à ses pieds ou près de luy, lors de son dit décés ». Au même voisin, il lègue encore « son hallebarde avec toute sa despouille[3] ».

Il résulte évidemment de ce pastiche, qu'en 1594, et sans doute antérieurement, une statue était placée sur la Roche et qu'elle représentait un guerrier (« Fierabras le furieux ») ou tout au moins un

avant 1542 (Arch, mun. de Lyon, BB. 24, f° 319 ; BB. 33, f°s 118, 122 ; BB. 34, f° 128 ; BB. 58, f° 399 ; BB 61, f° 107 ; CC. 20, f° 324 v° ; CC. 24, f° 58 ; CC 52, f° 13 ; CC. 115, f° 54 v° ; CC. 325, f° 16 ; CC. 757, f° 17 : EE. Chappe IV, 198e, 130, f° 84 ; Plans manuscrits de Vermorel).

[1] *Plan scénographique* : Plan de Tardieu, ap. Ménestrier, *Hist. civ. et consul. de la ville de Lyon*, etc.

[2] Sur Benoit du Troncy, voir *Journal de Lyon et du Midi*, 13 juin 1821, p. 2, et Bréghot du Lut, *Mélanges*, p. 96 et s.

[3] *Formulaire fort récréatif de tous contractz, donations, testamens*, etc., *par Bredin le Cocu* (Lyon). P. Rigaud, 1594, p. 218-220 ; éditions en 1590 et 1593 d'après le Catal. de la vente Falconet et d'après Brunet (Péricaud, *Notes et doc.*, 1593, p. 181).

personnage tenant une hallebarde, cible ordinaire des petits enfants du quartier de Bourgneuf.

La Roche de Bourgneuf vers 1545
(d'après le Plan Scénographique).

1607. — L'existence de la statue de la Roche est confirmée par un plan manuscrit conservé aux Archives municipales de Lyon, plan dressé, en 1607, pour le Consulat lyonnais, par Philippe Le Beau ou Lebeau, mathématicien et géographe du Roi, avec l'aide de son fils François[1]. Sur ce plan, on voit, dans une anfractuosité de la Roche, à mi-hauteur de l'escarpement, et en aval des bâtiments de la porte de Bourgneuf, un petit personnage, aujourd'hui presque effacé, qui tient une arme et paraît la porter sur l'épaule. Son haut de chausses est rouge, ses bas ou guêtres, blancs ; le haut du corps et la tête ont disparu.

[1] Arch. mun. Lyon, BB. 143, f° 188, 188 v° ; J.-J. Grisard, *Notice sur les plans de la ville de Lyon*, p. 87 et s.

1683. — Le libraire lyonnais Pierre Bouchard, « rue Thomassin, au Chapeau d'Or », édite à Lyon, en 1683, un ouvrage intitulé : « La Ville de Lyon en vers burlesques[1] ». L'auteur de cette facétie en deux « journées » ou parties, seulement connu pas ses initiales « P. B. », raconte, en vers macaroniques, la promenade à travers Lyon de deux joyeux drilles, dont l'un, qui est Lyonnais, montre la ville à son camarade et le renseigne sur les monuments. En descendant la rue Bourgneuf, le Lyonnais dit à son compagnon :

. . . .

Nous sommes devant la Chana
Ou beaucoup de gens il y a :
Dans peu, nous nous verrons bien proche
De ce bon Monsieur de la Roche.
Je l'apperçois, ce vieux barbon
Qui ne sçait dire oüy ni non ;
Il est planté comme une broche
Sur la pointe de cette roche,
S'il sçavoit un peu criailler,
On l'entendroit de loin batailler.
L'on dit que sa bourse estoit pleine,
Pour les filles qui sont en peine
De trouver mary diligent,
A faute d'avoir de l'argent.
Cette bourse est tombée en friche
Parce qu'il n'avoit point de niche,
Car, s'il eut esté à couvert,
Il auroit bien toûjours offert
Du secours à ces pauvres filles
Qui trainent souvent les guenilles.
Par le temps, les vers ou gelée
Son écarcelle s'est rongée
Et l'argent en a délogé :
Pour vous le dire en abrégé,
C'est d'où est venu le Proverbe
Qui n'est ni de paille ni d'herbe.

PROVERBE

Ne vous fiez pas aux femelles,
Qu'elles soient laides ou bien belles ;

[1] Sur cet ouvrage, ses diverses éditions, son auteur, voir E. Vial, un Noël en patois lyonnais de J.-C. Dunand, ap. *Rev. d'Hist. de Lyon*, 1909, p. 453.

Attrape qui peut aujourd'huy,
Monsieur la Roche paye, et puy.

Marchons dans la ruë Bourneuf,
Laissons Taneurs et cuir de bœuf[1].

. . . .

Ces vers sont, à notre connaissance, le plus ancien document qui donne à la statue le nom de « Monsieur de la Roche » et présente ce personnage comme un doteur de filles. La statue, faite en bois, est alors au sommet de la Roche : elle figure un « barbon » armé, prêt à « batailler » et tenant à la main une « bourse » qui a été rongée par « le temps, les vers ou gelée ».

La Roche de Bourgneuf en 1696
(d'après le plan de N. Tardieu).

1696. — Le jésuite Claude-François Ménestrier publiant, en 1696,

[1] *La Ville de Lyon en vers burlesques. Seconde journée..... Corrigez et augmentez par le sieur P. B.....*, Lyon, 1683, p. 21-22 (Bibl. de l'Arsenal). Le titre de l'ouvrage fait supposer l'existence d'une édition antérieure.

son HISTOIRE CIVILE OU CONSULAIRE DE LA VILLE DE LYON, l'illustre d'un plan, gravé par N. Tardieu, qui reproduit, à quelques détails près, le plan de Lyon, dit : « Plan scénographique » levé vers 1545-1553. Sur le plan de Tardieu, on voit, presque au sommet de la Roche, et un peu en amont de la porte de Bourgneuf, la statue de « Monsieur de la Roche » qui ne figurait pas sur le Plan Scénographique. Haute de 5 millimètres, la statue doit être colossale, si elle a été dessinée à l'échelle. Elle représente un guerrier en chausses collantes, et, semble-t-il, en corselet, coiffé d'une toque ou d'un casque orné de deux longues plumes. Ce personnage a le poing gauche sur la hanche, et, de son bras droit à demi étendu, il tient une pique ou hallebarde. A ses pieds est un objet dont on ne distingue que la forme rectangulaire ; peut-être un coffre ou cassette[1].

1716. — La statue de la Roche est remplacée par une statue neuve[2].

1729. — « Les gens du quartier de Bourgneuf font une nouvelle statue à l'Homme de la Roche. Ils la promènent dans la ville, la conduisent sous les Tilleuls (de la place Bellecour) où ils donnent un bal qui dure toute la nuit[3]. »

1730. — Le poète Marie-André Chaligny-Deplaine visite Lyon en 1730. En 1801 (le 14 nivôse an IX), âgé de quatre-vingt-quatre ans, il adresse, de Verdun-sur-Meuse où il habite, à l'Académie de Lyon, appelée alors l'Athénée, une série de petites pièces en vers latins, sur les plus beaux monuments de Lyon. L'une de ces pièces est ainsi conçue :

Colosse de Mars avec une bourse à la main

Nescio quæ quondam, Lugduni, fabula Martem
Mole giganteâ mirandum, fecerit esse :
Omnibus armatus telis, Deus imperat oræ,
Fluminis ad dextram, quâ rupes eminat alta.
Ille tenet loculos, Musis œnigma jocosum,
Elysiis donec veniens Œdippus ab umbris,
Rem planam faciat quam nobis solvere non est.

[1] Cf. Ménestrier, *Hist. civ. ou consul.*, 1696.

[2] Bréghot du Lut, *Mélanges hist.*, p. 243 (sans indication de référence); Baron Raverat, *L'Homme de la Roche*, 1886, p. 18, « d'après un almanach ».

[3] Morel de Voleine, Petite chronique lyonnaise, ap. *Rev. du Lyonnais* 1851, II, p. 189; l'auteur dit avoir rédigé cette chronique d'après une correspondance de son grand-père avec un de ses amis de Lyon.

L'auteur ajoute : « Ce colosse hideux existoit encore en 1730, tel que je le dépeins et que je crois le voir encore [1]. »

1744. — L'ALMANACH DE LA VILLE DE LYON... POUR L'ANNÉE 1744 mentionne de nouveau le tradition d'après laquelle M. de la Roche dotait jadis les filles de Bourgneuf. On y lit, dans la description des rues et places de Lyon :

« Place de Mr de la Roche : la figure ou statue assez grossière qu'on voit sur la roche qui donne sur cette place, à laquelle elle a donné le nom, a été, à ce qu'on prétend, anciennement élevée à l'occasion d'un riche Citoyen de ce Quartier là, Allemand ou Suisse d'origine, qui employoit ses charités à marier de pauvres filles ; après sa mort, les gens du Quartier dressèrent à sa mémoire une statuë tenant une bourse à la main et la nommèrent (M. de la Roche) parce qu'elle étoit placée sur la Roche [2]. »

1755. — L'auteur de la MANDRINADE, qu'on croit être Terrier de Cléron [3], imprime, en tête de ce volume, une pièce dédicatoire : « Epître à l'homme de la Roche, vaillant capitaine en sentinelle, jour et nuit, depuis plusieurs siècles, sur un rocher de Lyon qui se voit dans la place de la Roche, au quartier de Bourg-neuf. » Le rimeur interpelle ainsi la statue :

. . . .
Je vous respecte plus, cent fois,
Que ces Crésus, homme de bois
Qu'on nomme l'Homme de la Roche,
Homme libéral dont la poche
S'ouvrit jadis avec plaisir,
Pour satisfaire le désir
De mainte fille pauvre et sage
Qui désirait le mariage.

[1] Bibl. de l'Académie de Lyon, ms. 139, nº 15, fos 22 vº-23 ; voir (*ibid.*, fos 11 à 20) diverses lettres de l'auteur qui signe « doyen de la littérature », se dit « sénieur de la ci-devant maison et Société de la Sorbonne », parle de ses voyages à Lyon, explique qu'il a « vieilli dans les avenues du Parnasse », etc.

[2] *Almanach de la Ville de Lyon pour 1744*, p. 184 ; le même almanach mentionne (p. 175) la place « de Mr de la Roche, rue Bourgneuf, vis à vis la Roche ». Cf. *Alman. p. 1745*, supplément, pp. X et XXI.

[3] Terrier de Cléron (1697-1765) né à Besançon, président de la Chambre des Comptes de Dôle (Bréghot du Lut, *Mélanges hist.*, p. 240 ; Barbier, *Dict. des Anonymes*).

Vos bienfaits, dont tout le Bourgneuf,
Qui sent si fort la peau de bœuf,
M'a fait une grande peinture,
Honorent l'humaine nature.
Je veux, à votre buste sec,
Montrer aujourd'hui mon respect.
Et, pour contester *(sic)* mon envie,
C'est à vous seul que je dédie
Ce foible enfant de mon loisir
Qui l'a produit pour mon plaisir.
Acceptez ce petit hommage,
Il est sincère, il est le gage
De ce respect que j'ai pour ceux
Dont le cœur noble et généreux
S'intéresse à la gent femelle
Sans nulle intention charnelle [1].

1756. — Enfin, en 1756 (date du permis d'imprimer), l'abbé Jacques Pernetti nomme, pour la première fois à notre connaissance, dans ses RECHERCHES POUR SERVIR A L'HISTOIRE DE LYON, le personnage représenté par la statue de la Roche. Ce personnage est « Jean Flébergue [2] », c'est-à-dire Jean Cleberger :

« Jean Flébergue, qui fut Conseiller de Ville en 1546, et qui acquit les châteaux de Villeneuve et d'Amblérieu, lorsqu'ils furent confisqués au profit du Roi sur le Connétable de Bourbon, est encore plus recommandable par le surnom de bons Allemans, que lui et sa femme portèrent. Ils étoient Suisses d'origine et ils firent des actions de charité si mémorables, dans cette ville où ils étoient établis, qu'ils acquirent le surnom sous lequel ils ont été connus La tradition veut que la figure appelée de la Roche, sise dans la place de Bourgneuf sur un rocher, soit un trophée que la reconnaissance du peuple érigea à ce bon Allemand qui employoit chaque année une somme considérable à marier de pauvres filles : la bourse que

[1] Epître reproduite dans la *Rev. du Lyonnais*, 1838, I, pp. 56-58 ; l'auteur semble s'être inspiré du *Formulaire récréatif* et de *La Ville de Lyon en vers burlesques*.

[2] Cleberger (ou Kleberg) est appelé « Flébergue » dans les documents qui mentionnent, en 1545, son élection à la dignité de conseiller de Ville (Arch. mun. Lyon, BB. 64, f° 11 v° ; BB. 370, n° 58-59 ; cf. Ménestrier, *Eloge hist. de la ville de Lyon*, 1669, p. 53, etc.).

cette figure tient d'une main désigne en effet sa générosité. Lorsque cette figure tombe de vétusté, le peuple de ce quartier en construit une autre, qu'il place au même endroit après l'avoir promenée dans toute la ville. Insensiblement elle a pris le nom de la roche qui lui sert de piédestal[1]. »

De l'ensemble de ces témoignages, les seuls que nous connaissions, il résulte évidemment : 1° que, depuis 1594 au moins, il existe, sur la Roche de Bourgneuf, une statue en bois représentant un homme armé tenant à la main (depuis 1683 au moins) une bourse ou escarcelle; que, lorsque cette statue est en trop mauvais état, elle est remplacée par les habitants du quartier; 2° que, d'après une tradition constante et qu'on peut suivre depuis le dernier quart du XVIIe siècle, la statue de la Roche est élevée en l'honneur d'un riche Lyonnais qui dotait les filles de son quartier (1683), était Allemand ou Suisse (1744) et s'appelait Jean Flebergue, c'est-à-dire Jean Cleberg ou Cleberger (1756).

***

Après l'abbé Guillon, qui confirme cette tradition en 1792 et nomme aussi « Jean Flébergue[2] », tous les auteurs, jusqu'à nos jours, reproduisent, avec quelques variantes, la notice de l'abbé Pernetti, et l'on peut dire que, depuis le milieu du XVIIIe siècle, la statue, quelle qu'ait été son origine, est érigée, en fait, par les gens de Bourgneuf, à Jean Cleberger, doteur des filles de son quartier. Sur ce point les documents abondent[3]: citons seulement ceux qui

[1] Pernetti, *Recherches pour servir à l'hist. de Lyon ou les Lyonnais dignes de mémoire*, 1757, t. I, p. 262. Le baron Raverat (*L'Homme de la Roche*, p. 19) cite un plan-terrier de la directe de Saint-Paul, dressé en 1771 et représentant la statue sur un haut piédestal.

[2] Abbé Guillon, *Lyon tel qu'il étoit et tel qu'il est*, 1792, p. 93.

[3] Sur Cleberger doteur de filles, v. notamment : Abbé Guillon, *op. cit.*, p. 93; *Bulletin de Lyon*, 13 août 1806; *Indicateur de Lyon 1810*, 1re partie, pp. 74-75; Cochard, *Descript. historique de Lyon*, p. 217; Marnas, *Notice hist. sur Jean Cléberg*, 1820, p. 7; *Journal de Lyon*, 22 juin 1820; Fortis, *Voyage pitt. et hist. à Lyon*, 1822, II, 172; *L'Homme de la Roche ou Calendrier hist. et anecdot. sur Lyon pour l'an de grâce* 1827, p. 31; Kaufmann, La fête de Jean Cléberg à Lyon en 1836, ap. *Rev. du Lyonnais*, 1838, I, p. 45; *Précis histor. sur Jean Cléberger*, 1842, p. 9; R. de Cazenove, Les tableaux d'A. Dürer au Musée de Lyon, ap. *Rev. Lyonnaise*, 1882, p. 325, etc. — *Le Journal de Lyon* du 22 juin 1820 raconte que Cleberger dota 100 jeunes filles du faubourg de Vaise, où il demeurait, et que les 100 familles des mariées « érigèrent la première statue à leur bienfaiteur ».

complètent la tradition et y ajoutent quelque affirmation nouvelle.

En 1806, le *Bulletin de Lyon*, dans son numéro du 13 août, annonce que la statue « s'anéantit sous le faix du temps », propose d'ouvrir une collecte pour en ériger une autre et raconte, à ce propos, la vie de Jean « Cléberg »; l'auteur de l'article avance, pour la première fois, que Cleberger assistait à la bataille de Pavie où il sauva la vie à François Ier [1].

En 1820, la statue est encore remplacée, à l'aide, cette fois, d'une souscription ouverte sur l'initiative de la Compagnie des Porte-faix de Pierre Scize [2]. L'inauguration, très solennelle et à laquelle assiste le duc d'Angoulême de passage à Lyon, a lieu le 24 juin, avec le concours de la municipalité lyonnaise. Ce jour là et le lendemain, un cortège parcourt la ville « pour satisfaire la curiosité des personnes qui l'ont demandé [3] ». La nouvelle statue est en bois, comme les précédentes, grossièrement taillée, et peinte de couleurs criardes. « Flébergue » — c'est la forme adoptée par les Porte-faix de Pierre Scize — a le costume d'un légionnaire romain et tient ses deux attributs, la lance et la bourse [4].

En 1827, Cochard publie la première année d'un calendrier

[1] *Bulletin de Lyon*, 13 août 1806, nº 64, p. 256. L'article, où il est question de M Vouty, propriétaire de la Tour de la Belle Allemande construite par Jean Cleberger, est sans doute de N. Cochard ; voir plus loin.

[2] Arch. mun. de Lyon, Fonds moderne, M[1], Statue de J. Cleberger ; *Journal de Lyon*, 18 juin 1820, etc. Voir, dans E. Pariset (*Biographie de J. Cleberger*, p. 52-54), tous les détails de la réfection de la statue en 1820, et notamment la lettre écrite à la municipalité de Lyon, le 12 juin 1820, par les syndics et adjoints de la Compagnie des Porte-faix de Pierre-Seize.

[3] Lettre citée dans la note qui précède ; *Gazette universelle de Lyon*, 23 et 25 juin 1820 ; *Journal de Lyon et du département du Rhône*, 22 et 27 juin 1820 ; Pariset, *op. cit.*, *loc. cit.*

[4] Cette statue, taillée dans le tronc d'un vieil orme, coûte 1.400 francs ; elle est « affreuse » (Cochard, *L'Homme de la Roche ou Cal. hist. p. 1827*, p. 41 ; Kaufmann, *op. cit.*, *loc. cit.*, p. 46). D'après Alexis Rousset, les « bottes » du légionnaire romain sont peintes en rouge (*Le monde en déshabillé*, cahier 15, s. d.). On lit dans les *Tablettes historiques et littéraires* du 26 avril 1823 (p. 418) : « Pourquoi, au sein d'une ville où les arts ne sont pas sans honneur, a-t-on souffert qu'on plaçât sur le coteau l'Homme de la Roche, un ignoble mannequin de bois barbouillé d'ocre et d'indigo, qui fait peur aux petits enfants, sourire de pitié l'étranger et gémir les gens de goût et de bon sens ? » Voir (plus haut, p. 145 et s.) les descriptions de l'ancienne statue d'après le plan de 1607 et d'après les vers de Chaligny-Deplaine en 1730, et les dessins qui ont été donnés de la statue de 1820 par A. Steyert (*Nouvelle hist. de Lyon*, I, p. 292) et par Alexis Rousset (*op. cit.*).

lyonnais qu'il intitule « *L'Homme de la Roche* », et, d'après le témoignage de feu M. Vouty, premier président de la Cour de Lyon, qui lui a montré, dit-il, certains « mémoires particuliers », il affirme que Cleberger a porté les armes, sauvé François Ier à Pavie et partagé sa captivité [1]. Dans une analyse du livre de Cochard, insérée dans les « *Archives historiques et statistiques du Rhône* », Bréghot du Lut expose toutes les raisons qu'il a de croire que Cleberger ne fut pas un soldat [2]; mais Cochard revient à la charge, en 1828, dans la seconde année de son Calendrier, persiste dans ses affirmations et se retranche derrière l'opinion de M. Vouty, opinion « fondée sur quelques anciens mémoires qu'il (M. Vouty) nous avait dit avoir trouvés dans les archives de la Tour de la Belle-Allemande, propriété aux portes de la ville dont il était le possesseur et qui avait appartenu à la femme de Jean Cléberg [3] ».

En 1836, le jour de la Saint-Jean, les jouteurs de Lyon donnent une fête en l'honneur de Jean Cleberger [4]; le journaliste Kaufmann qui en rend compte, en 1838, dans la *Revue du Lyonnais*, exprime, après Bréghot du Lut, des doutes sur l'identité de l'Homme de la Roche et du Bon Allemand. La statue fut érigée, dit-il, en l'honneur d'un gouverneur du château de Pierre-Scize [5].

La statue taillée en 1820 n'était plus alors qu'un tronc informe;

[1] *L'Homme de la Roche, ou Calendrier historique et anecdotique sur Lyon pour l'an de grâce 1827. Première année*, Lyon, Pézieux, p. 37; cf. *Notice hist. sur J. Cleberger*, p. 17, 57. Sur Antoine-Claude Vouty, baron de la Tour (1761-1826), ancien conseiller au Parlement de Dijon, président du Tribunal d'appel puis de la Cour de Lyon de 1800 à 1815, conseiller municipal de Lyon, député du Rhône en 1815, vice-président, puis président de la Commission des Hospices, membre de l'Académie de Lyon, voir Hodieu, *Essai de nomencl. lyonn.*, p. 21, 71, 112, 173; Bréghot du Lut et Péricaud, *Biographie lyonn.*, p. 320.

[2] *Arch. hist. et stat. du Rhône*, V, p. 297 et s., et *Mélanges histor.*, p. 229 et s. (voir, *ibid.*, p. 248 et s., la réponse de l'auteur du *Calendrier*).

[3] *L'Homme de la Roche, ou Calendrier... pour l'an de grâce 1828, Seconde année* « Additions à la notice historique sur J. Cléberg », p. 39-46.

[4] Les jouteurs de Lyon participèrent aussi, en 1849, aux fêtes de l'inauguration de la nouvelle statue. M. F. Morel possède, dans sa curieuse collection lyonnaise, une rame peinte portant les armes de la Société de Jouteurs « La Béquille » et l'inscription « Joute à l'honneur de Jean Clber *(sic)*, 1849 ».

[5] Kaufmann, La fête de J. Cleberg à Lyon en 1836, ap. *Rev. du Lyonnais 1838*, I, p. 44 et s.; l'auteur est sans doute le rédacteur du journal lyonnais *le Censeur*.

en 1825, elle avait déjà perdu la tête et un bras[1]. Alexandre Dumas l'avait vue en 1832 et avait écrit dans ses *Impressions de voyage en Suisse*—à propos de ce « monument que la reconnaissance lyonnaise avait élevé en 1716 : » — « ... Un accident rend l'installation d'une nouvelle statue nécessaire. Lorsque je passai à Lyon, l'Homme de la Roche n'avait déjà plus de tête, ce qui faisait beaucoup crier les filles à marier, qui prétendaient s'apercevoir de cette mutilation[2]. »

En 1838, sur l'initiative du notaire Darmès, quelques lyonnais décidèrent d'élever à Jean Cleberger un monument plus durable, et une Commission fut instituée dont les travaux ont été exposés en détail par E. Pariset[3]. Cette Commission reçut de la Ville une subvention de 6.000 francs et envoya un de ses membres, M. Piégay, recueillir, à Nuremberg et en Autriche, des documents sur les portraits anciens de Jean Cleberger. L'exécution de la statue, d'abord confiée au jeune sculpteur Jean-Baptiste Lepind, fut ensuite donnée à Pierre Bonnaire qui représenta Jean Cleberger dans le costume des bourgeois de son temps, tenant de la main droite une bourse et de la gauche son testament.

La statue en pierre, de P. Bonnaire, — celle qu'on voit encore, aujourd'hui, sur le quai Pierre-Scize — ne fut inaugurée que le 16 septembre 1849. On l'avait placée, non plus au sommet ou sur le flanc de la Roche, mais, au niveau du quai, sous une niche creusée dans la paroi du rocher. D'après un premier projet, son piédestal devait porter une inscription indiquant qu'elle était érigée en mémoire du « Bon Allemand », par « les Lyonnais reconnaissants » ; mais on renonça à cette idée et le nom de Cleberger ne fut pas gravé sur le monument destiné à commémorer ses bienfaits[4].

La Commission du monument avait fait imprimer, en 1842, un *Précis historique* identifiant l'Homme de la Roche avec Jean Cleberger. Les auteurs, tout en remarquant qu'on ne savait « rien de

[1] *Tablettes hist. et litt.*, 20 juin 1825, p. 155; voir, dans A. Rousset, *op. cit.*, le dessin représentant la statue n'ayant plus ni tête ni tronc.

[2] Alex. Dumas, *Impressions de voyage en Suisse*, Calmann-Lévy, t. I, p. 29-30.

[3] Pariset, *Biogr. de J. Cleberger*, p. 54-61. Voir *Rev. du Lyonnais*, 1843, I, p. 332.

[4] Pariset, *Biographie, loc. cit.*; Arch. mun. Lyon, M[1]. Statue de J. Cleberger ; *Rev. du Lyonnais*, 1843, I, 332 ; Le *Courrier de Lyon*, 16, 17, 18 et 19 septembre 1849 ; *Journal des Débats*, 20 septembre 1849.

positif » sur la carrière militaire de Cleberger et sur ses exploits à Pavie, estimaient que, cependant, l'opinion de MM. Vouty de la Tour et Cochard devait « avoir quelque crédit[1] ».

Vue du quai Pierre-Scize actuel et de la statue.

[1] *Précis historique sur Jean Cleberger surnommé le Bon Allemand et vulgairement appelé l'Homme de la Roche, publié par la Commission du monument qui doit lui être érigé*, 1842. — Sur la carrière militaire attribuée à Cleberger et la légende qui paraît avoir été inspirée à Cochard par M. Vouty de la Tour, voir, outre les documents déjà cités : Fortis, *Voyage pitt. et hist.*, 1822, II, 176; Clerjon, *Hist. de Lyon*, 1831, IV, 269 : Dr Ozanam, *Jean Kleberg*.

Enfin, en 1843, un article du Dr Barjavel dans la *Revue du Lyonnais* (« Nouveaux documents sur Jean Kleberger ») donnait cette fois, d'après des recherches faites en Allemagne, d'excellents détails sur la vie du Bon Allemand, mais le présentait encore comme un « illustre guerrier » en l'honneur de qui des médailles avaient été frappées[1].

Puis le silence se faisait de nouveau — du moins à Lyon — sur Jean Cleberger[2], dont l'histoire devait, longtemps encore, relever en grande partie de la légende.

*
* *

La statue existait-elle avant 1590 ?

Le premier document qui permettte d'affirmer l'existence d'une statue sur la Roche de Bourgneuf, remonte, ainsi qu'on l'a vu plus haut, à 1590, — si l'on établit la publication à cette date d'une première édition du *Formulaire récréatif* — dans le cas contraire, à 1594[3]. Pour la période antérieure, on ne peut, en l'état, que proposer des hypothèses.

La statue n'est pas figurée, il est vrai, sur le plan de Lyon dit le « Plan scénographique », mais ce plan fut exécuté entre 1545 et 1553, et, ainsi que Grisard l'a démontré, la partie qui nous intéresse doit avoir été dessinée en 1545[4], c'est-à-dire du vivant de Jean Cleberger. Si l'on admet que la statue a été élevée en son honneur et après sa mort, il est donc naturel qu'elle ne soit pas représentée sur le « Plan scénographique », assez exact et très détaillé.

D'autre part, les nombreux plans ou vues de Lyon dressés depuis

l'Homme de la Roche de Lyon, bienfaiteur de la Ville de Lyon, 1839 ; Monfalcon, *Hist. de Lyon*, 1847, I, 607.

[1] Nouveaux documents sur Jean Kleberger, ap. *Rev. du Lyonnais*, 1843, I, 324 et s. (par le Dr Barjavel, d'après la table du volume).

[2] Voir cependant : à Lyon, *L'Homme de la Roche*, étude fantaisiste, par le baron Raverat, en 1886 ; — en Suisse, l'excellent travail de Th. Heyer : Jean Kleberger le Bon Allemand, dans *Mémoires de la Soc. d'hist. de Genève*, t. IX, 1855, p. 421 et s. ; — puis les recherches faites en Allemagne : *Wiener Zeitung*, 13 octobre 1842 ; Stricken, dans *Germania*, II, 1848, p. 179 et III, 1849, p. 252 ; *Anzeiger für Kunde deutscher Vorzeit*, 1860, p. 433 et s. ; P. Stumpf, *Denkwürdige Bayern*, 1865, p. 85.

[3] Voir plus haut, p. 144.

[4] J. Grisard, *Notice sur les plans et vues de Lyon*, p. 25 et s., 31.

l'époque où l'existence de la statue est établie par des documents certains, ne figurent que rarement la statue de M. de la Roche sur son piédestal naturel[1]. Sans doute les dessinateurs ont estimé, pour la plupart, que cette effigie grossière ne méritait pas d'être signalée. En l'omettant sur leurs plans ou vues, ils n'ont fait qu'imiter les voyageurs. Ceux-ci, venus à Lyon en assez grand nombre au XVIIe siècle, y ont vu certainement la statue et ne l'ont pas mentionnée dans leurs relations[2].

Il est donc possible que la première statue placée sur la Roche ait été sculptée, soit au XVIe siècle après la mort de Cleberger, soit même à une époque de beaucoup antérieure. Aussi certains auteurs ont-ils pu supposer que la statue de Bourgneuf remontait à l'époque gallo-romaine, et que, représentant à l'origine une divinité païenne, elle était devenue, dans la suite, celle du Bon Allemand[3].

L'érudit lyonnais André Steyert a soutenu cette thèse et a reproduit, en 1895, dans sa *Nouvelle Histoire de Lyon*, d'une part, d'après un croquis pris par lui en 1845, la statue élevée en 1820 ; d'autre part une statuette en bronze de l'époque gallo-romaine trouvée dans la région et conservée au Musée de Lyon[4].

Le rapprochement est curieux. Le dieu gaulois que Steyert dit être un Jupiter (Esus, Taranis ou Teutatès) est tête nue, mais sa tunique étroite et ses braies rappellent assez, de loin, le costume du légionnaire romain taillé en 1820. Comme lui, il tient de la main

[1] Voir les plans, déjà cités, de Lebeau (1607) et de N. Tardieu (1696); celui de Joséphine Decomberousse en 1816 ; M. Audin, *Bibliog. iconogr.*, II. *Plans et rues générales*.

[2] Abraham Gölnitz, qui séjourna à Lyon en 1630-1631, a cité la « place de la Roche », sans mentionner la statue ; voir A. Vachez, ap. *Mém. Soc. litt. Lyon*, XIII, 1876, p. 402.

[3] Voir Bréghot du Lut, *Mélanges hist.*, p. 235 et s., et *Dict. des rues de Lyon*, v° la Roche ; Péricaud, *Notes et Doc.*, 6 septembre 1546 ; R. de Cazenove, Les tableaux d'A. Dürer, ap. *Rev. Lyonnaise*, 1882, p. 324 ; Raverat, *L'Homme de la Roche*, p. 16 ; Duplain et Giraud, *Saint-Paul de Lyon*, p. 239. D'après le *Précis historique*, p. 11, « l'absence de la statue... (sur le *Plan scénographique*) prouve que ce monument n'a pas été érigé avant François Ier et qu'il n'a pu, par conséquent, être dédié à Hercule ou à Mercure sous la domination romaine, comme quelques écrivains pourraient le prétendre ».

[4] A. Steyert, *Nouv. hist. de Lyon*, I, p. 291 et 292. Cf., dans Quicherat, *Hist. du cost. en France*, p. 26, les planches représentant un Jupiter et un Pluton gallo-romains.

droite une longue hampe sur laquelle il s'appuie, et, de la main gauche, « une sorte de vase ou de bourse rustique ».

Et Steyert suppose qu'avec le temps « une croyance naïve, interprétant d'une manière favorable la bourse qui lui servait d'emblème, avait fini par transformer la mystérieuse divinité en un héros bienfaisant ». Quel qu'ait été le dieu ainsi représenté à l'origine, « l'Homme de la Roche était un personnage identique au Baboin de Chazay[1], et sur lequel on racontait des légendes analogues, inspirées par la bourse qu'ils tenaient à la main. Tous les deux passaient pour avoir doté les filles pauvres de leur quartier, et comme, à Lyon, la bienfaisance de Jean Cleberger avait traversé les siècles, le peuple s'était imaginé que cette antique idole était la représentation du Bon Allemand[2]. »

Le marteau ou maillet du Taranis gaulois qui s'était allongé pour figurer le sceptre de Jupiter, serait donc devenu la hallebarde de l'Homme de la Roche, et le vase (?) qu'il tient dans sa main gauche, une bourse. L'hypothèse est ingénieuse et, du moins, vraisemblable; elle explique l'allure et le costume guerriers du bienfaiteur de Bourgneuf, et, d'autre part, l'attachement traditionnel du peuple aux idoles révérées par les générations antérieures permet de supposer qu'une statue gallo-romaine a pu, en se transformant, demeurer au sommet de la Roche après l'établissement du christia-

[1] Sur une des portes de l'enceinte fortifiée de Chazay-d'Azergues (Rhône), on voit encore la statue du « Baboin » représentant, d'après la légende, un bateleur appelé Théodore Sautefort (surnommé le Baboin à cause de son agilité), qui, lors d'un incendie, sauva la fille du seigneur, l'épousa, fut fait chevalier, sous le nom de chevalier du Mas, combla de ses bienfaits les gens du pays dont il dotait les filles, et mourut vers 1435. Sa statue, renouvelée solennellement par les habitants de Chazay, comme l'était à Lyon celle de Cleberger, est aujourd'hui figurée par une plaque de fonte, sur laquelle est peint un Mars ou guerrier nu et casqué, tenant une lance et un bouclier (Abbé Pagani, *Hist. de Chazay-d'Azergues*, 1892, p. 11-12, 215-238). D'après l'auteur, l'histoire ne dément pas la légende. Une autre version fait de « Théodorus » (comme de J. Cleberger) un vaillant soldat qui, avant de s'établir à Chazay et d'y doter les filles, aurait chassé du pays, en 1429, les bandes anglaises qui le ravageaient; le « baboin » aurait été l'homme qui « bat bien » l'ennemi (cf. Serrand, *Hist. d'Anse*, 1845, p. 260, 265, 266, 275). D'autres auteurs font vivre le Baboin au XIVe siècle.

[2] A. Steyert, *Nouv. hist. de Lyon*, I, p. 291-292. Le Musée des Antiques, à Lyon, possède au moins deux statuettes du Dieu qu'a dessiné Steyert (vitrine des petits bronzes).

nisme[1]. La théorie d'A. Steyert devra rallier tous les suffrages quand un document aura établi l'existence de la statue antérieurement à la mort de Jean Cleberger.

Si l'on admet, avec Steyert, que la statue de la Roche ne fut pas élevée à Jean Cleberger et ne devint que plus tard l'effigie du Bon Allemand, on peut encore, sans la faire remonter à l'époque gallo-romaine, admettre que le premier guerrier placé en sentinelle sur les rochers de Bourgneuf fut l'une de ces statues improvisées que le Consulat lyonnais faisait sculpter ou modeler pour en orner les arcs de triomphe dressés à l'occasion des entrées royales.

Le cortège de ces entrées solennelles suivait le plus souvent la rue de Bourgneuf, et, lorsque le souverain arrivait par cette voie, la porte et la place de Bourgneuf étaient presque toujours occupées soit par des décorations, soit par des échafauds préparés pour la représentation de quelque « histoire »[2].

Lors de l'entrée d'Henri II, le 23 septembre 1548, un arc de triomphe de 50 pieds de haut fut dressé « à la place de la porte de Bourgneuf », avec, entre ses colonnes, des niches abritant des dieux et des déesses ; sur le « retour » du fronton, un « Mars tenoit son épée au poing, son pavois au bras ». « A costé dudict Arc, joignoit une muraille à la rustique ruinée en plusieurs lieux : et au dessus de laquelle estoient encore resté quelques fragmentz (de corniches et de colonnes) pour mieulx représenter son antiquité. Et régnoit la dicte muraille jusques aux Roches de ladicte place, lesquelles estoient couvertes en plusieurs endroitz de Genèvres, Genetz et Bouys, soubz l'umbrage desquelz s'esbatoient plusieurs Satyres et Faunes. L'un perché tout debout sur le sommet d'un roc, l'autre couché..., iouantz tous ensemble de divers instrumentz à vent[3]. »

[1] Voir dans Lavisse (*Hist. de France depuis les origines*) t. I, 2e partie, p. 50, 416 et s. ; t. II, 1re partie, p. 17 et s., 238 et s.

[2] La rue de Bourgneuf était le prolongement, à travers Lyon, des routes venant de Paris par la Bourgogne et le Bourbonnais. Voir E. Vial, *Inst. et cout. lyonnaises*, p. 85 et s. Pour l'entrée de Louis XI, en 1476, « ung saint Michiel, beau et grand et armé de toutes piesses » est placé au-dessus de la porte de Bourgneuf : « au cousté devers la roche » des échafauds sont dressés pour recevoir les Enfants de la Ville (Arch. mun. de Lyon, BB. 13, f° 29).

[3] *La magnificence de la superbe... entrée... faicte... au Roy... Henry deuxiesme... le 24 de septembre 1548*. Lyon, G. Rouille, 1549, non paginé ; cf. *Relation des entrées solemnelles*, p. 36, 36.

Quand Charles IX vient à Lyon, le 13 juin 1564, un « théâtre » est édifié sur le même emplacement, près du « Roc composé par l'artifice de nature, assis près de la porte de Bourg-neuf..., théâtre basty en perspective, s'eslevant mignonnement en degrez de Porphïre, jusques au sommet du Roc naturel » où se tiennent des musiciens [1]. On pourrait multiplier ces exemples pour les xve et xvie siècles et citer également de nombreux « Mars » faits par des sculpteurs pour la décoration des « machines » de divers feux de joie [2].

Les habitants de Bourgneuf n'auraient-ils pas, après une de ces entrées ou cérémonies, hissé, ou simplement laissé sur la cime de la Roche quelque statue armée, premier modèle du « Colosse de Mars » que Chaligny-Deplaine verra en 1730 et décrira en 1801 [3] ? Une « grande effigie de la Fortune », modelée par Bernard Salomon pour l'entrée de 1548, fut vendue par le Consulat, en 1550, à l'élu Grolier [4], et souvent, après une entrée, la Ville abandonnait aux artistes qui avaient eu l'entreprise des décorations, les statues, moulages ou ornements dont elle n'avait plus l'emploi [5].

La plupart des auteurs qui ont parlé de la statue ont identifié Monsieur de la Roche avec Jean Cleberger en basant leur opinion sur la tradition, et, comme on l'a vu plus haut, il est certain que, depuis le dernier quart du xviie siècle au moins, les gens de Bourgneuf qui renouvellent la statue quand elle tombe de vétusté, veulent, en le faisant, honorer la mémoire d'un doteur de filles, de « Flebergue », nommé pour la première fois en 1757. De nos jours encore, la

[1] *Discours de l'entrée de très illustre... prince Charles de Valois, neuvième de ce nom...* Pour Mathurin Breuille (Lyon), 1564 ap. V. de Valous, *L'entrée de Charles IX à Lyon*, 1884, p. 18-21).

[2] Sur ces effigies voir Paradin, *Mém. de l'hist. de Lyon*, p. 359-361 : E. Vial, *Inst. et cout.*, p. 294 et 303. Un Mars fait, en 1569, à l'occasion de la célébration de la victoire de Jarnac est « ung fantosme tout armé, tenant la lance au poing » (Arch. mun. Lyon, BB. 88, f° 87 v°, CC. 1157, n° 17).

[3] Voir plus haut, p. 148.

[4] Arch. mun. Lyon, BB. 70, f° 84.

[5] Voir, notamment, Arch. mun. Lyon, BB. 132, f°s 159 et s. ; CC. 1472, n° 24.

croyance populaire affirme unanimement que l'Homme de la Roche dotait jadis les filles pauvres de son quartier[1].

Mais, à part cette tradition, qui serait une preuve irréfutable si l'on en constatait l'existence une siècle plus tôt, quels sont les arguments des partisans de l'identification de « M. de la Roche » avec Cleberger ?

Ils ont prétendu que la donation à cause de mort du *Formulaire* de Du Troncy, était, en 1594, une allusion évidente au testament de Cleberger et une « parodie » de ce testament ; ils en ont trouvé une preuve dans ce fait que Du Troncy avait été le notaire de Pelonne Bonzin, la veuve du Bon Allemand[2]. Si l'on compare les deux textes, on n'y rencontre peu de formules identiques, celles seulement qui sont communes à tous les actes notariés contemporains. Fierabras le Furieux lègue à son voisin Guillot le Songeur « son hallebarde avec toute sa despouille », Cleberger lègue à son beau-fils « toutes et chacune sesd. armures, espées, haquebutes, javelines, bastons et instrumens de guerre[3] ». Est-ce assez pour

[1] Voir surtout Fortis, *Voyage pitt. et hist.*, II, 175; *L'Homme de la Roche, ou Calendrier... 1827*, p. 20; *Précis hist.*, p. 10; Nouv. doc., ap. *Rev. du Lyonnais*, 1843, II, 330-331; Adrien Péladan fils, *Guide de l'amateur et de l'étranger à Lyon*, 1864, p. 131-132; R. de Cazenove, Tableaux d'A. Dürer, ap. *Rev. Lyonnaise*, 1882, p. 321 et s.; Pariset, *Biogr.*, pp. 51 et s.

[2] *Journal de Lyon et du Midi*, 3 juin 1821, p. 2; *L'Homme de la Roche, Calendrier... 1827*, p. 53, *1828*, p. 45; Nouveaux doc., *loc. cit.*, p. 330-331; *Précis hist.*, p. 10-11.

[3] Testament de J. Cleberger, Minutes Dorlin, *loc. cit.*, f° 169. Les auteurs qui veulent que Cleberger ait porté les armes ont tiré de ce texte leur principal argument (*Précis historique*, p. 13, etc.). A cette époque, tous les bourgeois, marchands et artisans, possédaient des armes, et Cleberger devait en être mieux fourni que tout autre, lui qui, du moins pendant sa jeunesse, voyageait sans cesse, de foire en foire, à travers l'Allemagne, la Suisse et la France, ayant souvent sur lui, sans doute, de fortes sommes d'argent. Les rôles des « visitations d'armes » conservés aux Archives municipales de Lyon donnent des détails très précis sur la quantité et la nature des armes possédées par les habitants. A la fin du xv[e] siècle, un homme de robe, M[e] Deschamps, possède cinq piques, un corcellet, six rondelles, quatre targes et des épées (EE. Chappe IV, 198 [f], 136, pennonnage Claude de Monconys) ; en 1557, Girardin Panse, mercier et quaternier de son pennonnage, a chez lui deux corcellets, deux piques, six arquebuses, deux hallebardes et deux pertuisanes; Corneille de La Haye, peintre du roi, une manche de maille, une épée et une dague. La même année, les 230 « bourgeois » qui composent le pennonage « Antoine Resnault » sont munis, entre eux tous, de 761 armes ou pièces d'armures diverses (EE. Chappe, IV, 198 [f], n° 2, 130 et 131). Voir encore un rôle sans date, dressé, au xvi[e] siècle, pour le quartier de Lyon qu'habita Cle-

conclure à une parodie ou même à une allusion ? Et si Du Troncy a rédigé quelques actes pour Pelonne Bonzin [1], il n'en résulte pas qu'il ait voulu mettre en scène son mari défunt, et que, « la statue lui ayant été dédiée » il ait « fait parler cette statue comme si c'était Cleberger lui-même [2] ».

Les partisans de l'identification de l'Homme de la Roche avec le Bon Allemand ont encore invoqué la découverte, en 1820, sous le piédestal de l'ancienne statue, du médaillon dont il a été parlé plus haut [3], médaillon qui « donne certainement le portrait de Cleberger : les traits sont d'un Allemand, la pose est celle d'un homme religieux et bienfaisant, le costume est celui de la Cour [4] ». Or les circonstances de la découverte de ce médaillon n'ont jamais été élucidées, aucune légende ne désigne le personnage qui y est représenté, et qui ne ressemble nullement à Cleberger. Cleberger est toujours représenté imberbe ou avec de courts favoris ; cet anonyme porte la moustache et la barbe. Son costume est certainement postérieur au règne de François Ier. Il est inutile de se demander si, en plaçant la statue au sommet de la Roche, les contemporains de « Kléberg » avaient voulu « faire une allusion à ses armoiries, à la finale (berg) de son nom, qui signifie montagne [5] ».

*
* *

L'opinion contraire a été énergiquement défendue. L'ancien « Homme de la Roche, » a-t-on répondu, ne pouvait pas être Jean Cleberger et pour une série de raisons :

1° Parce que la tradition invoquée ne remonte en somme qu'à la

berger, la rue Longue et le Plâtre St-Esprit (*ibid.*, 198 r, 136). — Obligé d'être sérieusement armé lorsqu'il courait les routes, J. Cleberger devait d'ailleurs aimer les armes pour elles-mêmes et probablement les exercices de tir ; en 1528, il paye, à Nuremberg, à Endres Imhof, 5 florins 5 sols pour un arc à main, deux carquois et des flèches (Arch. de la famille Imhof. Livre de comptes d'E. Imhof, ap. R. Ehrenberg, *H. Kleberg*, p. 12).

[1] Voir notamment, en 1560-1563 : Arch. mun. Lyon, CC. 1079, nos 2 et 3 ; CC. 1092, n° 18 ; CC. 1101, n° 10 (quittances délivrées par Benoit Du Troncy au nom de Pelonne Bonzin).

[2] *Précis hist.*, p. 11.

[3] Voir, plus haut, p. 140.

[4] *Précis hist.*, p. 12. Cf. *l'Homme de la Roche*, *Calendrier*, *1828*, p. 45 ; Bréghot du Lut, *Mélanges*, p. 249 ; R. Ehrenberg, *H. Kleberg*, p. 49.

[5] *Précis hist.*, p. 12.

notice de l'abbé Pernetti, c'est-à-dire en 1757, et qu'aucun document antérieur ne donne au bienfaiteur des filles de Bourgneuf le nom de Cleberger [1]. — A cette objection les auteurs du *Précis historique* ont, d'ailleurs, assez justement répondu que « cette tradition, pour s'être perpétuée jusqu'à cette époque, avait certainement sa source dans la réalité » ; qu'elle « n'a pu s'appliquer à aucun autre personnage » et qu' « il serait sans exemple que l'on eût, après deux siècles, supposé, du temps de Pernetti, la transmission orale d'un fait que personne n'avait intérêt à inventer ou même à embellir [2] ».

2° Parce qu'il n'était pas établi que Cleberger eût jamais doté des filles, soit à Bourgneuf, soit ailleurs dans Lyon [3]. — Il n'existe en effet, du moins à notre connaissance, aucune trace officielle de la constitution de ces dots, mais, si le Bon Allemand les remit de sa main aux filles de son quartier, aucun document ne peut les avoir mentionnées. Or, on a vu plus haut les preuves de la générosité, parfois anonyme, de Jean Cléberger [4] et il faut se souvenir que, par un article de son testament, il « donne et lègue à Anthoinete, sa chambrière, pour l'ayder à marryer, oultre ses sallaires, la somme de vingtcinq escus d'or soleil [5]. »

3° Parce que rien ne prouvait que Cleberger eût habité Bourgneuf [6]. Or, d'après un texte déjà cité, le Bon Allemand eut son logis sinon dans le quartier de Bourgneuf, du moins dans le quartier contigu de Saint-Paul, puisqu'il est nommé, en 1536, parmi les contribuables du « quartier depuis le cloistre Saint-Pol tirant par la Juyerie (Juiverie), comprins sainct Barthelemy, jusques au puys de Porcherie [7] ».

Enfin, et puisqu'il paraît bien établi que Cleberger n'a jamais

[1] Bréghot, *Mélanges hist.*, p. 236 ; Monfalcon, *Hist. de Lyon*, 1849, I, 608 ; Raverat, *L'Homme de la Roche*, p. 18.

[2] *Précis hist.*, p. 11. Cf. Ehrenberg, *H. Kleberg*, p. 49-50 ; Parisot, *Biographie*, p. 47 et s.

[3] *Arch. hist. et stat. du Rhône*, V. 308 ; Bréghot, *Mélanges*, p. 241. D'après R. de Cazenove (*Rev. Lyonnaise*, 1882, p. 325), l'abbé Cattet, curé de Saint-Paul (mort vers 1854), prétendait que Cleberger ne dotait les filles qu'après les avoir mises à mal.

[4] Voir, plus haut, p. 92 et s.

[5] Test. de J. Cleberger, Minutes Dorlin, *loc. cit.*, f° 170 v°.

[6] *Arch. hist. et stat.*, V. 304 ; Bréghot, *Mélanges*, p. 237 ; Raverat, *L'Homme de la Roche*, p. 15.

[7] Arch. mun. de Lyon, CC. 274, f° 53 v°, 55 v° ; Voir, plus haut, p. 18 et p. 53.

porté les armes ni commandé de lansquenets [1], on pourrait invoquer aujourd'hui un quatrième argument et se demander pourquoi la statue qu'on dit être la sienne représentait au XVIe siècle un guerrier. Cette objection n'est pas sans réplique. Les Lyonnais contemporains du Bon Allemand ignorant son origine et sa vie avant son établissement définitif à Lyon, ont pu lui attribuer un passé militaire. Cette croyance populaire se serait fondée sur son titre de valet de chambre du roi, sur sa prétendue noblesse, sur la connaissance, peut-être, de ses médailles au revers décoré de trophées d'armes [2], sur l'existence en son logis de nombreux « bastons et instrumens de guerre ». D'autre part, sa fortune et ses relations avec François Ier était bien faites pour accréditer la légende de sa présence à Pavie et faire supposer que, puissant et influent comme il l'était, enrichi et honoré par le roi de France, il avait été récompensé pour lui avoir sauvé la vie ou tout au moins pour quelque fait d'armes. Ne voit-on pas cette même légende s'établir à Lyon au début du XIXe siècle, basée sur les mêmes constatations et autorisée par les « mémoires particuliers » que disait posséder le président Vouty, propriétaire de la Tour de la Belle Allemande [3] ?

Faut-il admettre que les contemporains de Cleberger voulurent honorer en lui un homme de guerre devenu marchand et banquier [4] ; faut-il retrouver dans la hallebarde du Bon Allemand, soit le maillet de Taranis, soit la lance d'un Mars de l'époque romaine ou même du XVIe siècle? Les documents invoqués par les partisans de ces deux opinions étaient et sont encore trop peu concluants pour ne pas laisser place à d'autres hypothèses.

*
* *

Certains auteurs, respectant la tradition qui faisait de l'Homme de la Roche le bienfaiteur des filles pauvres du quartier, mais se

[1] Voir, plus haut, p. 11 et s. Cf. Bréghot. *Arch. hist. et stat.*, V, 304 et *Mélanges*, p. 237.

[2] Voir, plus haut. p. 135-137. J. Cleberger lègue à son fils ses « médailles » (*Ibid.*, p. 103, note 1).

[3] Voir, plus haut, p. 153.

[4] R. Ehrenberg qui estime, d'après la tradition, que la statue de la Roche fut élevée, au XVIe s., à J. Cleberger, observe que le fait de l'avoir représenté en homme de guerre rentre tout à fait dans les habitudes de l'époque de la Renaissance (*H. Kleberg*, p. 50).

refusant à l'identifier avec Cleberger, ont attribué la statue à l'un des personnages qu'on sait avoir doté des Lyonnaises au XVIe siècle : Jean de Licieux dit le Pavanier, Guillaume François, un membre de la famille Panse[1].

Jean de Licieux, dit le Pavanier, valet de chambre du Roi, mourut avant 1558 ; il était « natif de Vernoux » en Vivarais. Par testament du 27 juin 1554, il constitua une rente de 200 écus, sur lesquels 160 écus seraient donnés en dot, chaque année, à quatre jeunes filles pauvres. Deux d'entre elles devraient être nées à Vernoux, les deux autres seraient désignées par le Consulat[2].

Guillaume François, marchand et receveur des tailles à Lyon, y fut élu conseiller de Ville en 1549. Il testa le 21 septembre 1558, et consacra à la dotation des filles pauvres les intérêts d'un capital de 1.000 livres[3].

Les Panse étaient des riches merciers venus de Flandre à Lyon[4]. Jérôme Panse, qualifié « marchand de Flandre », habitait la rue de Bourgneuf ; il fut élu conseiller de Ville en 1523 et mourut en 1529, ayant légué à l'hôpital du Pont-du-Rhône une pension annuelle de 88 livres pour « marier povres filles ». Girardin Panse (fils du précédent ?) habita aussi Bourgneuf, ou tout au moins le quartier St-Paul. Il fut maitre de métier pour les merciers en 1537, notable pour le côté de Fourvière et conseiller de Ville, puis trésorier des deniers de l'Aumône générale en 1542 et recteur de cette œuvre en 1553. On le trouve, en 1557, quaternier ou lieutenant de son pennonage. Il mourut en 1565. Son fils, Justinien Panse, paroissien de Sainte-Croix, épousa dans cette église, le 22 juillet 1571, « Méraude Bulliod ». Il fut nommé recteur de l'Aumône générale

[1] Voir *Arch. hist. et stat.*, V, 309 ; Bréghot, *Mélanges*, p. 241-242 ; Raverat, *L'Homme de la Roche*, p. 30-32.

[2] Arch. mun. Lyon, GG. Chappe XIX, 484, n°s 1 et 2, 511, 512, 513, n° 1 ; FF. Chappe XIII, 62[34] ; Rubys, *Hist. vérit.*, p. 481.

[3] Marié à Madeleine Geneveys, il fut quaternier du pennonage Humbert Guichon (Arch. mun. Lyon, GG. Chappe XIX, 485 ; EE. Chappe IV, 198[f], 136 ; BB. 113, f° 117, BB. 370, syndicat de 1549 ; CC. 1080, n° 84 ; Rubys, *Hist. vérit.*, p. 481).

[4] Bernardin Panse est mercier à Lyon en 1498 et 1500 ; Jéronyme Panse, qualifié « marchand de Flandre » en 1507, reçoit du gingembre pour la foire de Pâques 1527 (Arch. mun. Lyon, 198[d], 114, f° 13 v°, 115, nf. ; CC. 108, n° 1, f° 5 v°, n° 2, f° 15 ; CC. 743, n° 2, f° 5 v°).

en 1574, conseiller de Ville la même année et capitaine-pennon de son quartier en 1577. En 1577, il prit part à la fondation de la Confrérie des Pénitents du Confalon, et, en 1579, il fit don à l'Aumône générale de 100 écus. On sait qu'il écrivit des chansons et mourut vers 1595[1].

On eût pu citer beaucoup d'autres noms[2]. Mais si ces bienfaiteurs des pauvres de Lyon méritèrent l'honneur d'une statue — honneur fait bien rarement, à cette époque, à de simples bourgeois — rien ne prouve que les gens de Bourgneuf aient voulu, avant le milieu du XVIIIe siècle, affirmer par un monument leur reconnaissance à l'égard d'un de ces charitables personnages.

D'autres écrivains ont fait de l'Homme de la Roche, armé et « bataillant », un soldat de profession, un gouverneur du château de Pierre-Scize[3], ou quelque capitaine-pennon « renommé pour sa vaillance et sa bravoure[4] ».

[1] Arch. mun. Lyon, BB. 55, f° 174, BB. 56, 97 v°; BB. 68. f° 88; BB. 96, f° 38; BB. 370 et 371 (syndicats, de 1549, 1554, 1559, 1563); CC. 21, f° 63, 63 v°; CC. 40, f° 10; CC. 56, f° 28; CC. 150, f°s 207 v°, 234; CC. 156, f° 28; CC. 274, f° 50 v°; CC. 283, f° 54 v°; CC. 325, f° 3; CC. 955, f° 109; CC. 1465, f°s 28, 31; EE. Chappe IV, 198 r 131, n° 2; Arch. dép. du Rhône, Sainte-Croix sac I, t. II, f°s 32 v°, 147 v°; Arch. hospit. de Lyon. Charité. E. 24, f° 38; E. 159, f° 34; Rubys, *Hist. vérit. de Lyon*, 406, 428; Bréghot et Péricaud, *Biographie*, p. 213; Péricaud, *Notes et doc.*, 9 décembre 1595; *Nomenclature des fondateurs et bienfaiteurs des Hospices civils de Lyon*, p. 9, 16, 234, 235, 239.

[2] Notamment: Pierre Du Fourt, possessionné à Civrieux, mort en 1542, léguant la moitié de ses biens pour doter douze filles pauvres (Arch. hospit. de Lyon, Charité, E. 6, f° 12); Jean Grabot, bourgeois de Lyon, mort en 1552, qui dota les filles de l'hôpital Sainte-Catherine (*ibid.*, E. 8, f° 12); ces dotations sont, au XVIe siècle, une des formes ordinaires de la charité des Lyonnais (voir *Nomencl. des fondat. et bienf. des Hospices civils de Lyon*, passim). — Autres doteurs de filles: Giron, capitaine du pennonage de rue Neuve, à la fin du XVIIe siècle (cité par Raverat, dans *L'Homme de la Roche*, p. 91); Etienne Mazard, négociant et bourgeois de Lyon, capitaine du pennonage du Plat-d'Argent, mort le 26 mai 1736. Il constitua, par testament du 21 avril 1735, 33 pensions de 150 livres pour doter, chaque année, 33 jeunes filles pauvres (Arch. mun. Lyon, GG. Chappe XIX, 484, f° 512; BB. 301 f°s 81, 82; Morel de Voleine, Petite chron. lyonnaise, ap. *Rev. du Lyonnais*, 1851, II, 194). Pour la période contemporaine, il faudrait citer Jean-Charles-Antoine Bonafous (mort en 1869) [illegible] lathieu Tamain (mort en 1883); les fondations du Lyonnais Jean-[illegible]ney (mort en 1864) et de J. Boucher de Perthes (mort en 1868) sont [illegible] à titre de récompenses et non pas de dots (Arch. mun. Lyon, Q²).

[3] D'après Kaufmann qui ne nomme pas ce gouverneur (*Rev. du Lyonnais*, 1838, I, p. 44-45; cf. Raverat, *op. cit.*, p. 8).

[4] Clerjon, *Hist. de Lyon*, IV, 268-269; Raverat, *op. cit.*, p. 9; cf., plus haut, p. 149, dans *La Mandrinade*, le titre de l'épître dédicatoire (1755).

Autant d'hypothèses qui n'ont pour elles que le costume guerrier de la statue.

Enfin on a supposé que « M. de la Roche » était le véritable nom du personnage représenté sur le rocher de Bourgneuf. Les « de la Roche » sont en effet nombreux à Lyon depuis le xve siècle [1] et Bréghot du Lut a pu trouver, dans un acte de 1577, une reconnaissance relative à une maison de la rue de Bourgneuf, maison « joignant, de soir, la montagne de Confort, dite à présent de Thunes », qui « fut de Philiberte de Thélis et de noble Gabriel de la Roche [2] ». Il est cependant bien évident qu'il faut s'en tenir à l'explication naturelle donnée, en 1744, par l'*Almanach de Lyon ;* la statue fut nommée « M. de la Roche, parce qu'elle étoit placée sur la roche [3] ».

En tout cas, Jean Cleberger, à qui les gens de Bourgneuf élèvent une statue depuis le milieu du XVIIIe siècle, fut certainement très populaire, soit sous le nom de « Flébergue », soit sous le surnom de « l'Homme de la Roche ».

Le Dr Réveil a signalé l'existence à Paris, rue des Petits-Champs, n° 2, d'une statue en bois, qu'on voyait déjà à cette place en 1777 et qui porte l'inscription « A L'HOMME DE LA ROCHE DE LYON ». Placée au-dessus de la marquise qui abrite la devanture d'une boutique, elle sert, depuis 1777, d'enseigne à un charcutier ; elle est presque de grandeur naturelle et représente un guerrier vêtu, à quelques détails près, comme le légionnaire de la statue érigée à Lyon en 1820, tenant sa bourse de la main droite et sa lance de la main gauche [4].

[1] Voir, notamment, passim, aux Arch. mun., les registres CC. 21, 23, 147, 887, et les visitations d'armes : EE. Chappe IV, 198 F, 130 et s. — Nous avons cité deux tènements de la Roche à Lyon ; il en existait un troisième, qui eut pour seigneurs les Camus dans la seconde moitié du XVIe siècle, et devint La Roche-Cardon (*Rev. d'Hist. de Lyon*, 1908, p. 385).

[2] *Arch. hist. et stat.*, V, 309 ; Bréghot, *Mélanges*, p. 242 ; Raverat, *L'Homme de la Roche*, p. 9.

[3] Voir, plus haut, p. 149.

[4] Dr Réveil, *L'Homme de la Roche à Paris*, ap. *Rev. du Siècle*, Lyon, 1900, p. 674 et s. La charcuterie qui porte cette enseigne fut fondée, en 1777, par un

La légende du Bon Allemand a aussi laissé des traces dans la littérature lyonnaise et même dans la littérature étrangère. Un drame intitulé *L'Homme de la Roche* fut joué à Lyon, au Théâtre des Célestins, en janvier 1810[1]; en janvier 1824, une lithographie reproduisant un portrait fantaisiste de « Jean Cléberg dit l'Homme de la Roche » est éditée par Horace Brunet, rue Saint-Polycarpe, 12, à Lyon, et mise en vente au prix de 5 francs l'exemplaire[2].

L'année d'après, lorsque, en 1825, la statue de Louis XIV par Lemot arrive à Lyon pour être érigée sur la place Bellecour, le chansonnier populaire L.-E. Blanc rime des couplets où « Jean Flamberge, dit l'Homme de la Roche » souhaite la bienvenue au Roi-Soleil[3].

En 1832, un des *Contes du Solitaire des Alpes*, par Isidore de Rochemont, est intitulé : « l'Homme de la Roche »; enfin plus récemment, en Allemagne, le journal de Hambourg *Die Hamburge Nachrichten* donnait en feuilleton, en avril-mai 1891, une œuvre d'Ernst Paqué appelée « Der Roman des Bon Allemand und der Belle-Allemande[4] ».

La vie de Jean Cleberger, telle qu'on commence seulement à la connaître, ne demeure-t-elle pas d'ailleurs romanesque et merveilleuse? Cette physionomie originale et puissante ne garde-t-elle pas dans l'histoire le mystère attirant des héros de la Légende?

Lyonnais appelé Cailloux; il eut pour successeurs M. Etienne, puis M. L.-F. Dronne, auteur de *La charcuterie ancienne et moderne, traité historique et pratique*, Paris, Lacroix, 1869. On voit sur les factures de M. G. Dronne, fils du précédent, une reproduction de la statue-enseigne, avec la légende « A l'Homme de la Roche de Lyon » (voir Ed. Fournier, *Hist. des enseignes de Paris*, 1881, p. 94, 95, 215, 216 et, antérieurement, *La Chronique de Paris*, 29 juillet 1816; *Petit Dict. crit. et anecd. des enseignes de Paris par un batteur de pavé*, Paris, H. de Balzac, 1826, p. 63 et s.; Les enseignes de Paris, par l'Homme qui lit dans *le Gaulois* du 8 juillet 1877).

[1] *Bull. de Lyon*, 13 janvier 1810. Sans doute le mélodrame historique en trois actes *Henri Flébergue ou l'Homme de la Roche*, cité par R. Ehrenberg (*H. Kleberg*, p. 50).

[2] *Tablettes hist. et litt.*, 5 janvier 1824, p. 214.

[3] Les *Canettes de Jérome Roquet dit Tampia*, 2e éd., 1865, p. 97-99.

[4] Cf. Ehrenberg, *H. Kleberg*, p. 9, 49, 51; E. Pariset, *Biographie*, p. 37, 55.

ERRATA ET ADDENDA

Page 3, note 6, ligne 2. — *Lire* Scheuhenpflug *et non* Scheuchenpflug.

Ibid., ligne 9. — *Lire* Zeitalter der Fugger, *et non* der Fuggerr.

P. 18, ligne 11. — *Lire* Tournai *et non* Tournay.

P. 47-48. — Le chapitre relatant l'emprunt négocié en 1545 par Jean Cleberger était imprimé déjà, lorsque M. J. Isaac, professeur au Lycée de Lyon, a bien voulu, avec une obligeance dont nous ne saurions trop le remercier, nous communiquer l'intéressant document que nous publions ici.

On voit, par cette lettre inédite :

1° Que l'emprunt sollicité par François Ier n'était pas définitivement conclu lorsqu'une députation des Allemands établis à Lyon alla supplier Cleberger d'obtenir, pour les Allemands, l'abolition de l'octroi de 6 deniers par livre sur les marchandises entrant dans la ville.

2° Qu'en manifestant alors une violente colère, en reprochant à ses compatriotes leur ingratitude et en les menaçant de ne faire dispenser de l'octroi que ceux qui « à l'avenir lui rendraient service », Cleberger avait manifestement pour but de décider les Allemands, encore hésitants, à participer à l'emprunt qu'il négociait.

3° Qu'après la suppression de l'octroi (par lettres du 7 mars), les marchands allemands, satisfaits sur ce point, avaient encore demandé au roi de déclarer que les « dons » qui leur seraient faits, c'est-à-dire les intérêts des sommes prêtées par eux, seraient considérés comme résultant d'obligations régulières, et que François Ier, par lettres données en mai, à Morée, consentit à leur donner cette garantie.

4° Que Jean Cleberger réclama alors, une « lettre de seureté particuculière » dont il envoya au roi la « minute », exigeant que cette lettre lui fût remise pour le 24 mai, rédigée dans les termes indiqués et dûment enregistrée par le Parlement, faute de quoi ni lui ni les marchands allemands ne verseraient les sommes promises.

5° Que François Ier, ainsi mis en demeure, envoya, le 20 mai, à son procureur général au Parlement l'ordre de procéder en hâte aux formalités requises, afin de pouvoir faire parvenir à Jean Cleberger, dans le délai fixé, la déclaration qu'il exigeait pour sa garantie personnelle et spéciale et dont la remise était la condition *sine qua non* du versement de l'emprunt.

La lettre adressée par le roi au procureur général, et confiée à un « porteur exprès en poste », était ainsi conçue :

« De par le Roy :

« Notre amé et féal. Pour ce que le principal marchand qui a accoustumé de nous secourir pour prest et à intérest en nostre ville de Lyon est un Alleman nommé Jean Cleberger, homme riche et soubz lequel se conduisent et gouvernent les autres marchands de sa nation fréquentant ladicte ville, et que, pour les services qu'il nous a faictz et espérons qu'il fera de brief, nous luy voulons bien complaire, mesmement en une oppinion qu'il a de vouloir avoir particulièrement une lettre de seureté de nous, sanz se contenter de celles que naguères avons faict expédier généralle pour tous les marchands et autres qui nous ont presté et presteront deniers à intérest, de laquelle lettre particulière pour luy il nous a faict envoier une minutte et faict advertir qu'il veult lad. lettre selon ladicte minutte, sans y changer un seul mot de stille ne subsistance, et que, s'il n'a icelle comme dedans le xxiiii de ce moys, nous n'aurons aucuns prestz ne luy ne des autres Allemans, comme nous espérons au commencement du mois de Juin prochain venant,

« A ceste cause, nous avons faict grossoier ladicte lettre sur ladicte minutte, sans y avoir rien faict corriger ne changer, et en ceste vous l'envoions par le porteur exprès en poste, qui a la charge de nous la porter en extrême diligence en notre ville de Lion, incontinent qu'elle aura esté publiée et enregistrée en notre Cour de Parlement et Chambre des Comptes à Paris,

« Au moien de quoy est besoin que vous requérez de par nous à notred. cour, que sans aucun délay ne remise d'un jour à autre, elle face incontinent lire, publier et enregistrer lad. lettre patente, afin que cedit porteur puisse arriver audit Lyon dedans ledit jour préfix par ledit Cleberger.

« A quoy s'il y avoit faucte, nous ne serions secourus d'une grosse somme que lesdits Allemans ont promis nous prester promptement, lesquels en outre demeureroient mal comptans et en soubçon que l'on leur voudroit cy après faire quelque peine et dhommage.

« Ce que vous ferés bien entendre de par nous à notred. cour, et expressément fault que l'expédition d'icelle face mention que vous aurez esté requérans et oy, Vous advisant que, pour le présent, ne sçauriez nous faire service ne plaisir plus à propos pour nos urgentes affaires.

« Donné à Morée, le vingtiesme jour de may, l'an mil cinq cens quarante cinq. »

(*Archives Nationales*, U. 53, f° 630.)

P. 52, ligne 8. — *Lire* 46955 livres[1] (l'indication de cette note a été omise).

P. 53, note 4, ligne 2. — *Lire* André de Grolée *et non* Andrée.

P. 69, ligne 16 et pages suivantes. — *Lire* Tournai *et non* Tournay.

P. 73. — (Sur le surnom de « la Belle Allemande.) Yves Serrand a mentionné la légende d'Isabelle, « la Belle Allemande » qui fut aimée, à la fin du XIIIe siècle ou au début du XIVe siècle, par un sire de Beaujeu, et les méfaits de Christophe de Brossane, neveu d'un abbé d'Ainay. Ce « gurrier félon » ravit au sire de Beaujeau un coffret contenant une écharpe de la Belle Allemande et une boucle de ses cheveux. L'auteur cite des vers écrits sur cette aventure par Christine et Sibylle Sève, les sœurs du poète lyonnais Maurice Sève, l'ami de Marot. (Y. Serrand, *Histoire d'Anse*, 1845, pp. 258, 259.)

P. 93. — (Sur J. Cleberger et l'Aumône générale). — Le 22 décembre 1538 « sg^r^ J^n^ Cleberge, bourgeoys de Norambert, à présent citoyen dud. Lyon », assista, à Lyon, au couvent des Cordeliers, à la reddition des comptes de Jean Broquin et d'Etienne Turquet, « commis à la recepte des deniers de l'Aumône générale ». (Arch. hospitalières de Lyon, Charité, E. 147, f° 1.)

P. 96, ligne 17. — *Lire* Blaise Volet *et non* Vollet.

P. 119, note 6. — Contrairement à ce qu'il est dit dans la *Topographie historique de l'Ain* et autres ouvrages cités, la terre de Chaillouvres ne passa pas d'Etienne de La Forge à sa sœur Mathurine qui mourut avant lui (voir plus haut, p. 72, note 6, p. 73, note 6, et, ci-après, le renvoi concernant la page 128).

P. 120, note 5. — Sur les quatorze seigneuries qui auraient été acquises pour David Cleberger pendant sa minorité (voir Arch. hospitalières de Lyon, Charité, Fonds moderne, Dossier des Bienfaiteurs.

P. 128, note 5. — Le testament d'Etienne de La Forge, fait, à Lyon, le 7 décembre 1565, dans la maison de « Georges Obret » et reçu par Deculblize, notaire, se trouve aux Archives départementales du Rhône (*Insinuations*, t. IV, f° 247). — Etienne de La Forge, seigneur de Chaillouvres y déclare « vouloir vivre et mourir en la vraie foi et religion chrétienne, selon que nous sommes enseignés par la parole de Dieu contenue au vieux et nouvel Testament ». Il lègue à « Barbe du Gardin » (son aïeule maternelle) tous les biens qu'il possède à Tournay ou à vingt lieues aux environs ; après elle, ces biens seront partagés par moitié entre les enfants de feue Jeanne de Bonzin (tante du testateur) et Hélène de Bonzin, veuve de Nicolas de Chastillon. Il lègue à son fils naturel, Etienne de La Forge, né, au château de Chaillouvres, de sa servante Benoite de la Grole, décédée à son service et n'ayant pas été mariée, le château et la seigneurie de Chaillouvres..., etc., et substitue à ce fils naturel Jean Vincent dit Le Gourd (neveu du testateur). Il lègue 2.000 livres tournois à sa fille naturelle Etiennette de La Forge, en lui substituant pour une moitié son fils Etienne et, pour l'autre moitié, ses héritiers ci-après nommés. Il institue pour héritiers universels, par égales parts, Léonarde, Isabeau, Jean et Lucrèce Vincent dit Le Gourd et Madeleine Guerrier, tous enfants de sa feue sœur Mathurine de La Forge. (Obligeante communication de M. Georges Péricaud.) — David Cleberger ne semble donc pas avoir hérité de son frère utérin Etienne de La Forge.

P. 143, ligne 7. — *Lire* haut d'une trentaine de mètres *et non* d'une cinquantaine.

TABLE DES NOMS DE PERSONNES

ET DES NOMS DE LIEUX

(Les noms de lieux en italiques)

Adrets (le baron des), 125, v. *Beaumont.*
Adrien VI, 23.
Ainay (l'abbé d'), 171.
Alabre, grand-prévôt, 5.
Albertine, 77.
Albeyne (Albisse d'), 31.
Albisse, 31. — Robert, 86.
Albon (d'), Jean, 36.
Allemagne (et Allemands), 1, 2, 5, 6, 8, 10 à 12, 14, 18, 20, 22, 24 à 29, 33, 37 à 39, 41 à 48, 50 à 52, 57, 60, 68, 76, 79 à 84, 86, 87, 92 à 94, 97 à 101, 103, 105 à 109, 112 à 115, 117, 118, 123, 125, 126, 136, 140, 149 à 151, 162, 169, 170.
Allemande (l'), 75, 76.
Allemandes (les), 75, 76.
Amblérieu, 150.
Alsace, 41.
Amboise, 44, 45.
Angleterre (et Anglais), 124, 158.
Anhalt, 22.
Angoulême (le duc d'), 152.
Anne, chambrière, 105.
Antoine, jardinier, 105.
Antoinette, chambrière, 95, 105, 163.
Anvers, 10, 12, 13, 26, 42, 60.
Ardres, 9, 30, 31.
Arians, Corneille, 106.
Ars-en-Dombes, 73, 128.
Asnyères (d'), Jacques, 20.
Athiaud, 43. — Mathieu, 99, 106.
Augsbourg, 10, 14, 31, 41, 43, 45, 46, 58, 61, 62, 66, 83, 99, 101, 106, 108, 113, 115, 127.
Augustin, 77.
Auxerre (Maison d'), 52, 54, 72, 114, 115, 130.
Autriche, 154.
Aygnel, Fait, 27.

Baboin (le), 158.
Bâle, 15, 91, 124.
Balmes (de), Emmanuel, 132, 134. — Louise, 132, 134. — Pierre, 132 à 134.
Balmont (de, 55, 74. — Mr 55, v. *Varey.* — Philiberte, 55, 103, v. *Faye.*
Banains (ou *Baneins*), 120.
Barbier, Jean, 99, 106.
Barjavel, Dr, 155.
Baronnat, 19, 43. — Geoffroy, 31. — Nicolas, 110.
Barral, 53. — Humbert, 53. — Jeanne, 53.
Barre, 140.
Bartholin, Zaurbi, 31.
Baudichon, 97.
Baumgartner, 107, v. *Paumgartner.*
Bavière, 3, 27, 28, 59.
Beaumont (de), David, 125. — Esther, 125, v. *Adrets.*
Beaune (de), Guillaume, 30. — Jacques, 86.
Behaim (Paul), 50, 60, 127.
Belle-Allemande (la), 54, 73 à 78, 152, 153, 164.
Belle-Allemande (la), 73, 74, 76 à 78, 171.
Bellemande (la), 74, 76.
Bellet de Tavernost, 140
Belletruche (de), Charlotte, 120 — Françoise, 56.
Bellièvre, 57.
Benedikt, 115.
Bérains (ou *Béreins*), 120, 121, 127, 128.
Berger, Georges, 105.
Berlin 135 à 137, 139, 140.
Berne (et Bernois), 3, 5, 6, 8, 9, 15, 20, 32 à 34, 53, 57, 61, 81, 83 à 85, 90, 91, 93, 99 à 104, 108, 109, 111 à 118, 122, 127, 128.

Besançon, 149.
Billod, Claude, 105, v. *Villod.*
Blois, 44.
Blanc, L. E. 168.
Blumenstein. 3.
Bochetel, 49.
Bohême, 8, 84.
Bohier, Henri, 30. — Thomas, 30.
Bologne, 30.
Bon Allemand (le), 21, 47, 48, 88, 93 à 95, 100, 107, 154.
Bonafous, Jean-Charles-Antoine, 166.
Bongars, 10, 29.
Bonnaire, Pierre, 154.
« Bons Allemans » (les), 77.
Bonzin (ou de Bonzin), Hélène, 172. — Jean, 69. — Jeanne, 172. — Pelonne, 18 à 20, 22, 35, 51, 55, 56, 68 à 74, 76 à 78, 95 à 97, 99 à 102, 105, 106, 108, 110 à 114, 117 à 124, 128, 132, 138, 161, 162.
Bouchard, Pierre, 146.
Boucher de Perthes, J., 166.
Bouligneux, 73, 119.
Bourbon (le connétable de), 56, 83, 150.
Bourbon-Montpensier (de), Louis, 121.
Bourges (de), Jean, 55.
Bourgneuf, 5, 140, 144, 145, 147 à 151, 156 à 160, 163, 165 à 167.
Boysset, Jehanin, 25.
Bredin le Cocu, 144.
Bréghot du Lut, 153, 167.
Bresse (la), 36, 119.
Brion, Pierre, 74.
Broquin, Jean, 171.
Brossane (de), Christophe, 171.
Brunet, Horace, 168.
Brunold, 176.
Brunswick, 22.
Bugnettes (les), 75.
Buisson, 128.
Bullioud, Méraude, 166.

Caille, Simon, 19.
Cailloux, 168.
Calvin, 15, 70, 88, 125.
Camus (les), 167.
Capponi, Néry, 136.
Cartelier, François, 14, 53, 64, 88.
Catalogne (la), 37.
Cattet (le curé), 163.
Cenamy, André, 38, 116.
Chaffel, Jean, 105, v. *Chuffet.*
Chaillouvres, 119, 120, 121, 127, 128, 171, 172.
Chaligny-Deplaine, Marie-André, 148, 152, 160.
Chaliouvre, 73, 119.
Chaise-Dieu (la), 131.
Chalon (de), Théodore, 132, 133.
Chambaud (ou *Chambond*), 132, 133.
Chambord, 44.
Chambost, 130.
Champ, 13, 20, 31, 52, 54 à 56, 72 à 76, 95, 100, 103, 105, 106, 120, 128 à 130, v. *Belle-Allemande (la).*
Champ-de-Saint-Paul (le), 54, 74.
Champmaistre, François, 91.
Chaneins, 119.
Charles (l'archiduc), 136.
Charles IX, 140, 160.
Charles de Nuremberg, 1.
Charles-Quint, 2, 13, 22, 25, 34, 36, 45, 50, 60, 66, 83, 86, 107, 135.
Chastillon (de), Nicolas, 172.
Chatelard (le), 20, 21, 35, 36, 56, 100, 101, 114, 115, 119 à 121, 123, 127, 133, v. *La Chapelle.*
Chaudun, 48.
Chavagneux, 56, 100, 103, 115, 120, 122, 123, 127 à 131.
Chazay-d'Azergues, 158.
Chéron, Antoine, 124.
Cheverny, 30.
Choin, 119.
Chollier, Claude, 105, 118, v. *Scholler.*
Chuffel ou Chuffet, Jean, 105, 122, v. *Chaffel.*
Civrieux, 166.
Clavel, Hugonin, 24.
Cleberg, v. *Cleberger, Flèberque, Kleberg.*
Cleberg (de), Claude, 129 à 132. — David, 19, 21, 22, 50, 51, 57, 58, 72, 84, 85, 93, 95, 96, 100 à 102, 104 à 106, 110 à 132, 138, 140 à 142, 171, 172. — Louis ou Louis-Claude, 129 à 133. — Marie, 129, 131 à 133. — Suzanne, 128, 129, 132 à 134.
Cleberger (les), 4, 100, 141, 142, v. *Kleeberger.*
Cleberger, Jean, 1 à 23, 26, 28 à 36, 38, 40 à 69, 71 à 76, 79 à 112, 114, 116 à 120, 122, 123, 126, 127, 129, 131, 132, 135 à 141, 144, 150 à 154, 157 à 165, 167 à 171.
Cleberger, Wolfgang, 3, 4, 15, 65, 71, 72, 90, 95 à 97, 103, 104, 108 à 113, 116 à 118, 132.
Clerc, André, 27.
Cloyes, 48.
Cochard, Nicolas, 152, 153, 155.
Cologne, 59.
Combellande, 73.
Constance, 28.
Cordier, Pierre, 128.

Corneille de la Haye, 161.
Crépy, 38.
Croix-Rousse (la), 76.
Cuire, 52, 54, 74 à 76.

Dalberius, Barthélemy, 116. — Francs, 116.
Darmès, 137, 154.
Dauphin (le), 49.
Dauphiné, 125.
Decomberousse, Joséphine, 157.
Decublize, notaire, 171.
Derrer, 2. — Hans, 65.
Deschamps (Me), 161.
Dijon, 153.
Dôle, 149.
Dombes, 21, 36, 56, 73, 106, 107, 110, 121, 127, 130, 133.
Dorlin, Nicolas, 20, 99. — Pierre, 55, 99, 106, 112.
Dronne, L.-F., 168. — G., 168.
Du Four, Louis, 88 à 91, 107.
Du Fourt, Pierre, 166.
Du Gardin, v. *Du Jardin.*
Du Jardin ou du Gardin, Barbe, 69, 171.
Dumas, Alexandre, 154.
Dunsi, Gaspard, 31.
Dunz, Jacques, 3.
Du Périer, François, 143.
Du Peyrat, 22, 44. — Jean, 39, 44, 112.
Dürer, Albert, 2, 14, 15, 60, 64, 96, 106, 126, 135, 137, 139 à 142.
Dusseldorf, 10.
Du Troncy, Benoît, 144, 161, 162.

Ebner, 2, 41. — Christophe, 41, 45, 46, 80, 98, 99, 106, 109.
Ehrenberg, Richard, 4, 47, 51, 61, 65, 66, 80, 81, 83, 85, 122, 127.
Eichstadt, 59.
Eltz (comte von), Franz, 136.
Empereur (l'), 2, 99, 107.
Encurie, André, 21. — Gabriel, 27, v. *Imhof.*
Erasme, 15, 96.
Ermann, Dr, 139.
Eschate, 35.

Falais (de), M , 88.
Faitaygnel, 27.
Falconnet, Ernest, 77.
Faure, Humbert, 22.
Faye, 31. — Jean, 31, 52, 54, 55. — Philiberte, 54, 55, 74.
Fecher, Philippe, 100.
Félix, Conyard, 10.

Ferrandière (la), 33.
Ferrare (le cardinal de), 106.
Ficher, Gaspard, 27.
Fierabras-le-Furieux, 144, 161.
Flamberge, Jean, 168.
Flandre, 71, 124, 165.
Flèberg ou Flébergue, Jean, 3, 10, 21, 140, 150 à 152, 160, 167, v. *Cleberger.*
Fleurieu ou *Fleurieux*, 120, 127, 128.
Florence (et Florentins), 10, 18, 23, 24, 26, 28, 29, 37 à 39, 55, 86, 99, 116, 136.
Florentin (de), Paulin, 55, 74, 103.
Fockt, 81.
Fontainebleau, 20, 36, 39.
Fontaines, 74.
Fontville, André, 44, 45, 48.
Fornier, Guillaume, 119.
Fournier, Claude, 53. — François, 52 à 54. — Pierre, 119.
Fortis, F.-M., 77.
Fourrière, 10, 143, 165.
France, 109, 114.
Francheleins, 127, 128.
François Ier, 5, 6, 8 à 13, 15, 18, 20 à 22, 26, 28 à 30, 32, 35 à 37, 39 à 44, 47 à 52, 56, 68, 71, 81 à 86, 95, 98, 99, 106, 108, 109, 114 à 116, 127, 152, 153, 157, 162, 164, 169, 170.
François, Guillaume, 165.
Frécon, Ferdinand, 120.
Frédéric le Sage, 12.
Freihamer, Christophe, 98, 99, 106, 109, 111.
Frey, Agnès, 60.
Fribourg, 5, 8, 51.
Fribourg-en-Brisgau, 15.
Fugger, 26, 66, 107. — Jacob, 34, 51.
Fürnberger, Augustin, 46.
Fychefeu, Thibaud, 27.
Fychet, Jean, 27.

Gadagne (de), 21. — Olivier, 31. — Thomas, 21, 31, 50, 86.
Gaignières, Etienne, 75.
Gaspard (Me), 95, 105.
Gebert, 136.
Genève (et Genevois), 2, 3, 14 à 16, 19, 22, 24, 34, 53, 64, 79, 81, 88 à 90, 96, 97, 103, 105, 107, 109, 114, 119, 122 à 126, 128, 141.
Geneveys, Madeleine, 165.
Genevois, Jean, 52.
Gênes (et Génois), 8, 10, 24, 29, 31, 37, 39.
Genouilleux, 56, 120, 127, 128.
Gertrude, 77.
Geuder (les), 2, 81.

Gimmel (?), 46, 98, 99, 106.
Girodie, A., 101.
Giron, 166.
Glenay ou Stenay (de), Geoffroy, 56.
Gondelfinger, Anne, 5. Claude, 5. — Daniel, 5.
Gölnitz, Abraham, 157.
Grabot, Jean, 166.
Graffenried (von), Niclaus, 109.
Grand, Antoine, 75.
Grange-Machard (la), 128.
Gras, Jean, 99.
Gravains ou *Graveins*, 120, 121, 128, v. *La Motte*.
Gravier, Claude, 44.
Grisard, J.-J., 156.
Grisons (les), 29.
Grolée (de), André, 53, 171.
Grolier (l'élu), 160.
Grumbach (de), 66.
Guerrier, François, 73. — Madeleine, 172.
Guichon, Humbert, 165.
Guillon (l'abbé), 151.
Guillot le Songeur, 144. 161.
Guinoy, Zaurbi, 31.
Guise (de), 45.
Gumin (de), Antoine, 125. — Claude, 125. — Suzanne, 125, 126, 129 à 132.
Gwalther, Rodolphe, 124.

Hambourg, 168.
Hampe, Dr Thomas, 4, 10, 136.
Heberlin, v. *Huberlein*.
Hellespont (l'), 78.
Henri II, 20. 35, 49, 50, 73, 127.
Henri III, 140.
Herbelin, v. *Huberlein*.
Herbert (les), 41, 42.
Hercule, 157.
Héro, 78.
Hervert, dit Meytard, Christophe, 41, 103.
Herwart, 41, 103.
Hesdin, 71.
Hesse (la), 22.
Heyer, Th., 90. 97, 103, 141.
Hieberlein, v. *Huberlein*.
Hiège, Jacques, 46, 98, v. *Jeger*.
Hofmann, H, 139.
Hollande, 124.
Holtzham, Conrad, 84, 85.
Homme de la Roche (l'), 140, 149, 153, 154, 158, 161, 162, 164, 166 à 168.
Huberlin, 54.
Huberlein, Bastien, 115. — Michel, 54, 115. — Paul, 115.
Hugonet, Sigismond, 73.
Hugues, Besançon, 90.
Hurault, Raoul, 30.
Hymberlin, Sébastien, 115, v. *Huberlein*.

Ile-Barbe (l'), 4, 74.
Imhof, 2, 4, 5, 9, 13, 23, 27, 29, 34, 41, 42, 60, 61, 63, 67, 79, 80, 106, 135. — Conrad, 60. — Endres, 4, 14, 34, 60 à 63, 65, 66, 79, 80, 162. — Gabriel, 14, 34, 65. — Jean ou Hans, 13, 14, 59 à 61, 63, 64, 126, 132, 138. — Jean ou Hans, le vieux, 63. — Jean Jérôme, le jeune, 27. — Jérôme, 60, 61. — Louis, 60. — Michel, 46. — Pierre, 60. — Sébastien, 61. — Willibald, 126, 138, 139, v. *Incuris*.
Imhoff (von), le baron Hans, 4.
Incuris ou Imhof, 27, v. *Encurie*.
Ingoldt (les), 41.
Isaac, Jules, 169.
Isabelle, 171.
Italie (et Italiens), 1, 4, 8, 23, 37, 39, 42 à 44, 60, 86, 96, 101, 123, 136.

Jan, 115.
Janin, 97.
Jarnac, 160.
Jean, 105.
Jeanne, servante, 105.
Jeger, Jacob ou Jacques, 46, 98, 99, 100, 109, 110, 112.
Joes, Jean, 5.
Joly (de), François, 119.
Joyeuse (de), le cardinal, 133.
Jupiter, 157, 158.

Kaufmann, 152, 153, 166.
Kelheimer, 139.
Kilfhaber, 46.
Kleber, Hans, le père, 3, 4, 32, 132. — Jean, v. *Cleberger*.
Kleberg, de Berne (les), 3.
Kleberger, Valentin, 3.
Kleeberger (les), 3, 142. — à Nuremberg, 3, 142; dans le Palatinat, 3, 142. — Karl, 142. — Ludwig, 142.
Krefs, Christophe, 66, 67.
Krug, Ludwig, 136.

La Bessée, 120, 127.
La Carte, 30.
La Chambre (de), Philibert, 120.
La Chapelle, 30.
La Chapelle du Chatelard, 35, 56.
La Chesnaye, 10, 11.
La Clef (de), Courax, 27.

La Fère-en-Tardenois, 124.
La Ferrandière, v. *Ferrandière*.
La Font (de), 75. — Jacob, 75.
La Forge (de), 75. — Claude (?), 73. — Etienne I, 69 à 71, 132. — Etienne II, 71, 73, 94, 96, 101, 104, 110, 112 à 114, 116, 117, 119, 121, 123, 124, 128, 171, 172. — Etienne III, 172. — Etiennette, 172. — Lucas, 116. — Mathurine, 72, 73, 119, 171, 172.
La Grole (de), Benoite, 172
La Haye (de), v. *Corneille*.
La Jacquilière, 73.
Lamet, 5.
La Motte-Ades, 120.
La Motte-de-Gravains, 127.
Languedoc, 33.
La Porte (de) Antoine, 120. — Jean, 120.
La Poype, 120, 127.
La Poype-de-Banains, 120.
La Roche, 143.
La Roche-de-Bourgneuf, 145, 147 à 151, 154, 156 à 158, 160, 162, 164, 167.
La Roche (de) 143, 167. — Gabriel, 167.
La Roche (Monsieur de), 143, 146 à 149, 152, 157, 160, 167.
L'Aube (de) Loyset, 69.
L'Aubespine (de), 21, 36.
Lauferdin, Paulin, 52, 55.
Laurencin, 33.
La Villette, 71.
Laye (de), Sébastien, 106
Léandre, 78.
Le Beau, 157. — François, 145. — Philippe, 145.
Le Gourd, v. *Vincent*.
Leiningen, 142.
Lemot, 168.
Lent, 73.
Léon X, 9, 30.
Lepind, Jean-Baptiste, 154.
Licieux dit le Pavanier (de), Jean, 165.
Lièvre, 130.
Lindau (de) Jean, 100.
Lorraine (la), 13.
Louis XI, 23.
Louis XIV, 168.
Lucerne, 84, 85.
Lucques (et Lucquois), 10, 18, 24, 29, 31, 37, 39, 51, 116.
Ludwigshafen-am-Rhein, 3, 142.
Lugny (de), Anne, 120.
Luther, 18, 22, 59, 60, 70, 97, 136.
Lyon, 1, 2, 4, 5, 8 à 10, 12 à 16, 18 à 31, 33, 35 à 38, 41 à 47, 49 à 56, 60, 64, 67 à 76, 79 à 82, 84 à 87, 89, 90, 92, 94, 97 à 100, 103 à 113, 118, 122 à 126, 128, 129, 133, 134, 137, 138, 140, 146, 148, 149, 152 à 157, 161 à 166, 168 à 171. — *Change (le)*, 10, 19, 23 à 25, 29, 40, 53, 80, 99. — *Conseillers de Ville*, 1, 2, 4 à 6, 10, 11, 18, 20 à 22, 24 à 27, 29, 31, 33, 36 à 39, 43 à 45, 48 à 50, 68, 73, 75, 81, 87, 98, 99, 106, 110, 116, 118, 119, 122, 123, 125, 129, 130, 136, 145, 160, 165, 166. — *Couvents*, 54, 55, 72, 74, 100, 101, 129 à 131, 133, 171. — *Eglises*, 28, 52, 54, 81, 87, 100, 108, 115, 129, 131, 133, 134, 143. — *Foires*, 4, 5, 6, 10, 11, 16, 18, 23 à 31, 36 à 38, 40, 43, 47, 48, 49, 82, 87. — *Hôpitaux*, 16, 21, 92 à 95, 104, 106, 133, 134, 141, 142, 165, 166. — *Hôtel de Ville*, 38, 140. — *Logis et enseignes*, 53, 54, 57, 99, 106, 115. — *Maisons*, 24, 33, 53, 54, 128. — *Portes*, 5, 143, 144. — *Quartiers*, 10, 19, 33, 38, 53, 55, 57, 72, 74 à 76, 99, 106, 114, 115. — *Rues et places*, 5, 11, 19, 22, 33, 45, 55 à 57, 69, 73 à 76, 95, 99, 114, 143, 146, 148, 149, 151, 162, 163, 167, 168. — Voir *Allemande*, *Allemandes*, *Auxerre*, *Balmont*, *Belle-Allemande*, *Bellemande*, *Bourgneuf*, *Bugnettes*, *Champ*, *Champ de St-Paul*, *Croix-Rousse*, *Cuire*, *Fourvière*, *Ile-Barbe*, *La Ferrandière*, *La Roche*, *La Roche de Bourgneuf*, *Pierre-Scize*, *St-Ambroise*, *St-Paul*, *Serin*, *Tour des Champs*, *Thunes*, *Vaise*.
Lyonnard l'Allemand, 13.

Machard, v. *Grange Machard*.
Maillat, 120, 128.
Maise (de), Pierre, 131.
Maître de 1525-1526 (le), 136.
Malacis, v. *Molacis*.
Malix, Jean, 27.
Marguerite, 106.
Marot, 171.
Mars, 148, 158 à 160, 164.
Martin de Troyes, 33, 40, v. *Troyes*.
Martiniens, 1.
Mas (le chevalier du), 158.
Maugiron (de), 129, 132.
Maximilien I, 60, 61, 141.
May, Claude, 118, v. *Mey*.
Mazard, Etienne, 166.
Médicis (de), Catherine, 9, 30. — Laurent, 9, 30. — V. *Urbin*.
Mélanchton, 60.
Memmingen, 28.
Mey, Blasio et Cie, 118. — Claude, 118.
Meygret, Aimé, 97.

Meytard, 103, v. *Herrert*.
Meyting, Bernard, 109, 111.
Michel, Catherine, 75. — Jacques, 75. — Jean-Baptiste, 76.
Michelet le jeune, 106.
Michelle, 105.
Michelstal (de), Jean, 25.
Milan (et Milanais), 8, 10, 24, 29.
Milanais, 53.
Millery, 31.
Millier, Mme Vve, 76.
Mogneneins, 120, 122, 127, 128.
Molacis ou *Malacis*, 132, 133.
Monconys (de), Claude, 161.
Mons, 128.
Montagneux, 120, 128.
Montagny, 120, 127.
Montaney, 120.
Montfort, 120.
Montmerle, 120, 121, 127.
Montpensier (de), la duchesse, 133. — le duc, 127, v. *Bourbon*.
Monts, 120.
Morée, 47, 169 à 171.
Morel, F., 153.
Mornieu, Marie, 55.
Moudon, 3.
Moyron, Jacques, 133, 142.
Moysson, v. *Poche*.
Müllinen (de), Gaspard, 33.

Narcizus, 10.
Neuville (de), Nicolas, 131.
Nereys, 10.
Neyrod, Gaspard, 43.
Nicolay, 86.
Noël, 105.
Nordlingen, 28.
Noyer, Pierre, 120.
Nüczel, 62, v. *Nutzel*.
Nuremberg, 1 à 4, 6, 9 à 16, 18, 19, 23, 27 à 29, 31, 32, 34, 40, 41, 43, 44, 46, 47, 49, 50, 59 à 65, 67, 68, 79 à 82, 85, 86, 96, 98, 99, 103, 104, 106 à 109, 126, 135, 136, 139 à 141, 154, 162, 171, v. *Charles*.
Nutzel, 2. — Gaspard, 62, 80.

Oberland, 22.
Obrecht ou Obret, Georges, 46, 171, v. *Osbrecht*.
Offenburg, 105.
Osbrecht, Michel, 46, v. *Obrecht*.

Padoue, 59.
Palatinat (*le*), 3, 142.
Pangart, Jean, 9, 31, 32.
Panse, 165. — Girardin, 161, 165. — Jérôme, 165. — Justinien, 165, 166.
Paqué, Ernst, 78, 168.
Paradin, 93.
Paris, 6, 13, 18, 35, 49, 69 à 71, 97, 113, 119, 139, 140, 159, 167, 168, 170.
Pariset, Ernest, 79, 97, 141, 154.
Passins, 53.
Paumgartner, 2, 66. — David, 66. — Hans, 31, 58, 66, 67, 115. — Jean-Georges, 66, v. *Baumgartner*.
Pavie, 11 à 13, 59, 77, 152, 153, 155, 164.
Pélisson, notaire, 69.
Péricaud, Georges, 172.
Pernetti, l'abbé J., 77, 150, 151, 163.
Perret ou Perretia, Claude, 5.
Peysieux, 127, 128.
Picard, v. *Simon*.
Picardie, 18, 70.
Piégay, 154.
Piémont, 18, 125.
Pierre-Scize, 76 à 78, 152, 153, 166.
Pirkeimer, Félicité, 12, 13 à 15, 34, 53, 59 à 67, 79, 80, 126, 132, 138. — Vincent, 80. — Willibald, 1, 3, 12, 13, 15, 34, 59 à 66, 80, 81, 83, 96, 97.
Pluton, 157.
Poche, Ennemond, 52, 53. — Pierre, dit Moysson, 53.
Pomer, 2.
Pompierre, v. *Varey*.
Poncet, André, 52.
Pont-de-Vaux (comtesse de), 120.
Pouguer, Jean, 103.
Poullin ou Pollyn (de), Loys, 72.
Prechter, 41.
Prunier, 74.
Pucher, 103.

Rambert, 46.
Reigle, v. *Rieger*.
Renouard, Pierre, 31.
Resnault, Antoine, 161.
Reuter, Jacob, 39, 40, 42, 45, 46, 47, 82, 83.
Réveil (Dr), 167, 168.
Ribié (Mlle), 77.
Ricque, v. *Rieger*.
Rieger, Jean, 105, 106, 126, 138.
Rieter, Crescenzia, 59.
Rillieux, 75.
Riottiers, 120, 128.
Roche-Cardon, 167.
Rochemont (de), Isidore, 168.
Rodof, François, 9, 31, 32.
Rodolphe II, 139.
Romanèche-en-Dauphiné, 125, 129 à 131.

Rome, 97.
Romorantin, 45.
Rottengater, 13. — Léonard, 13, 16, 80. 81.
Rouen, 103.
Rous, Emard, 25.
Rousset, Alexis, 152.
Rouvière (de), Henri, 101.
Rovere (della), François-Marie, 31.
Rubys (de), 93, 108, 109.
Russins, 120.

Saint-Ambroise (Maison de), 22, 53, 54, 72, 99, 108, 114.
Saint-André, v. *Albon (d')*.
Saint-Benoit, 131.
Saint-Donino (de), Vincent, 38, 51, 116.
Saint-Gall, 58, 100, 113, 115.
Saint-Germain-en-Laye, 37.
Saint-Gervais (le Bourg-), 14, 89, 126.
Saint-Lagier, 127.
Saint-Martin (de), M., 20, 21, 35, 36.
Saint-Paul, 151, 163, 165.
Saint-Trivier-sur-Moignans, 56, 120, 122, 127 à 133.
Sainte-Euphémie, 128.
Sajeot, Sageot ou Sayot (de), Jean, 132, 133.
Sallet (von), Alfred, 140.
Salomon, Bernard, 160.
Salvatori, Salvator, 21.
Salviati, 50.
Samestre, François, 91.
Saubremont, Antoine, 27.
Saulnestre, Jean-Léonard, 46.
Saumaistre, Eurard, 27, 46.
Sautefort, Théodore, 158.
Savoie, 15, 81, 84, 91.
Savoie (ducs et comtes de), 15, 81, 90, 91.
Saxe, 12, 22.
Saxe (de) Maurice, 79.
Scheuhenpflug, Hans, 3, 61, 62, 64, 169.
Scheyern, 22.
Scholler, Claude, 105, 106, v. *Chollier*.
Semblançay, 86, v. *Beaune*.
Semur (de), Antoine, 56. — Claude, 120.
Serin, 55, 76.
Sestos, 78.
Sève, Christine, 171. — Maurice, 171. — Sybille, 171.
Sibmachor ou Siebmacher, Jean, 142.
Sigelschein, 41.
Simon dit Picard, Laurent, 91, 92.
Smalkalde, 22, 41, 50, 101, 107.
Soleure, 5.
Solicoffre, Barthélemy, 93.
Souabe, 28.
Soufflot, Germain, 24.
Spire, 1.
Stenay, v. *Glenay*.
Steyert, André, 152, 157 à 159.
Stocquel, Lyonard, 27.
Strasbourg, 13, 27, 28, 45, 46, 50, 83, 101, 103, 105, 107 à 109, 112, 113, 116 à 118.
Strossi, Charles, 9, 31, 32. — Laurent, 31. — Philippe, 31.
Strozzi (le maréchal), 50.
Studer, veuve Kleberger, 3.
Sturler, Rodolphe, 3.
Sturm, Jacob, 50, 107.
Suisse (et Suisses), 26, à 29, 31, 39, 51, 57, 59, 64, 83, 84, 87, 94, 118, 123, 149 à 151.

Tamain, Pierre-Mathieu, 166.
Taranis, 157, 158, 164.
Tardieu, N., 147, 148, 157.
Targuenault, Steph., 50.
Tavernost, 127, v. *Bellet de Tavernost*.
Tende et Villars (comtesse de), 103.
Terrier de Cléron, 149.
Teste, 128.
Teutatès, 157.
Thélis (de), Philiberte, 167.
Théodorus, 158.
Thoissey, 56, 95, 105, 120, 128, 130.
Thunes, 143, 144.
« *Thuregi* » (Urbs), 84.
Tignat, Jean, 110.
Tolozan, 54. — Louis, 54.
Tonsor, Jean, 100.
Tour Barbare (la), 73, 74.
Tour des Champs (la), 75 à 78, v. *Belle-Allemande*.
Tournai, 18, 69, 70, 169, 171, 172.
Tournon (le cardinal de), 44, 45.
Trechsel, Jean, 100.
Trèves, 59.
Trévoux, 74, 120, 127.
Troquer, Léonard, 13, v. *Tucher*.
Troyes, 45.
Troyes (de), Jean, 33. — Martin, 33, 40. — François, 33.
Tucher, 2, 12, 13, 28, 40 à 44, 47, 49, 51, 67, 80 à 83, 98, 108. — Antoine, 12, 13, 16, 19, 67, 80, 81, 97. — Gabriel, 22, 49. — Hans, 12. — Lazare, 12, 13, 51, 86. — Léonard, 11, 12, 13, 49, 80, 81. — Lorenz, 12, 13, 35, 42. — Martin, 12, 13. — Paul, 11, 13, 50, 57, 83, 98, 99, 106 à 109, 116. Sebald, 81. — Wolf, 13, 81.
Turc, Paul, 13, v. *Tucher*.
Turquet, Etienne, 171.

Ulm, 13, 27, 28, 41, 45, 46, 83, 98, 101, 103, 104, 108, 110, 123.
Urbin (duché d'), 31.
Urbin (le duc d'), 9, 30, 31.
Urtel, Florimond, 136.
Ustel, Jean, 27.

Vaise, 151.
Valais (le), 8.
Valeins, 120, 128.
Varey (de), Antoine, 55, 74. — Claude, 52, v. *Balmont*.
Varinier, François, 143.
Varinstein (le baron de), 76.
Velser, Hans, 46, v. *Welser*.
Velzer, Barthélemy, 29. — Jacques, 27.
Venise, 124, 126.
Verdun-sur-Meuse, 148.
Vernoux, 165.
Verze, 10.
Vienne, 135 à 139.
Vigny, Pierre, 31.
Villars, 35, 56, v. *Tende*.
Villeneuve, 20, 56, 95, 100, 101, 105, 115, 116, 118, 120, 123, 127, 128, 133, 150.
Villod, Claude, 95, 105, v. *Billod*.
Vincent dit Le Gourd, Claude, 72, 118. — Isabeau, 72, 172. — Jean, 72, 172. — Jeanne, 119. — Léonarde, 72, 172. — Lucrèce, 72, 172.
Vivarais (le), 165.
Volemyn, Jean, 128.
Volet, Blaise, 96, 99, 105, 106, 116, 118, 171.
Volturcq, Paul, 27.
Vouty, Claude-André, 75, 76.
Vouty de La Tour, Antoine-Claude, 153, 155.
Vytemant, Georges, 27, 41. — Michel, 27, 41, v. *Weickman*.

Watteville (de), Jacques, 3.
Weickman ou Weickmann, 41, 42, 46. — Georges, 41, 101, 109, 110, 123. — Michel, 27.
Weier, 41.
Weiss, Nicolas, 96.
Welser, 2, 10, 41, 42, 107. — Antoine, 10, — Barthélemy, 10, 27. — Christophe, 10. — Jacques, 10, 27.
Wilsfeuer, Heinrich, 4.
Wittenberg, 103.
Wurtemberg, 22.

Yverdon, 3.

Zaugmaister, Hans, 46.
Zeidler, Agathe, 3, 103, 104, 132.
Ziergues, Jacques, 27.
Zurich, 8, 58, 83, 101, 108, 113, 115, 124, 126.
Zwingli, 124.

TABLE DES MATIÈRES

Par Chapitres

I. — *Jean Cleberger. Ses origines, sa vie.*

Nuremberg à la fin du xve siècle (1, 2). Les familles patriciennes (2). La famille de J. Cleberger, son origine (2, 3). L'orthographe de son nom (2). Son père, « gennanter » au Grand Conseil de Nuremberg ; sa mère (3, 4). Les Les Kleberg de Berne (3). « Schenhenpflug », vrai nom de Cleberger d'après Pirkeimer (3). Jean Cleberger employé chez les Imhof (4). Les Imhof (4). Premiers voyages à Lyon de Cleberger (4, 5). Il se fait recevoir bourgeois de Berne (6). Privilèges accordés aux Suisses par les rois de France (7, 8). Cleberger négocie un emprunt pour François Ier (9). Cleberger facteur des Bongars (10). Les Welser à Lyon (10). Opérations financières de Cleberger à Nuremberg (11). A-t-il porté les armes et sauvé François Ier à Pavie ? (11-13). Ses voyages à travers l'Europe (12, 13). Les Tucher (12). Mariage de Cleberger avec Félicité Pirkeimer (13, 14). Séjour à Augsbourg et à Nuremberg (14). Achats d'immeubles à Genève (14). Il renonce au droit de bourgeoisie et quitte Nuremberg (15). Ses relations en Allemagne (15). Son établissement à Lyon (16). Il obtient des lettres de naturalité (18). Il épouse Pelonne Bonzin (18). Ses logements à Lyon (19). Les emprunts négociés pour François Ier (19, 20). Il est nommé valet de chambre du roi (21). Ses libéralités (21). Il est nommé, à Lyon, conseiller de Ville (21). Son testament et sa mort (22).

II. — *Cleberger marchand et banquier.*

Cleberger aux foires de Lyon (23). Organisation de ces foires (23, 24). La Loge du Change (24). Les payements (25). Les courtiers (25). Affluence des capitaux au moment des foires, commerce et banque (25). Lyon et Anvers, bourses financières (26). Les Allemands à Lyon, leurs facteurs (26). Les marchands allemands résidant à Lyon (27). Privilèges des marchands allemands (27-28). Marques commerciales (27). La Confrérie des Allemands Impériaux et son tombeau à N.-D. de Confort (28). La « Nation » allemande de Lyon, ses rapports avec le Consulat (28, 29). Cleberger facteur des Imhof, puis des Bongars (29). Il négocie les emprunts de François Ier (29). Il fait pour son compte, à Nuremberg, des opérations financières (29, 30). L'emprunt de 1518, les prêteurs procurés par Cleberger (30-32). Le Conseil de Berne somme

François Ier de rembourser Cleberger (32-34). Cleberger « grand riche » (34). Il obtient des lettres de naturalité; des lettres de rémission pour sa seconde femme (35). Nouveaux prêts au roi (35). Lettres de remerciement de François Ier à Cleberger (35-36). Cleberger nommé valet de chambre du roi (36). L'emprunt de 1545 et l'octroi de 6 deniers par livre sur les marchandises entrant à Lyon (36-48; voir, page 169). Embarras financiers du Consulat lyonnais; l'octroi sur les marchandises (37-39). Cleberger sollicite des marchands allemands un nouvel emprunt (39, 40). Les Tucher refusent d'y participer (40-42). Les marchands allemands de Lyon vont trouver Cleberger et le prient d'obtenir pour eux l'abolition de l'octroi (43-45). Colère de Cleberger, son refus, ses menaces (45-47). Déclaration royale réclamée par les marchands allemands à propos des intérêts promis (47). Conclusion de l'emprunt (48). L'emprunt de 1546; le dauphin doit s'engager avec le roi (49, 50). Cleberger participe à cet emprunt (50). Il prête de l'argent au Consulat lyonnais (50). La ligue de Smalkalde s'adresse à lui (50). Il pratique le prêt sur gages (50, 51). Ses qualités de financier (51).

Ses placements (51). Sa « nommée » à Lyon (52). Achats d'immeubles à Genève (53) et à Lyon (53-56). Ses habitations à Lyon (53). Maisons de la rue des Escloisons et de Saint-Ambroise, rue Longue (53). Maison d'Auxerre (54). Maison et jardin près Saint-Sébastien (54). Domaine de Champ (54, 55). Remboursements effectués par François Ier (56). Cleberger acquiert les seigneuries du Châtelard et de Villeneuve (56), de Chavagneux (56). La maison des Bellièvre à Lyon (57). Rentes constituées par Cleberger sur les villes de Berne, Augsbourg, Zurich, Saint-Gall; pension sur le banquier Paumgartner (57-58). Taux de ces placements (58).

III. — *Les deux mariages de Jean Cleberger.*

Willebald Pirkeimer, son caractère (59-60). Les Imhof (60). Cleberger demande la main de Félicité Pirkeimer, veuve de Jean Imhof (61). Version de Pirkeimer; son refus, ce qu'il reproche à Cleberger (61-63). Le mariage; le contrat (63). Cleberger quitte Nuremberg; mort de sa femme (63). Pirkeimer l'accuse de l'avoir empoisonnée (63-64). Documents justifiant Cleberger (64-67). Cleberger à Nuremberg; ses relations avec les Imhof (65). Il est exploité par la famille de sa femme (66, 67). L'accusation d'empoisonnement répandue par ses ennemis (67). Motifs qui auraient poussé Cleberger à ce mariage (67-68). Cleberger s'est-il remarié à Lyon avant 1536? (68-69). Pelonne Bonzin et son mari Etienne I de la Forge (70-71). De La Forge brûlé comme hérétique à Paris; ses biens confisqués (70-71). Pelonne Bonzin épouse J. Cleberger (71). Elle obtient des lettres de rémission (71). Les enfants de son premier mariage (71-72). Pelonne et Cleberger (72). Naissance de David Cleberger (72). Pelonne légataire de son mari (72). Pelonne tutrice des enfants Vincent, dits Le Gourd, et de David Cleberger (72). Sa faiblesse à l'égard de ce dernier (72). Ses testaments et sa mort (73).

La légende de Pelonne Bonzin. L'appelait-on « la Belle-Allemande » ? (73-74). Le domaine de Champ; ses possesseurs, la Tour de la Belle-Allemande (73-76). Légendes relatives à la Belle-Allemande (76-78). Romans, drames et poésies la concernant (77-78).

IV. — *Cleberger et ses compatriotes.*

Le caractère de Cleberger; opinions diverses (79). Ses relations avec les Nurembergeois ; avec les Imhof (80). Raisons qu'il a de vouloir se venger de ses compatriotes (80). Sa rancune contre les Tucher ; l'accusation d'empoisonnement (80-81). Il oblige pourtant les Tucher (81). Il intervient, à Lyon, en faveur des marchands allemands ; il exige d'eux des hommages et des marques de déférence (82-83). Malveillance persistante des Tucher (83). Cleberger ne fait pas figurer Nuremberg dans son testament (83).

Le patriotisme en Allemagne et en Suisse au XVIe siècle (83). Cleberger, bourgeois de Berne, reste fidèlement attaché aux Bernois ; services qu'il leur rend (84). Les Bernois prennent sa défense ; l'affaire de Conrad Holtzam (84-85). Cleberger mourant recommande son fils au Conseil de Berne (85). Les banquiers cosmopolites guidés par leur seul intérêt (86). Pourquoi Cleberger servit fidèlement la politique de François Ier (86). Il déclare qu'il veut « être Français » (86). A Lyon, il se solidarise toujours avec les marchands allemands dont il défend les intérêts (87).

V. — *Le Bon Allemand.*

Le surnom de Cleberger ; sa charité (88). Dons à l'hôpital de Genève (88-89). Prévenances des Genevois à l'égard de Cleberger (89). Leurs sollicitations auprès de Cleberger mourant (89-90). Mansuétude et indulgence de Cleberger ; ses relations avec Besançon Hugues, Laurent Simon et le Conseil de Genève (90-92). Fondation, à Lyon, de l'Aumône générale (92). Cleberger est un de ses premiers bienfaiteurs ; témoignages des auteurs lyonnais (92-94). Il est appelé au Bureau de l'Aumône (93). Ses dons et legs à cette institution (93-95). Sa charité (94). Son testament (95). Opinions religieuses de Cleberger ; fut-il catholique, protestant ou indifférent ? Opinions diverses (95-97).

VI. — *La mort de J. Cleberger. Son testament.*

Sa dernière maladie ; lettres de P. Tucher à ce sujet (98, 99). Il teste dans sa maison de Saint-Ambroise ; notaire et témoins (99). Son testament ; qualifications que se donne Cleberger; il veut être inhumé secrètement (100-101). Son fils héritier universel ; substitution à ce dernier, si sa descendance s'éteint, des villes de Berne, Augsbourg, Zurich, Ulm, Strasbourg (101). La tutelle de David Cleberger et son éducation (102). Il ne sera pas fait d'inventaire (102). Les comptes de tutelle seront rendus devant le Conseil de Berne (102). Legs de Cleberger à Pelonne Bonzin (102-103), à son frère Wolfgang Cleberger (103-104), à son beau-fils Etienne de La Forge (104), aux pauvres (104-105), à ses serviteurs (105), à des amis ou voisins (105-106). Montant des legs (106). Le luxe de Cleberger (107).

Sollicitations auprès de Cleberger mourant ; la ligue de Smalkalde, les

Genevois (107). Mort de Cleberger ; on la tient secrète (108-109). Lettres de Paul Tucher à ce sujet (108-109). Les obsèques (108-109).

Lettre de Wolfgang Cleberger (109-113). Homologation du testament (110). G. Weykman refuse la tutelle de David Cleberger (110). Pelonne Bonzin et Etienne de La Forge appellent Wolfgang Cleberger à Lyon et lui font accepter la tutelle de son neveu (110-111). Les représentants des villes d'Allemagne héritières de Cleberger (110-111). Liquidation de la succession (111). Pelonne et de La Forge refusent à Wolfgang Cleberger tout contrôle sur la fortune de son pupille (112-113). Wolfgang, injurié et menacé d'un procès, regagne Strasbourg (111-113). Comment il juge sa belle-sœur (113). Il refuse de revenir à Lyon où il serait inquiété comme protestant (113).

Inventaire de la fortune laissée par Cleberger (114-116). Négociations des villes héritières (117-119). Wolfgang, assigné devant la Cour de Lyon, refuse de s'occuper de la tutelle (117-118). Les villes héritières choisissent un mandataire (118). Pelonne Bonzin et Etienne de La Forge administrent à leur gré la fortune de David Cleberger (119). Prêt de Pelonne au Consulat lyonnais (119). Acquisition de seigneuries (119-120). Testament et mort de Pelonne (121).

VII. — ***David Cléberger et sa descendance.***

Naissance de David (122). Il s'appelle « de Cléberg » (122). Son magister (122). L'héritage paternel (123). Education de David (123). Son précepteur Antoine Chéron (124). Etudes à Zurich (124). Séjour en Angleterre et à Venise : oisiveté, dissipation, dépenses (124). David s'établit à Genève avec Etienne de La Forge (124) ; tous deux y sont signalés au Consistoire comme athées (125). David est parrain d'une fille du baron des Adrets : il épouse Suzanne de Gumin, sœur de ce dernier (125). Il vend des immeubles à Genève ; embarras d'argent (126). Il vend le portrait de son père par A. Dürer (126). Poursuites de créanciers (126). Majorité de David (127). Ses possessions en Dombes. Acquisitions et ventes (127). Ses maisons à Lyon (128). Nouvelles poursuites de créanciers ; il sollicite un prêt du Conseil de Berne (128-129). Le Chapitre de Saint-Paul de Lyon lui réclame des cens impayés (129). David homme d'armes dans la compagnie d'ordonnance de M. de Maugiron (129). Sa mort (129).

Suzanne de Gumin (129). Les quatre enfants qu'elle a de David Cleberger ; leur conduite à son égard (129-130). Suzanne de Gumin à Lyon (130). Son testament et sa mort (130). Claude de Cléberg (130-131). Louis-Claude ou Claude-Louis de Cléberg et le prieuré de Saint-Trivier (131). Marie de Cléberg et son mari Théodore de Chalon (131-133). Tableau généalogique (132). Suzanne de Cléberg épouse Pierre de Balmes (133). Elle se remarie avec Jean de Sajot ; leurs fondations pieuses à Lyon (133). Les de Balmes (134).

VIII. — ***Les portraits de J. Cleberger.***

Ses deux médailles (135-137). Son portrait peint par A. Dürer (137-139) ; il est vendu à Willibald Imhof, puis à l'Empereur Rodolphe II (138-139). Le moule en creux du Musée de Berlin à l'effigie de Cleberger (139-140). Médaillon trouvé à Lyon, en 1820, dans les fondations de la statue de Cleberger (140-

141). La noblesse de Jean Cleberger (141). Ses armoiries (141-142). Ses cachets (141). Le cachet aux armes de David Cléberger (141-142). Les armoriaux allemands (142). Les armoiries de la famille Kleeberger établie dans le Palatinat au XVIIIe siècle (142).

IX. — *L'Homme de la Roche.*

La Roche de Bourgneuf ou de Thunes (143-144). La Porte de Bourgneuf (144). Auteurs lyonnais et plans de Lyon mentionnant, depuis 1594, l'existence d'une statue sur la Roche de Bourgneuf (144-151). La légende de Cleberger au XIXe siècle, renouvellements de sa statue et fêtes en son honneur (151-154). La statue actuelle (154-155). La statue de la Roche existait-elle avant 1590? Les plans de Lyon et les récits de voyageurs (156-157). La statue de la fin du XVIe siècle a-t-elle remplacé une statue gallo-romaine? (157-159). Le Baboin de Chazay (158). Statues placées sur la Roche de Bourgneuf à l'occasion des entrées royales (159-160). La statue a-t-elle été érigée en l'honneur de Jean Cleberger; arguments pour et contre (160-165). Les Lyonnais doteurs de filles (165-166). Hypothèses diverses (166-167). Popularité de Cleberger à Lyon (167). Enseigne à Paris (167-168). Cleberger dans la littérature lyonnaise et étrangère (168).

TABLE DES MATIÈRES

Avis v
Chap. I. — Jean Cleberger. Ses origines ; sa vie. 1
Chap. II. — Cleberger marchand et banquier. 23
Chap. III. — Les deux mariages de Cleberger. La Belle Allemande . . 59
Chap. IV. — Cleberger et ses compatriotes 79
Chap. V. — Le « Bon Allemand ». 88
Chap. VI. — La mort de J. Cleberger. Son testament ; sa succession . 98
Chap. VII. — David Cleberger et sa descendance 122
Chap. VIII. — Les portraits de J. Cleberger. 135
Chap. IX. — La statue de « l'Homme de la Roche ». La légende de J. Cleberger 143
Errata et addenda 169
Table des noms de personnes et des noms de lieux 173
Table des matières par chapitres 181

ILLUSTRATIONS

Portrait de J. Cleberger par A. Dürer, d'après la copie du Musée de Lyon. 7
Autographe de J. Cleberger. 17
Marque commerciale de J. Cleberger en 1526. 27
Signature de Pelonne Bonzin. 71
Médaille de J. Cleberger par le Maître de 1525-1526. 136
Médaille de J. Cleberger, 1526. 137
Portrait de J. Cleberger par Albert Dürer 138
Médaillon de J. Cleberger au Musée de Berlin. 139
Sceau de David de Cléberg 141
La Roche de Bourgneuf vers 1545 145
La Roche de Bourgneuf en 1696. 147

Lyon. — Imprimerie A. Rey, 4, rue Gentil. — 61854

www.ingramcontent.com/pod-product-compliance
Ingram Content Group UK Ltd.
Pitfield, Milton Keynes, MK11 3LW, UK
UKHW020553180726
13838UKWH00001B/222

9 782329 377063